中國學術思想研究輯刊

十　編

林　慶　彰 主編

第8冊

無爲與自然
——老子與海德格美學思想之比較研究

宋 定 莉 著

花木蘭文化出版社

國家圖書館出版品預行編目資料

無為與自然——老子與海德格美學思想之比較研究／宋定莉著 -- 初版 -- 台北縣永和市：花木蘭文化出版社，2010〔民99〕

目 2+234 面；19×26 公分

（中國學術思想研究輯刊 十編；第 8 冊）

ISBN：978-986-254-337-5（精裝）

1.（周）李耳 2. 海德格（Heidegger, Martin, 1889-1976）

3. 老子 4. 學術思想 5. 美學 6. 比較研究

121.317 99016448

ISBN - 978-986-2543-37-5

9 789862 543375

中國學術思想研究輯刊

十 編 第 八 冊 ISBN：978-986-254-337-5

無爲與自然——老子與海德格美學思想之比較研究

作　　者　宋定莉

主　　編　林慶彰

總 編 輯　杜潔祥

出　　版　花木蘭文化出版社

發 行 所　花木蘭文化出版社

發 行 人　高小娟

聯絡地址　台北縣永和市中正路五九五號七樓之三

電話：02-2923-1455／傳眞：02-2923-1452

網　　址　http://www.huamulan.tw 信箱 sut81518@ms59.hinet.net

印　　刷　普羅文化出版廣告事業

封面設計　劉開工作室

初　　版　2010 年 9 月

定　　價　十編 40 冊（精裝）新台幣 62,000 元

無爲與自然
——老子與海德格美學思想之比較研究

宋定莉　著

作者簡介

宋定莉
靜宜大學中文系畢
東海大學哲研所碩士
東海大學哲研所博士
東海大學中文研究所博士班
曾任教於育達技術學院通識中心、靜宜大學通識中心、國立台灣體育大學通識中心、勤益大學通識中心
現任朝陽科技大學、台中技術學院等校通識中心兼任助理教授
開設有「西方美學史」、「中國古典經籍導讀」、「國學常識」、「美學與藝術」、「生命教育」、「心靈經典導讀」、「生命的故事」、「人生哲學」........ 等課程。
著作有：《有與美—海德格美學思想研究：從存有與時間到詩語言思想》，編著有《台灣河川風情》中部、南部、東部等篇〈漢光出版社 民 88 年〉
曾獲靜宜大學蓋夏文學獎的散文和新詩佳作、教育部 98 年度生命教育典範學習計劃全國徵文比賽的大專組優等、東海大學文學院學生學術成果研究成果佳作等獎。

提　要

自二十世紀六十年代，存在哲學在台灣蔚為一股風潮，海德格與道家之間的奇妙相似性，就成為學界中不斷研究、討論的一個主題，幾乎半個世紀過去了，很可喜地，在臺海兩岸，不斷有優秀和傑出的譯著和專論推出；而英美方面，我們所看到的，雖然不是對老子與海德格哲學直接的比較、研究，但凡屬東方思想，海德格仍是最常被拿來比較、討論的哲學家。

本論文亦為建構在此「同情理解」與「溝通詮釋」視野之下，嚐試去做「東西對話」的一種努力，從經典詮釋之觀照下，對《老子》與海德格之著作，再做一番新的評比及整理，當然，所涵蓋之範圍及內容，並不逾越前人已有的成績及規模，也可以說，本論文寫作之基礎亦建構在此種思考範圍之內，但仍深切地期盼：這樣的理解以及整理，多多少少在此時此刻的此地，具有一種屬於它地「現實在存」〈Dasein〉之性格，同時也希望這樣拋磚之作，能夠引起更多更深入之探討，還望讀者諸君不吝地批評指教。

本論文共分六章，可視為二個部份，第一部份處理海氏與《老子》思想相同之處、首敘老子思想淵源與道之理論基礎，再敘《老子》之藝術精神，闡明道即美即真；後再引介西哲海德格之基本存有論之思想：思想的小徑即是通往存有之開顯，亦為本源之大道〈Ereignis 是晚期海德格的重要概念，在此先以大道姑且翻譯之，張祥龍先生譯為：大道的緣構發生〉；最後則是比較二家的思想：如道與存有、有無之間地關係；第二部份則為探討海氏與《老子》的美學理論，以無為與自然為標舉，分別比較其美學系統中應縈縈大者的觀念：如解蔽〈reveal 在此使用蔣年豐先生的翻譯名，此詞通常翻譯為開顯〉與滌除玄覽、「真」〈Truth、Wahrheit 真理，具有 wahren 持續之意〉與「明」、「寂靜」〈silence〉與「靜」、「復」……，最後則匯歸至終極之大道：明聖人原天地之美而達萬物之理，這不僅為中國儒釋道三家會通之所，亦為中西方大哲之所同然，在生命之本然、宇宙底深處，大道開顯、萬聖同寂、真美同源、沉默道說：

「我們

姍姍地遲來（對於）諸神
卻在古早的太初 趕赴存有
存有底詩
起始 便是
人」〔註〕

〔註〕：「Wir kommen fur die Gotter zu spat und zu fruh das Seyn. Dessen angefangenes Gedicht ist der Mensch.」（M.Heidegger：Aus der Erfahrung des denkens Pfullingen：Neske，1954，以下簡稱 AE）
「We are too late for the gods ＼ and too early for Being ＼ Being's poem ＼ just begun ＼ is man」《Poetry、Language、Thought》Trans.Albert Hofstaddter Haper&Row 台北 雙葉出版社 民 74 年 P4 以下簡稱 PLT）

謝　詞

感謝業師魏元珪先生，七年以來的悉心指導、春風化雨，若沒有老師殷勤的刪改、再三增訂，這本論文，是不可能以如斯之面貌問世的，弟子不才，無法克盡箕裘，今日能順利的取得學位，老師的學問教誨，不敢或忘。(當然，最感謝的還是師母和上帝，阿們)。

更感謝大家都喜愛、尊重的前所長陳榮波主任，數年以來對於學生的鼓勵幫助，老師的愛心與謙卑，更是學生們的典範與楷模；同時也感謝老師那種人溺己溺的墨家精神，對於學生們的困難與生活適應，老師總是有如切身問題一般，毫不吝惜地相助；老師禪師一般地教學風格，更啓迪和鼓舞了無數本系和外系的學生，爲這個自殺頻傳、虛無徬徨的世代中，帶來了心靈治療一般地清流生機；也謝謝老師把書借給我，使我得飽覽各科參考書籍，老師雖未能當得上「哲學家院長」，但您卻是我們這群哲學系學生心目中，永遠地大家長。

尤感謝郭文夫老師遠來的相助，在這個冰冷僵硬、死氣沉沉的學院中，老師這位大甲神仙，詩哲鴻儒、書畫雙絕，讓單調枯燥的理性映現出藝術的花團錦簇、美不勝收，也謝謝老師對於一位外校學生，毫不吝惜地鼓勵與肯定，希望在未來的日子裏，能朝著老師的期許與勉勵前進。

感謝陳榮華老師，對於一個旁聽生，無分軒輊的誠摯、鞭辟入裏地教導，在那個黑暗青澀、徬徨無助的年歲中，咀嚼著比磚頭還更冷硬的《Being and Time》，老師總是有辦法使我們能夠相信，只要跟著那套銓釋現象學方法論，就會翻找得出世界底層的永恆、真美、真理與光亮－因此，「哲學家是星星啊！」，在世界的天空下，屹立不搖－那番話，一直在我心頭迴盪，一直到數十年後的今天。

感謝石朝穎老師，在風裏來雨裏去的陽明山上，看大仁館前的雲霧飄縹、聽師長們的講學論道，在老師身上，奇妙地結合了藝術家的瀟灑和哲學家的理性，我常常覺得，能在老師的門下受教，是人世間的一大福份。

感謝哲研所的師長、同學及可愛的學弟妹們（由於族繁、不及備載，請原諒我在此無法一一列出所有的芳名錄），長達 13 年的大度山生涯、漫長而艱辛的學術旅程，由於師長們的殷殷教誨，同學們的朝夕相處、切磋指點，使得生性愚鈍而個性疏懶的我，終能走完全程，並期許自己在未來的日子裏，繼續往下紮根、不斷地邁步向前（「革命尚未成功，同志仍須努力」：希望東海哲研所的笑傲江湖錄，能收視滿檔、一集比一集更加精彩）。

感謝惠珍、埛錫，五年的朝夕相處，彼此的鞭策鼓勵，你們的歡顏，長使得沮喪不堪的我，找到了支持的力量，溫暖的友誼，更在窮學生的歲月裏，燃亮了生命的色彩；雖然中國職棒老敗給韓國，不過下次再見時，希望我們都能覓得各自揮灑的天空。

感謝父親母親兄姐及弟弟，對執著於哲學、十分任性的我，總是無盡的愛與包容，在經濟生活及各方面，給予我最大的自由空間，雖然哲學對你們而言，遙遠得如同天方夜譚，從世俗的觀點，投資一個連大學都被退學的小孩，唸最最冷門的哲學研究所，應該是不划算的投資報酬率，但你們的愛卻使得不可能成爲可能、讓寬容化爲生命裏面的奇蹟。

目次

凡 例

一、本文徵引書籍名稱時，採現今通用之《》符號，單引篇名時則用〈〉符號。

二、本文徵引老子原典時，乃直接以腳註註明於索引章句之後，不另再注釋。

三、本文所引他人思想學說以單引號「」爲準；西元原典部分如第一次已註明出版社、出版地點，第二次引用時即不再註明；另海德格的原典部分，大部份均以其縮寫的名稱稱之如 Being and Time 即直接稱爲 BT。

四、本文所引外國人名首度出現時，皆引原文姓名全銜及生卒年，以資識別。

五、本文所引數目字皆以中文數目字爲主，如一、二、三等。

六、本文所引之參考書目，以中文在先、西文在後爲準，中文方面按時代與作者之先後排列之，凡徵引當今作者之參考書目，則以出版日期先後爲準。

七、本文凡採用外國人名、書名、地名、專門術語，於第一次引用時均加註英文及德文原文，而海氏專門的用語，如 Dasein（Being-in-the-world）、estatic、truth（wahrheit）……，在中文譯名之後，會有翻譯名詞之專門解釋及英譯者的注釋，但海氏的翻譯名詞眾多且雜亂，無法善盡人意之處，請多多見諒。

八、本論文所使用的圖片，均自網路下載而來，均非本論文所有。

九、Being and Time 及 Basic Writing…等書，分別有不同的英譯者及出版年份，本人並未都參閱同一英譯及同一年份的版本，這是請讀者諸君務必留意的。

西文書名縮寫

HW：Holzwege

UZS：Unterwegs Zur Sprache

BT：Being and Time

KPM：Kant and the Problem of Metaphysics

WM：What is Metaphysics

BW：Basic Writing

QC：The Question Concerning Technology

PLT：Poetry、Language、Thought

AE：Aus der Erfahrung des denkens

緒　論

第一節　研究動機

思想與其時代：文明的衝突與對話

從張之洞倡革新運動以來：「中學爲體、西學爲用」，一詞乃當時知識界的重要主張，歷史學家湯恩比曾在《歷史的研究》中，對中國歷經西洋文明船堅炮利的洗禮，有如下之描述：

> 「在西方文明排山倒海的衝擊之前，中國原是一個和諧而寧靜的人文世界，有高明的人生理趣、有深刻的生命情操，也有瀰漫的塵世樂趣……可是西潮洶湧襲來之後，中國人卻在痛苦中趨於分裂，西化乎？俄化乎？本位乎？中國人在挑戰下，尚未表現出有力的創造性回應。」〔註1〕

邁入二十一世紀以來，隨著資訊腳步的發達、科技突飛猛進，我們所居住的這個世界，儼然已成爲一座「地球村」〔註2〕，另一方面，文明的衝突與國家之間的對立，釀成了世界的災難與悲劇：看看美國和伊拉克的戰爭、看看夷爲平地的世貿雙星、看看台海兩岸的冷戰與衝突，在在顯示了文化的差

〔註 1〕《歷史研究》湯恩比著，陳曉林譯，台北，桂冠圖書公司，P1274。

〔註 2〕中西的接觸與對話日益頻繁：語言、溝通、商務來往、經貿合作、文化交流，但也因此頻繁之接觸，中西產生了許多的糾紛與齟齬，如中美撞機事件、華人在美遭受警察之槍殺：根據報導，華裔父親幫女兒刮痧，被女兒的老師懷疑爲兒童性侵害，而釀成悲劇……，這些不可彌補的遺憾，都顯示了中西文化型態本質的差異。

異與思想的悖離，如何融通調解此種差異紛爭，是一件刻不容緩地工作。

哈伯瑪斯在《溝通與社會改革》一書中，揭櫫出了人類社會不可或缺的價值要素，那就是「溝通」（communication）與「實踐」（praxis）：「歷史的目的其意義，並非是一種形上〝固化〞（hypostatization）而是實踐之投入，人的意義，作爲知識的客觀條件，而給予出意識與意志。」〔註 3〕

作爲西化的指標或方向，梁漱溟先生曾在其《東西文化及其哲學》中指出：「此刻西洋哲學的新風氣竟是東方色彩，無論如何不能否認的，東方人講哲學都是想求得一個生命，西方人只想求得知識，但此刻無不走入求生命一路了。」〔註 4〕

在世紀末的黃昏與世紀初的晨曦之際，迎向人類文明的未來，不管是東、西方，不管是黃種、黑種、白種人，其對和平的嚮往、對美善與和諧的追求，都是亙古一致、永不改變的，如同《史記》中太史公司馬遷所言：「天下一致而百慮，殊途而同歸」〔註 5〕，因此，如何透過行動和和實踐溝通、如何藉著思想與文化傳達、如何運用價值與藝術融合，是本世紀最重要而刻不容緩的議題。

風雲再起：歷史的因緣際會

存在主義的思想介紹來到台灣已經超過五十年了，從原先的陌生、熱衷而至平淡、冷落，到目前爲止，其成績可說洋洋灑灑、蔚爲大觀，「存在主義」在五十、六十年代的台灣曾是一種流行、而「虛無」也是當時文壇的口號，當流行已褪、「虛無」早被蒸發之際，我們必須要嚴肅地檢視和做再一次地回顧，相信凡走過的，必然留下足跡，存在主義所掀起的炫風，應不止是一陣浮萍浪花、流行風潮而已。

五十、六十年代台灣存在主義興起，席捲了當時喜歡標榜自我、疏離、孤獨的年青人，雖然當時的社會風氣仍屬有限開放，存在主義的主張，如原

〔註 3〕《Communication and Evolution of Socity》Jurgen Habermas Tras. Thomas Mcarthy, Cambridge UK:「The meaning of history, its goal, was not a subject for metaphysical hypostiatization but for practical projection ; it was a meaning that men, in the knowledge of objective conditions, could seek to give it with will and consciousness.」

〔註 4〕《東西文化及其哲學》，梁漱溟著，里仁書局，民 72 年，P209。

〔註 5〕請參《聖經》〈傳道書〉：「已有的事，後必再有，已行的事，後必再行，一代過去，一代又來，地卻永遠長存……」。

鄉、荒謬、苦悶、憂懼……儼然成了年青人心理的宣洩口，縱令當時世風保守、一知半解的情況下，存在主義頓成了青年人的寵兒，大量的翻譯著作，如卡繆的《異鄉人》、歌德的《少年維特之煩惱》、海明威的《老人與海》、紀伯倫的《先知》……外加上新潮文庫所翻譯的一系列沙特等小說和精神分析方面的書籍，使得五十年代掀起了存在風，而此風潮，也可說得上是青年人文化的映現：「存在主義思想、浪漫的自我追求和心靈探索成了五十年代年輕人關切的主要課題。」〔註6〕

以文星雜誌爲首，展開了一連串對存在主義應探索：「《文星》雜誌 46 期（53 年 2 月）以一張沙特的素描爲封面，標題是〝存在主義的文明〞……」〔註7〕

五十年代的存在主義，以明星咖啡館爲背景，囊括了大部分文壇精英，當時台灣的現實政治社會，經濟正要起飛、解嚴尚未完成，台灣與世界的接軌並不頻繁：一個封閉孤立、徬徨焦慮的孤島，這是一個最傳統的時代、亦爲一個最反叛的時代，這是希望的春天、亦爲絕望的冬天；在這樣一個矛盾而痛苦的時代，存在主義扣緊了文學和藝術，進入年輕人的心中，是好是壞不敢妄下斷言，但無疑地，作爲西洋哲學中一個反傳統的系統，存在主義：超越了語言、地域……在中西之間，架起了友誼與溝通之橋樑，成爲中西文化的轉捩點和銜接處，存在主義，很成功地由西洋之反理性主義轉化成爲中國人失根之鄉愁。

本文乃從此一時代的因緣際會的角度切入，選擇了最富代表性的思想家馬丁·海德格（Martine Heidegger 1889～1976）〔註8〕，與最偉大的中國哲人：老子，來做爲研究的主題，一方面是回應了「存在主義在中國」這樣一個深具時代意義與歷史任務的課題；另一方面，也嘗試以此種方法，來延續五十、六十年代存在主義的思潮，期待這顆思想的種子，能在古代中國思想的土地上眞實地紮根、開花結果，當然，更期盼的是，以此拋磚之作引來更多的良田美玉，用前瞻性的視野及詮釋的方法，跨越過語言之蕃籬與文化的界域，從中挖掘出一條中西文化交軌、對話的路徑，從而開啓出中國古代思想與現代西洋哲學融匯貫通底無限潛能。

在放大鏡底下審視此一歷史之橫切面：文學的感性更需要的是哲學的理

〔註 6〕〈存在主義的 50 年代〉，蔡源煌著，文星雜誌 P18～P21，民 75 年 6 月。

〔註 7〕〈存在主義的 50 年代〉，蔡源煌著，文星雜誌 P18～P21，民 75 年 6 月。

〔註 8〕關於海德格是否是他自己所不願意承認的存在主義者，在此是有些爭議的，雖然，他在哲學史上的地位（當然，哲學不是他所定義的哲學，歷史也非他所認定的歷史），通常都以他所不願承認的存在主義者名之。

性，不要認為風潮已經褪去，其實工作才正待展開！

未完成的書寫：一種可能地嚐試

由於因緣的湊和以及師友的鞭策、鼓勵，我的碩士論文即以海德格的美學為研究主題，對海德格與道家的相似性，常使人有一種時空錯置的感覺，因此在處理完海德格美學思想研究之後，希望能有一個機會，再做與《老子》之比較，當然，我也相信：中西哲學的比較研究，是一個值得挖掘和深入探討之課題，在這二位古代東方哲人與現代西方思想家的身上，我們所見到的不正是：「東海有聖人出焉，其心同其理同也；西海有聖人出焉，其心同其理同也」，雖然我們並無法藉著海德格與《老子》間的對比來消弭世界的紛擾、種族之仇視、語言之差異與價值之矛盾，但我相信，人們對美善、和諧、自由與平等之追求其實是一致的，本論文嚐試以《老子》與海德格形上思想做為出發點，展開一場跨越時空、超越語言的美學對話。

或有人以為，海德格的思想源於希臘此一偉大的哲學傳承〔註 9〕，而老子作為先秦思想家，更加是典型中國哲人智慧之代表，二者的學說，不僅表達的方式不同、語言的方式有異〔註 10〕，而其所面臨的問題及思想的型態、系統的結構，其差異均甚巨，如何從這南轅北轍、深奧複雜的學問理路間，爬梳釐清出一個清晰一致的頭緒？更徨論對其作比較、研究？當然此一考量是十分謹慎而正確的，但吾人相信，學術原建構於自由而開放探討的心靈之上，設若連紐約最前衛的藝術家也都在以東方道家思想來從事創作之際〔註 11〕，我們還非要談什麼「系統的一貫」、「語言邏輯地一致」、「嚴密地哲學方法」才能討論、比較的話，那眞是太過劃地自限，淪於曲人之蔽陋——專家也只不過是訓練有素的狗。

其實無論海德格或老子，其所意欲追尋的均是一個超越名言分別、原初渾樸、無為無名的「大道」或說「存有」，而此「道」或「存有」之境，乃「羚羊掛角、無跡可尋」的。

〔註 9〕《Heidegger's Basic Writing》Edit. David Farrell Krell, Roultedge，台北，雙葉出版社，以下簡稱 BW，請參前言的部份。

〔註 10〕海德格的文字向以深奧難解著稱，外加他又喜自造德文新字；而《老子》一書，向稱難解，歷年的版本注疏，更是多如牛毛，但在這裡，吾人不擬以版本之校勘或文字的考據訓詁為主，而逕以義理的思考為據。

〔註 11〕〈Watercourse Way〉 G.Roger Denson Art In American November 1999 P115～121。

近年來，台海兩地的學者、專家也紛紛就此一課題，完成了許多可喜的研究成果〔註 12〕。吾人不敢專美於前，事實上，本文研究的範圍與內容也建立在前輩辛苦努力的成果之上，若無前人的開拓與耕耘，是不可能出現這篇論文的，也僅以此文，作爲這薪火相傳中的一段微光和空山回響中的一曲鳴唱吧！

哲學與文化，走在時間（歷史）的小徑上，漫長而幽靜的思想旅途，百代的山水如畫、千古悠然絕響，冷冷的深谷中，惟有大道和著歌聲，在宇宙的曠野盡頭，翩然翱翔：

「我所居兮，青埂之峰
我所遊兮，鴻濛太空
誰與我逝兮，吾誰與從
渺渺茫茫兮，歸彼大荒。」〔註 13〕

海德格

〔註 12〕比較著名的像是《海德格思想與中國天道》，張祥龍著，北京，三聯書店。

〔註 13〕（《紅樓夢》曹雪芹著，第 120 回，P787）紅樓夢第 120 回中，賈寶玉拜別了父親賈政，隨著空空道士與渺渺眞人即將飄然隱遁之際，自大空中傳來了如斯之歌聲，而每當我讀到牟先生在自述其學行與生平志業的《生命學問》一書，他曾用「驚天動地就是寂天漠地」來形容此生命底學問境界，常使人不期然地便浮現了紅樓夢結局此一大雪紛飛、寂靜空無地畫面。生命絕了底徹悟與理性玄思底洞鑒，在其本質上，是一致的。

第二節　研究方法：中西哲學之同一與差異

從一開始，哲學做爲愛智的本質學問，在中國與西方就有其不同的效應和場域，中國哲學從其根本並不重視（或說不具備）西方哲學重視理論系統、理性思辨和範疇化地架構，更具體嚴格言之，「中國哲學」作爲一個學門，是近代中國受到西方哲學的影響和刺激之下，而產生出的〔註 14〕，要在如此的背景和歷史文化條件底下，從事中西方思想比較，即令不會失其眞義、實義，光是系統和語言的差異，就足以令人望而步；但話又說了回來，「比較」之所以可能，必出現於「差異」中，如果在「全同」和「全異」的方式下，「比較」是不可能的，因此，這種比較的工作，其實正是當代中國哲學（無論台海兩岸）欲建立起屬於自身的哲學方式和思維模式之際，不可或缺的一個環節〔註 15〕。

選擇以海德格與老子做爲比較與研究的主題，實包含以下三個原則：

1. 思想的內涵
2. 價值的歸趨
3. 生命型態底最終展現

以此來作爲比較、研究的始初基點，老子思想與海德格的相貫通，在海氏有生之年即以發現（關於此，將於本章第四節再做更詳盡的說明，在此茲不贅述），海德格與道家所欲追尋的境界與人生的理路是有其一致性的，語言的差異、思惟結構底不同，對海氏與老子的比較而言，並不構成內在的矛盾。

海氏援引 Trakle 的詩句：「語言碎裂處，無物棲止」、老子也曾言：「道可道，非常道」，當人以其純眞自然的赤子之心去趨近、以無別的心去看待，自會發現事物的無垠深度、純粹究極，因此，所有的理論系統、所有的研究方法，基本上，只是對此「大道」底一種朝向或詮解，因此，我們不得不把我們的研究方法，奠基在「道」或「存有」此一最深、普遍的基礎上，而做一種可能底探究〔註 16〕。

〔註 14〕「哲學在中國作爲一個獨立的學科門類是本世紀的產物……作爲近現代意義上的知識系統和學科門類的〝中國哲學〞是中西文化交流後的產物，確切地說，是引進西方哲學的概念系統解釋中國思想的結果。」〈〝中國哲學〞與〝哲學在中國〞〉鄭家棟，中國社會科學院哲學研究所，北京，2000 年 5 月。

〔註 15〕「或許眞正的問題不是在於中國歷史上有無〝哲學〞而是在於〝中國哲學〞能否以及如何進入〝現代的陳述〞，進入〝現代哲學〞的話語系統，從而與西方哲學展開交流和對話……」(〈〝中國哲學〞與〝哲學在中國〞〉，鄭家棟，中國社會科學院哲學所，北京，2000 年 5 月。

〔註 16〕「所有的探討都是一種追尋，而所有的追尋，在其之前即已先行掌握其所意傾聽大道底言說吧，雖然，那是一首無言之歌。

在此思想價值紊亂的時代以及上天無動於人類的喧囂裏，無論東西方都陷入一種智慧喪失、思想否定、價值僵化的情境〔註 17〕，回到大道的本源、回到思想的原初，才能發掘生命的眞實意義、找到事物的本眞。

第三節　老子章節中有關美學之文獻探討

老子的時代是一個楚滅陳、鄭侵宋、周室衰微、禮崩樂壞的時代，當此之際，天子的勢力逐漸衰退，舊有的秩序崩解而新的價值尚未建立，一方面，士農工商階級的興起，經濟成爲迫切的要求，另一方面，君戮臣、臣弑君、父殺子、子害父——「這是一個最好的時代，也是一個最壞的時代」（迭更斯《雙城記》），在這個歷史文明曙光乍現的渾沌晦暗中：

> 「舊信仰依然盤旋，而理性已獲解放和新生……作爲舊的政治制度和政治思想最高原則和依據的周禮正在崩解之中，周王室貴族以及諸侯們，在新的經濟力量沖擊下，顯現出失德與失態……」〔註 18〕

老子的思想誕生於此，思想家：做爲一個時代超越良知的根據，代表著人民對原始氏族社會或說人類最原初地質樸、天眞之嚮往及回歸，老子的「道」來源於此，但並不侷限於此：

> 「老子是中國的智者，他歷經世變，看清人間的滄桑，他與歷史同行，也與天道同行，他更以恆常宇宙的觀點，去觀察瞬息萬變的社會，他知道任何〝原則〞若不與大道相契，必無久存之理，誰想創造歷史、改變歷史，也都死在歷史的巨輪下。老子不是歷史學家，未曾有歷史的巨著，但他卻是歷史發展的敏銳觀察者，五千言中極富歷史哲學的慧眼……」〔註 19〕

從《史記》以來，老子如謎的身身及《老子》一書，一直是學界爭論的

欲追尋者……」請參《Being&Time》trans.John Marquarry and Edward Robison，台北，雙葉書局，民 71 年 P24，以下簡稱 B&T。

〔註 17〕「雖然中西在今日的情形各不相同，但它們似乎面臨了同樣的命運，即智慧沈默、天塌了、上帝死了，這是中西的語言明證」——〈智慧與愛智慧〉，彭富春《哲學與文化》，2001 年 8 月 P47。

〔註 18〕〈超越與回歸：老子與他的時代〉孫以楷，《安徽大學學報》第 24 卷第五期，2000 年 9 月。

〔註 19〕《老子思想體系探索》魏元珪老師著，新文豐出版社，民 85 年，P2。

主題，民國初年，古史辨的學者甚多主張《老子》成書的年代應晚於孔子的時代，竹簡《老子》的出土，使得此種說法不攻自破。〔註20〕

司馬遷對老子其人及其書，一開始就出現無法確指的狀況，老子究爲孔子曾問過禮的老聃？〔註 21〕亦爲西出涵谷關往見秦獻公爲說天下事的太史儋？還是楚國有名之老萊子？故而才會出現「前輩老子八世孫與後輩孔子十三代孫同仕於漢朝」令古史辨學家也懷疑的事情；由於古代考老通借，故而年長壽者、地位尊貴之人，往往也用老子自稱，老子是隱君子，更加使得《老子》一書，經過歷史面紗掩蓋之後，更增添了如許神秘之色彩。

由於郭店本的出土，使得今日的我們，依賴著考證學的發達以及科學之昌明，從而挖掘到了甚至連司馬遷、韓非、班固也未及得見的稀世之珍，這對還原老子其人及其書大有裨益。

由於本論文所處理的是老子的美學思想，故而關於版本的考據、文獻地探勘，只能到此止步了，且文獻之考據，尤其像郭店本的年代如此之早，所需的乃專業的古文字學、訓詁、校勘之工夫，筆者能力有限，外加上興趣實不在此，只能望書浩嘆、期待來日再行努力了。我們只能說：越晚的著作無疑地是更繁複與深化了原始著作的結構和內在，當我們在探討美學與藝術，並在此本著作中發掘意義並做出詮釋之時，我們無疑地必須置身於此時此地的文本詮釋的脈絡中而做出「視域交融」（Fusion of Horizon, Gadamer 的一個專有名詞，指的是思考的課題本身，亦即主體不再是人，而是藉由語言對話

〔註20〕1973 馬王堆的帛書《老子》出土，1993 年在湖北省荊門市沙洋區西方鄉的郭店一號楚墓中，竹簡《老子》出土，二十世紀末葉，中國連獲兩件至寶，蔚爲 21 世紀中國學術界的一大盛事，使得《老子》的研究進入劃時代的階段，許多大陸學者，便根據此一重大發現重新界定《老子》的版本：

「根據武漢之羅浩、李若暉先生的說法，將已知《老子》按時期分爲四類：

1.郭店楚簡《老子》爲形成期老子。

2.戰國末、西漢初之《帛書》老子爲成型期。

3.漢、嚴遵《老子指歸》本、河上公本、想爾注本、王弼本、傅奕本爲定型期本《老子》。

4.嗣後爲流傳期本《老子》。

〔註21〕「魯定公五年（西元前 505 年），孔子（西元前 551-西元前 479），將適周觀藏書以徵禮，南宮敬叔（西元前 531-西元前 470）以擬從孔子適周，言於定公，定公以車馬豎子饋其行。仲由（子路，西元前 542-西元前 48）以爲不如先至沛，求久掌周室藏書新免歸居之老聃（是年 57 歲）以爲介。孔子從之，因偕仲由、南宮敬叔至沛見聃，聃自將去周時，思想轉變，始倡非禮之說，不允孔子之請。」

中的課題，在 Gadamer 的使用中有其更深沉的意涵）的溝通，吾人是同意迦德瑪所說：

「此種建構，爲特殊視域的呈現，它的顯現超越了它所能見的，首要的就是要避免固著於某種意見地錯誤……它不再是一個歷史視域中的孤立觀點，理解，總是做爲一種視域融合之想像而存在……此種融合之力是早先而爲一種首初地本然狀態……」〔註 22〕

《老子》一書奠定於其生命哲學、宇宙的宏觀之上，老子哲學是一即眞即善即美之價值體系，故而老子哲學蘊含著深厚的美學意蘊，藝術型態地生命，實爲老子哲學最後歸趨之所，故而研究老子哲學，不能不闡發其自然與無爲地美學觀念。

《老子》言簡意賅、體立綱維，故而其美學之理念亦綿密而深邃〔註 23〕。或有人以爲，孔子是中國最偉大的哲學家、儒門的宗師，而其所言的價值亦包含了美與藝術，且孔子的哲學是中國哲學的重心，如其所強調的道德與善，很能代表中國人的典型思想，故而儒家美學（或孔子美學）的重要性大於老子，這樣的說法似乎有些值得商榷，因爲從客觀的事實方面而言，中國歷代的許多大藝術家、大美學家其實都具備道家人物的思想性格，如宗炳、王羲

〔註 22〕 Hans-Geore Gadamar《Truch and Method》The Continuum Publishing Coporation，台北，雙葉出版社，P273。

〔註 23〕 《老子》關於美學部份之文獻，老子論美的根源及美醜之相對性：
「天下皆知美之爲美，斯惡矣，皆知善之爲善，斯不善矣」（《老子》二章）
「信言不美」
「五色令人目盲，五音令人耳聾，五味令人口爽，馳騁畋獵令人心發狂。」（《老子》十二章）。
論藝術之形象及審美之直觀則是：
「執大象，天下往」（《老子》35 章）
「大象無形」（《老子》41 章）
「載營魄抱一，能無離乎，專氣致柔，能嬰兒乎？滌除玄覽，能無疵乎。」（《老子》10 章）
論美的有無、虛實，藝術技巧表現上的「留白」、「計白當黑」：
「天地之間，其猶橐籥乎？虛而不屈，動而愈出」（《老子》5 章）
論美之本質的樸素、平淡、自然、天眞：
「大成若缺，其用不弊，大盈若沖，其用不窮，大直若缺，大巧若拙」（《老子》45 章）
「大丈夫處其厚，不居其薄，處其實，不居其華，故去彼取此」（《老子》38 章）
論藝術創作的過程：「致虛寂，守靜篤，萬物並作，吾以觀復」（《老子》16 章）
論美的形式與內涵：「大直若詘，大巧若拙，大辯若訥」（《老子》45 章）

之、王維、倪雲林、石濤、蘇東坡……，其爲文或藝術作品中，也往往是道家的影響大於儒門；另一方面，就藝術的範疇或美學的理論，老子對於審美客體、審美觀照、藝術創造、藝術生命的一系列看法，均非立足於「目的論」主張的儒家美學之所能望塵莫及的〔註 24〕。從歷史的角度來看，孔子無論從歷史或美學發展而言，都是晚於和後於老子的，因此，如要從嚴格的思想史或美學範疇、審美概念的角度來定義美學，則老子的美學可說是中國美學史的起點〔註 25〕：

> 「從美學的角度看，老子提出的一系列範疇，如〝道〞、〝氣〞、〝有〞、〝無〞、〝虛〞、〝實〞、〝味〞、〝妙〞、〝虛靜〞、〝玄覽〞、〝自然〞等等，有的本身就是美學範疇，有的在後來的歷史發展中，從哲學範疇轉化爲美學範疇，它們在中國古典美學的邏輯體系中都佔有十分重要的地位，老子哲學和老子美學對於中國古典美學形成自己的體系和特點，影響極大。中國古典美學的一系列獨特的理論，都源於老子哲學和老子美學。」〔註 26〕

而老子的哲學系統，以其「道論」爲首出的概念，故而「道」亦爲老子美學的中心思想，老子美學最重要的範疇並不是美，而是〝道〞——〝氣〞——〝象〞此三個相互連結之範疇。〔註 27〕

故而稱老子的藝術是美學，不如說老子的藝術就是天地間一大任運自然之「道」吧。

關於老子的美學範疇以及老子論美的言論、老子在美學上的地位，本文將在第二章《老子的藝術精神》再做發揮，在此茲不贅述了。

第四節　海德格思想與美學

「不要停止探詢
　才是探求的目的

〔註 24〕「中國古典美學關於審美客體、審美觀照、藝術創造和藝術生命的一系列特殊看法、中國古典美學關於審美心胸的理論等等，它們的思想發源地，就是老子《易傳》、《管子》四篇和莊子……」《中國美學史大綱》葉朗，上海人民出版社，P8。

〔註 25〕請參《中國美學史大綱》葉朗，上海人民出版社，P19。

〔註 26〕請參《中國美學史大綱》葉朗，上海人民出版社，P19。

〔註 27〕請參《中國美學史大綱》葉朗，上海人民出版社。

如此我們將抵達那起始之處

做爲首次知道的那個地方」

——艾略特〔註28〕

「We shall not cease from exploration

And the end of all our exploring

Will be arrive where we started

And know the place for the first time」

——T.S. Eliot

海氏是一位深具原創性的作者，也是一位學院派典型的哲學家，大部份都在從事安靜的研究工作，他的生命根植於南德黑森林這塊豐饒的土地，延續著希臘偉大及波瀾壯闊地文化遺產〔註 29〕，亞里斯多德的方法論及胡賽爾的現象學更使他別開一格了創造了他的「詮釋現象學方法論」。

海德格曾自述其學思的歷程：「生長意味著敞開自我至廣袤之天際，同時，也意謂著在黑暗土壤之內找尋其根基，萬事萬物眞實閃爍，在其權衡之內，乃爲其對於高天之呼求（appeal）和對土壤底保存。」〔註30〕

所有的探究都是一種追尋，而所有的追尋都有其被尋找的某（物）事，當我們進行探求（inquiry）時，總是在探求著什麼，也就是在探求之先，必須要有一個探求的方向（direction），或多或少懷有一種探求的目的〔註31〕。

〔註28〕T.S.Eliot，〝Little Gidding〞，〈Four Quartets〉in Eliot《The Complete Poems and Plays OF T.S.Eliot》，Faber and Faber，1969，P197。

〔註29〕Boreas Web 在其所著《思想中的敞域——事件：海德格與早期希臘哲學的對話》中說道：

「當思想本身被帶來前面而思考著思想，思想家被召喚而宣說著，去建構一條關於存有（Being）和存有者（Being of being）的思想之路，思想抵達著思想家。思考召喚著某人〝去思〞，海德格的思想即是呼叫著讀者去參與存有之眞與存有之存有者問題的對話，也就是告知如何去聽此召喚中的言說（此言說召喚著：召喚著此一言說）。惟有在此聽（Listening）中，讀者——思考者才能抵達海德格哲學的顯現，此一顯現提出了海氏與早期希臘思想家，諸如巴曼尼得斯、赫拉克利圖斯、亞納西曼德、普羅塔哥拉斯之間對話的多樣性。」

〔註30〕「To grow means to open oneself up to the expanse of heaven at the same time to sink roots into the darkness of earth, everything genuine thrives only if it is, in right measure, both ready for the appeal of highest heaven and preserved in the protection of sustaining earth」《The Man And The Thinker》Edit：Thomas Seehan，Precedent Publishing，Inc Chicago Vii P69。

〔註31〕「任一發問均爲探求，而任一探求在他尋找之前就有一個方向，作爲發問總

作爲探求內容的存有，其本身即是一種存有內容底探求，它以它自身的思想爲思想。存有具有最超越、不可定義、自明的特徵，因此，作爲存有的發問，即是回到其本身；作爲發問的存有，如同光，本身光亮、亦爲被照亮著，它照亮別人，亦照亮自身。當我們要探問存有時，我們所要探問的不是任何可以界定事物，而是「它們是如何的？」

當我們追問存有此一問題時，此一追問（questioning）即是一種探求，但此一探求並非以客觀的方式尋問存有〝是什麼〞（whathness）、〝那是〞（thatness），而是存有是〝如何〞（Howness）的，此一追問的方式（追問存有的 Howness）即是探索本身。

從早期對存有問題之探討（The question of the meaning of Being），到中期《眞理本質》中對「存有之眞」的討論，而至晚期對「存有」底設置〔註 32〕，海氏踐行了他對大道（Ereignen）的深沈洞鑑，更回應了先蘇「回到事物本源」底原切思想。

根據海德格的說法，所有形上學均是一種存有神學，存有論即是逾越（transcendent）存在者而至其始源（存有），神學意謂著第一因或根據〔註 33〕，存有即是作爲原初的開始（Being as beginning）；對形上學的超克並非意味著摧毀形上學，而是找尋它們的基礎、並發現它們，思想作爲「存有——歷史」之思，就是某種對「贈予」（endeavore）的理解或是發現在「存有——歷史」中其所不說或爲何不曾道說底「詮解」（express），最根本地思想即人類存在回應「存有」（Being、Sein）的歷程。

海德格之路，即是思考之路，而此思想，就是開顯存有，也就是存有的語言——詩。詩人和哲學家走在他們的思考之途上，思考著存有，有時迷途、

是在問〝關於什麼〞的問題……，即便是探求本身（what is interrogated）也屬於此發問……」《B&T》，P24。

「探問，作爲一種尋找，當它在尋找之前，必須要有某些指引（guided），因此，作爲存有，其意義已經在某些方面對我們發生了效用，如同我們所暗示的，吾人某些活動的行爲已經在一種對存有的領悟（understanding）之下，此領悟是一體兩面，一方面包括了對它的瞭解，另一方面是將此一瞭解加以概念化（conception）的傾向……」B&T，P25。

〔註 32〕《The Man And The Thinker》Edit：Thomas Seehan，Precedent Publishing，Inc Chicao Vii。

〔註 33〕「In Heidegger's telling, all metaphysics is ontotheological：ontological in that it transcends being to their beginess, and theological in that it seeks ultimate cause or ground.」。

有時正確〔註 34〕，同時這也是思想本身（亦即存有之顯）的必經之路；一條追索著詩人與哲學家的蹤跡（Tracing），努力去作探索之途，而此探索本身，即是哲學，也就是思想。

海德格的文本浩繁，1935 年之後更罕見系統性的大部頭著作（筆者知道的是：德文本的祝壽集收錄了他大部份的著作），本文所處理的範圍：包括從 1927 的《Being and Time》到 1945 年左右的《Poetry、Language、Thought》，大都根據英譯本，關於海德格文獻及思想轉折，請參閱本文第三章，在此茲不贅述，由於作者未能直接引用德文原典，不無遺憾，逕以英譯本爲據，務請先輩及讀者見諒。

第五節　老子與海氏思想之接觸點

1966 年，在德國明鏡雜誌的訪問中，海德格曾說：「中國與俄國之傳統思想，可以幫助我們從科技迷思中掙脫。」〔註 35〕，海德格對於東方的熱衷，一方面是因 1930 年左右，他經歷了一場思想的轉折，基礎存有論的名稱漸漸從他作品中消失，他開始從存有（Sein、Being）作爲思想的出發點，而非如《存有與時間》中以存有者（Daesein）做爲出發點；另外，經過了二次大戰之洗禮，海氏關注於無（Nichts、Nothing）、遠離（Farness）、神聖（devine）等問題，而在此種問題上，東方思想正可提供他一條出路及解答。

東方的沈思促使海德格放棄對「物」的執著，這同時也顯出了海氏對禪、佛、道家的親近性，而海氏也曾自承，他受惠於中國學者更甚於日本學者。〔註 36〕

1930 年代，他在布萊梅 Bremen 的講座：〝眞理之本質〞使他轉入了一個新方向，但當時罕有人意識到此一演講是其超越《存有與時間》決定性的一步。

〔註 34〕「此一問題必須正確地放置在它的問題上，不僅是問何謂存有（Being），而且也是何者（Who）在從事此一探究，爲著如何去探究某物，它也包括我們，即是在作探究的我們……」〈Hegel's Concept of Experience〉Trans by J. Glen Gray and Fred D. Wieck NY：Haper & Raw, 1970。

〔註 35〕Heidegger：《The Man And The Thinker》Edit. Thomas Sheehan Chicago Press，P1。

〔註 36〕「Heidegger himself maintained，moreover， that from early on he had worked with Japanese Scholars, 〝but had learned more from Chinese〞」，《Heidegger and Asian Thought》Otto Poggeler edit：Graham Parkes Uuiv. Of Hawaii Press 1987，P50。

同時，在一次演講結束後，在批發商人 Kellner 家中，忽然間，海德格轉向主人詢問：「Kellner 先生，未知能否借閱《莊子寓言》一書，我想朗讀其中一些段落。」而這段文章，是莊子第十七章快樂之魚的德文翻譯。〔註 37〕

在海德格的思想中，要擺脫科技的迷思、到哲學的原始初點，就是要開顯本源的大道，亦即從「物」的迷思中解放，回到無本之本——「深淵」（abgrund），海德格這種思考理路並非憑空而來，乃承襲自德國神秘主義厄克哈特（Meister Eckhart），Meister Eckhart 支持了海德格走出西方形上學之傳統，而參與進入東方之對話（海氏認爲歐洲與遠東的對話，雖然是困難卻是必要的）；西方世界就像東方世界可以回到其自身：回到無私無慮、無計較執著的澄明中，去打開自我、回復本源，形上學的「密契」（myth）與東方宗教的沈思之間指出了這條本源之路。

在一篇《何謂宗教》〔註 38〕的文章中，歐美的讀者可以見到海氏的思想是如何受到禪宗、佛學及 Keiju Nishitani 的影響，在五十年代左右，不少的學者也指出，海氏的思考傾向於〝統一美感與存有論經驗〞或〝前存在經驗〞（pre-ontologincal experience），而這樣的經驗，就是一種東方宗教地空靈境界。

事實上，海德格曾接觸過不少東方的藝術作品，像是在慕尼黑與 Bremen 時，海德格的友人 Bisser 就曾將東方的藝術品介紹給一位深受遠東影響的畫家 Tobey，Bisser 在 1960 年代在 Bremen 傳授道家藝術，並開了一門叫做〝想像與字詞〞（Image and Word）的講座；而如果我們對海德格的教席仍有印象的話，在 Bremen 的海德格，他所進行的工作，就是將傳統形上學的根基置於赫拉克利圖斯的「道」上，更進一步地說，是將希臘傳統置於中國道家之上，而給予形上學一個全新的開端。

當保羅．克利（Paul Klee 1879～1940，德國人，爲現代畫派代表人物，作品計有「鑲畫」、「藍騎士」……等，深受印象畫派、象徵主義的影響。）在耶拿時，他針對海德格，開了一門有趣的課程：〝現代藝術和海德格的對話〞（On modern art and Heidegger's own couplet），1924 年，做爲反科技文明代言人的海德格與慣以科技精神爲主題的畫家——保羅．克利，曾產生出何種的對話內涵與溝通方式呢？不過，我們所知道的是：五十年代末期，在

〔註 37〕《Heidegger And Asian Thonght》Otto Poggeler edit：Graham Parks Uuiv. of Hawaii Press，P52。

〔註 38〕請參《Heidegger and Asia Thought》Ibid，P48。

《Holzwege》此論集中，海氏有一篇〈論藝術作品之本源〉的文章，就是作爲他對於保羅·克利的反省，目的是在探討科技時代地藝術（克利本人並不反對以當代科技的精神作畫，更將其結合成爲現代畫），海德格在對話中曾說，他（指克利）在繪畫中的解放更甚於他在理論中所做之反省，克利經常給予自己畫作一個詩的名稱，顯示出他乃在找尋他繪畫的源頭——即詩地元素（關於〈論藝術作品之本源〉這一部可視爲現代藝術里程碑的論文，請容以後專章再做介紹）。

在〈論藝術作品之本源〉本文的最後，海氏認爲藝術的眞理與存有論的歷史相呼應，但海氏的論證到此便輒然而止，並沒有再進一步地上溯藝術終極的根源、存有論歷史之本——無美之美、瞬間即是永恆、甚至可以說醜即是美的「道」再做分析了，嚴羽的《滄浪詩話》說：「盛唐諸人，惟在興趣，如羚羊掛角，無跡可求。故其妙處，透徹玲瓏，不可湊泊。如空中之音、相中之色、水中之月、鏡中之象，言有盡而意無窮。」〔註 39〕，道就是這種無跡之跡、無象之象，海德格對克利畫作之批，如能回到中國藝術之「道」，相信他的〈藝術作品的根源〉，必不僅是藝術與存有論歷史相呼應，而更加是「聖人原天地之美，達萬物之理」的生命化境了。

海氏景仰詩人賀德林〔註 40〕，對比於賀德林，海德格使自己與希臘思維分開的方式即是道家思想。海德格曾從賀德林的詩 Andenken 提出一個異化的觀點——〝對反〞（contradictorily），用海氏的觀點——就像賀德林說酒是玻璃中的陽光，海氏用老子智慧「正言若反，以德若比」的觀點來補足賀氏。

還有另一個更充份的根據，可證明道家對海氏思想的影響：1946 年，海德格曾與蕭師毅先生共同翻譯《道德經》，在海氏的手稿中並未留下當時的翻譯作品，而海氏的兒子赫爾曼·海德格（Herman Heidegger）又與蕭的說法有所出入，倒是海氏的弟子奧圖·普格勒（Otto Poggeler），根據這段因緣，寫作了一篇〈東西方對話：海德格與老子〉，依照 Otto Poggeler 法，他倆的合作可能只完成了全書 81 章的第八章，根據《老子》目前通行的版本，《老子》第八章即是：「上善若水，水善利萬物而不爭」〔註 41〕，由於沒有翻譯之手稿，

〔註 39〕《中國文學發展史》，劉大杰著，華正書局，台北 86 年，P732。
〔註 40〕海氏曾云：「我的思想無可避免地與賀德林的詩發生關連……。」請參《The Man And The Thinker》Ibid，P61。
〔註 41〕楊家駱《老子新考略述》，世界書局。

所以也就不知是否正確了；另外再根據 Heinrich Wiegand Petzet 在〈Auf einen Stern zugehen：Begegnungen mit Martin Heidegger〉此文中所述，海德格曾送給 Ernst Junger 一篇他所翻譯的《老子》48 章，如果是 48 章，則爲：「爲學日益，爲道日損，損之又損，以致無爲，無爲而無不爲矣。」，如果眞是此文，倒頗爲類似當日海德格之處境了。

1946 年，關於《科技問題之探討》中，海氏要人回到科技源頭之自然（physis），這不僅使人聯想起《莊子》對機心、機巧所作的批判，海氏可以說是遠離了與原初希臘之關連而轉入東方的傳統，去尋求人與人之間相處的和諧本質。

1949 年的〈The Thing〉，從海氏對瓶的描寫，更可見海氏與老子的關係，瓶的無性更勝於它的存在性，如同《老子》第十一章：「瓶子的有用在於其適當地包含了空無(〝What we gain is something, yet is by virtue of Nothing that this can be put to use〞)」我們所獲得的是某物，但作爲無的特性便是將有放入其有用之中。

〈語言的本質〉一文中，海氏建議把老子的道（Tao）譯爲「道路」（Weg），而反對以往的德譯把它譯成理性、精神、理由、意義和邏輯等〔註 42〕，海氏將其基本的字詞 Ereignis（大道、大道地緣構發生）視如道（Tao）與 logos（邏各斯）一般，在《往向語言之途》中，在道底被隱蔽之中，他召喚老子：一切思想言說之神秘底最神秘之內，我們讓名稱進入此一不可說中，並完成了這種〝泰任爲之〞（letting）……所有均爲道（way）。

1957 年的講座〝同一原則〞之內，他將大道 Ereignis 與希臘的 logos 和中國的道作爲一種無可翻譯之字詞，而爲思想的導引。

〔註 42〕「Das Leitwort im dichtenden Denken des Laotse lauter Tao und bedeuted《eigentlich》Weg. Weil man jedoch den Weg leicht nur au β erlich vorstellt als die Verbindungsstrecke zwichen zwei Orten，hat man in der Ubereilung unser Wort《Weg》fur ungeeignet befunden，das zu nennen，was Tao sagt. Man ubersetzt Tao deshalb durch Vernunft、Geist、Raison、Sinn、Logos」

——《Unterweg Zur Sprache》Martin Heidegger Neske 1990, P198。

「老子詩意運思的引導就是道，根本上意味著道路。但是由於人們太容易僅僅從表面上把道路設想爲連接兩個位置的路段，所以人們就倉促地認爲我們把道路一詞不適合於命名道所道說的東西，因此，人們把道翻譯爲理性、精神、理由、意義、邏各斯等」

——《走向語言之途》，馬丁海德格，孫周興譯，時報出版社，P169。

海氏追尋著老子此一古老思想的足跡，其所意欲尋找的乃是隱藏在歷史背後的大道源頭，而他也相信，惟有堅定地站立，我們才能再回到那條原初的道路。

《老子》對海氏而言並非只是一種具備多樣性及普遍性地歷史沈思，而無寧是一部無可定義的天人之書。

第一章　《老子》道論與美的境界

一、《老子》道論的意涵

（一）道的特性：萬有的根源，宇宙自然與美的基礎

哲學作爲愛智之學，追問著宇宙的根源，世界的第一因是哲學的首初要旨，老子的哲學是一部天上地下的寶典，故而《老子》一書也是對宇宙萬有及人生的究竟，加以探索解答的一部經典，一部《老子》，就是一把天人之鑰，在這本書中，提出了宇宙全體、萬有根源、眞善美究竟之解答。

《老子》的第一章，是本體論基礎之道：

> 「道可道，非常道」〔註1〕
>
> 高亨的註解爲：「吾所謂道之一物，乃常道，本不可說也；吾所稱道之一名，乃常名，本不可命也。」故道不可說，名不可命也，但雖說道不可說名不可命，但老子仍強爲之說，而著書五千言。」〔註2〕

老子所說的道，並非是存在於世界上任何一種事物，但這並不是說，它「不存在」，而是說：它存在，但卻不可以用任何既有的存在方式來加以指稱、補捉，因爲，道，是無所在也無所不在的，道不在現象界的經驗層次之中，非感官經驗所對的對象，「道在天下」、「道濟萬物」，但道卻非「萬物」、道也不是「天下」（世界），因此《老子》接著又說：「名可名，非常名」（《老子》

〔註 1〕《老子新考略述》楊家駱主編，世界書局出版社，P1，本文所引之老子篇章均出於此，茲不贅述，只以《老子》做代表。

〔註 2〕《重訂老子正詁》高亨，新文豐出版社，民 70。

第 1 章)。

如果道是有名，而且可以稱說的，則道就不是道了，就像禪宗《指月錄》中所顯現的千江水月：「千月倒映千江水，千江倒映千江月」、名家和墨辯有名的論証：「白馬非馬」，在人世間種種的是其所非、非其所是，莫不由人的成心執著而來，而人生何其茫茫，何必要以外在事物的變化，做爲判斷是非的標準？「物無非彼、物無非是」——惟有普渡駕慈航，在天地的無盡藏中，層層發掘不盡。

雖然，我們不能用人類渺小的知識、概念去捕捉道，但道卻藉著日月星辰，宇宙萬物，向我們宣說、默示：「一沙一宇宙，一花一世界」，印度哲人泰弋爾不是曾如此地說過嗎？「跟隨大自然的秘訣，跟隨大自然的腳步。」道在無言地宣說中言說著、理在心中彰顯，四時的春夏秋冬以及大自然的法則：「天地有大美而不言，四時有明法而不議，萬物有成理而不說。」(《莊子》〈知北遊〉)

道是一種默默運行的力量，讓恆河沙數星辰般的宇宙，如此地和諧，正如華嚴經所言的「一即一切」、「一切即一」，道是推動著穹蒼的始與母：

> 「無名，天地之始；有名，萬物之母。」(《老子》第 1 章)
>
> 「谷神不死，是謂玄牝、玄牝之門，是謂天地根。」(《老子》第 6 章)
>
> 「天下有始，以爲天下母，既得其母，以知其子。即知其子，復守其母」(《老子》第 52 章)

道就像大地的母親一般，守護著大地，誰都知道母親是愛護、保衛自己的子女的，故而道也就像天地的母親，她是世界之始、萬物之母。

當然，也有很多時候，宇宙並非永遠和諧、和平的，世界的軌道也會有「反動」和「逆反」，當然這樣的相反、逆轉，基本上也都是包含在道的運作之列，因此我們也知道，道是「相反相成」、「對立統一」的：「萬物負陰而抱陽，沖氣以爲和」(《老子》42 章)

道是在萬化之先、宇宙未形以前的渾沌初創，因爲在天地未形之先，宇宙並非是一個絕對的空無 (Abslute Nothing：就像空宗在「十八空論」中所言的頑空、斷滅空)，在宇宙未形之先是一種有 (Being)，吾不知其名，故曰：「視之不見名曰夷，聽之不聞名曰希，摶之不得名曰微，此三者不可致詰，故混而爲一」(《老子》第 14 章)

道作爲宇宙萬物的本體，它充滿了動態地無窮生機，它是創造、化成的過程，一剛勁健動、生生不已的過程：

「道生一、一生二、二生三、三生萬物」（《老子》42 章）

這種剛強健動、生生不息的過程，即是一種有——無的辯證，老子的道，指點出了「無」的智慧，因爲「天下萬物生於有，有生於無」（《老子》40 章），而這種「無」，是一種柔弱謙卑、不毀萬物，如同赤子嬰孩與水流變化，老子的思想隱涵了深刻的智慧，是中國人取之不盡、用之不竭的豐富寶藏。

（二）道的意涵：道超越時空而為一切時空的根據

「生年不滿百，長懷千歲憂
晝短苦夜長，爲樂當及時
仙人王子喬，難可與等期」——古詩十九首

時間的推移與人生的無常，構成了生命偉大的交響樂章，人們隨順著這水流一般地旋律節奏，或起伏旋迴或婆娑曼舞，在生命變幻的四季，有時綠意盎然、楊柳初青，有時烈空油雲、威威長風，時而楓紅層層、冷月寒塘，有時卻是枯藤老樹、寂寞人家，在人生的舞台上，時間，像是幕後操縱的那隻手，一幕一幕的美麗畫面：甜蜜的、悲哀的、痛苦的、辛酸的，都留在記憶的心版上；胡塞爾曾說：「時間，是現象學中最困難的問題。」〔註 3〕

這無解的謎，就成了柏拉圖在《泰米亞斯》中的世界起源與神話寓言，亞里斯多德想將它裝進「範疇」匣子中、康德超越感性的「先天圖式理論」、乃至於尼采永劫回歸的靈火……，詩人歌誦之、科學探究之、哲學討論之，然而，誰又能眞正看得清楚、捕捉得到：她那千變萬化、謎般的容顏呢？

時空，是現代數學、哲學最重要地範疇，故《老子》的道論，也無可避免地會涉及此問題，雖然，老子道的時空意涵，常被其有無、自然、無爲、生命、價值等理論所彰蔽乃至湮沒不彰，但如果我們要把《老子》這部經典置於現代哲學的脈絡中，則就必須先行處理並重視道底時空含意。

徐復觀先生在《中國人性論史》一書中嘗言：「道家哲學乃興起於〝觀變無常〞、〝萬化無常〞」，而欲安立人生的終極價值並懷抱著宇的滄桑悲涼，這是老子所以著書立說的動機，也是五千言中的透闢智慧，人，做爲時空座標中的一點，眞可謂：「前不見古人，後不見來者，唸天地之悠悠，獨滄然而涕

〔註 3〕時間，做爲一種「存有論」（ontological）的存在，即是其所不是、不是其所是，當吾人提及當下和現在之際，它已成爲「過去」和「不在」。

下。」（陳子昂：登幽州台歌），在時間的推移與生命的流逝間，君不見，高堂明鏡，朝爲青絲暮成雪；君不見，金山銀山，盡成白紙廢票，在道的大化流行之中，只有語默無言的自然，永恆地運行。

人以時空爲座標，來數算自我在宇宙中的地位，時間，就像二點之間的直線；生命，就在歲月的綿延中穿梭，自我在時間中形成、在經驗中累積，故老子曰：「天地之間，其猶橐籥乎。」（《老子》第 5 章）

高亨的註釋爲：「蓋天地之間，無非道之體運也，橐龠者，王弼注曰：橐，排橐也。籥，樂籥也。」

時間的推移，蘊涵著天地大化的流行，而老子的智慧，就是要人返本復初，回到物之始源，這是老子對道的體悟，亦爲老子超越時空，對時空所做的觀照與凝思。

當然，人在時空中，人具有時空之相，所以人也經常執著於現實的時空，以爲這便是眞實實相，在人有限的生命中，刻畫計度著自我的歲月、年輪，在終須一死的存有裡，儲藏著生活點點滴滴的回憶，時間——在此或在彼：

「天地長久，天地所以能長久，以其自不生。」（《老子》第 7 章）

年不可舉，時不可止，萬物有死生的變化、無時不移，道則無終始、廣被四方；道，不僅是時空的先天形式，更是萬有的基礎，涵攝了宇宙萬事萬物的生成變化，道：參萬歲而一成純，與永恆的時空合而爲一，雖具備時空的相貌，但卻超越時空之相：獨立而不改、周行而不殆，故老子曰：「自古及今，其名不去。」（《老子》16 章）

而道的法則就是宇宙的歷程，萬有均在此法則中生成變化、摧枯拉朽，道的法則即是時空之綿延，一切事物始於時空、住於時空、成於時空、毀於時空，對大道言，生無所喜、死亦不足悲，故曰：「天地不仁」（《老子》第 5 章）、「道沖而用之或不盈，淵兮似萬物之宗」（《老子》第 4 章）

老子的智慧就是要人反本復初，回到物之本——大道的起源以及事物的始生狀態，與生命的淵泉匯流、與道合一：

「夫物芸芸，各復歸其根，歸根曰靜、靜曰復命。復命曰常，知常曰明。」（《老子》第 15 章）

老子的道，並非在三度空間中，安立時空做爲現象超越根據底圖式，或時間做爲「過——現——未」三重向度的綜合統一，老子對時空的分析既無成立理論系統的企圖及野心，也非分解的說明路數（或現象學的描述），或可名之爲「超本體論」的路數：「名可名而非常名」，道，爲眾樞之環中、一切奧秘中的奧秘。

時空，做爲現象界最不可解之謎，老子乃從生命的高度與廣度消化吸收並超越了它，老子的生命智慧與歷史聰明，使我們在遞嬗的時空中，找到了大道地的「安居」、「棲息」，老子的方式不是胡賽爾的超越現象、不是柏拉圖的神話傳說、不是亞里斯多德的形式範疇、也不是海德格《存有與時間》中的基本存有，老子安立時空之大道，是無可說必亦不須再說的，在存有的根源處，它遍在一切時空，又超越了一切有限之時空。

（三）道與自然——萬有之秩序與規律之本

道，作爲宇宙的根本，是萬有之母，一切存有的根基，它使得萬物井然有序，朝著道的方向運行：「道可道，非常道，名可名，非常名，無名地天之始，有名，萬物之母」（《老子》第 1 章）

由於道作爲宇宙規律與萬有秩序的基礎，道即是此種規律和秩序之源，雖則其自身無須循此規律和秩序，但它卻使得萬有循著這宇宙的大本，而產生了自然的規律與秩序，在此可說道是一切自然的基礎，道是自然的創生者。

道無象之象，不可名、不可言，故云：「視之不見名曰夷，聽之不聞名曰希，搏之不得名曰微。」〔註 4〕，道的大象融合了天地的大有，可說極廣極微、極大極小，集宇宙的無窮和最微小的原子，道在無法設想的軌道中運行，道不可見，但我們卻可在它奇妙的造化、廣闊的運行以及這宇宙穹蒼的萬事萬物中感知到它，道不言宇宙的規律與秩序，但卻自顯其規模與秩序。

世間的種種，都落在時空的成住壞空之中，隨順著宇宙的腳步、大自然的運作，而春夏秋冬或生老病死，這奇妙妙道的自然，超越了古今、生死、窮通，看透了人間的紛爭、喧擾，無古無今，我們可以說，老子所言的是一種「自然之天道」：

> 「道沖而用之或不盈，淵兮似萬物之宗，挫其鋭，解其紛，和其光，同其塵」（《老子》第 5 章）

物有死生，但大道卻無古今，道是妙造的自然，可名之曰大，至大無外、至小無內，涵融三千大千世界：

〔註 4〕高亨註解此段爲：「夷者，無形之名，希者，無聲之名，搏，索持，謂以手撫尋而持之也。微者，無質之名。」（《老子正詁》高亨著，新文豐出版社 P31）

「有物混成，先天地生，寂兮寥兮，獨立而不改，周行而不殆，可以爲天下母，吾不知其名，強爲之曰大，大曰逝，逝曰遠，遠曰反。」（《老子》第 25 章）

所以道從無名到有名，從無形到有名，從虛到實、自遠至近，構成了一大因陀羅網的世界，而道是「生而弗有，爲而弗恃，長而弗宰」，道由天道以明人事，由人事以反顯天道生生的無窮無盡，人與天的交攝互融，共構成了道的無窮無盡，道的法則爲「生生」，而人的法則亦是「生生」。

老子強調自然道論的此一觀點，可運用到許多生活與倫理的層面，包括教育、政治、文化……，自然與科技文明的衝突，是二十一世紀的重大議題，文明帶來了生態的失衡，更嚴重地破壞了大自然，國土的永續與生態的保護，對現今脆弱的台灣地質和水文來說，乃是一件刻不容緩的工作，而老子在二千年以前，就已看見了人爲的造作所帶來的災害與破壞〔註 5〕，科技雖然爲人帶來了便利與舒適，卻也帶來了災禍和更大的苦難，當我們在計劃重大的工程建設：水壩、道路、橋樑……，我們是否也能設想到我們下一代和後輩子孫的付出和犧牲？〔註 6〕

因此，當我們說「人定勝天」之際，我們應多考量到：人應如何與自然共處、與天和諧；文明愈進化、人心越險惡，更增添了人禍與奇災，所以老子說：

「民多利器，國家滋昏，人多伎巧，奇物滋起，法令滋章，盜賊多有。」（《老子》75 章）

〔註 5〕「不可得而利，不可得而害，不可得而貴，不可得而賤。」《老子》五十六章。

〔註 6〕這裏我想舉出兩則見諸報端的文章，以資佐證，一則是時報論壇 7 月 7 日吳鴻俊與陳泰安先生的大作〈與天相爭，禍害在前〉：「就在颱風即將從淡水河遠離台灣的時候，颱風所形成的外圍環流卻開始了台灣中南部居民的夢魘，一場狂風驟雨無情地摧殘大地，暴漲的河川像是一把又一把的利刃，在許多人心理上劃下了一道又一道深刻的傷痕……經歷了這麼許多讓人心痛的災難之後，吾人也許應換個角度想：若是天地不仁，我們會或可怨天，但若因我們自己的無限與疏忽所造成的嚴重而無止境的後果，也只能說自作孽了……」；另一則是關於蘭嶼朗島臨時港防波堤的興建，仙迦友里先生的大作〈別切斷達悟與海洋的臍帶〉：「隨著朗島簡易港坊波堤的興建完成，童年的記憶從此深埋於往後人生中片斷的記憶……曾幾何時已延續百年的海洋文化在水泥的強行植入下而改變……但人們可曾去細聆千年珊瑚的低吟，在置入消波塊後海浪的音符已轉換化成一把未調音的吉他般粗糙……」

讀完這兩位先生的精闢論述，我相信每位台灣島上的子民，都會深感沉重，福爾摩莎的好山好水，不應成爲惡山惡水，讓青山常在，綠水常流，讓大自然重返大自然吧。

惟有「小國寡民，使有什伯之器而不用，使民重死，而不遠徙，雖有舟車、無所乘之；雖有甲兵，無所陳之，使民復結繩而用之，甘其食，美其服，安其居，樂其俗，鄰邦相望，雞犬相聞，民至老死，不相往來。」

老子在春秋末年的大聲疾呼：回復到小國寡民的無懷氏時代、回復到人心最原初的質樸與純潔，回復到生命的本源：那是一個沒有霸權，沒有競爭武備、沒有藏器馭人和核子戰爭的新天堂樂園，在道的殿堂，心靈的自由自在中，與道諧行，並自然合而爲一。

（四）道與人生——生命之法則與指導原則

人生，長夜漫漫路迢迢，有時死陰幽谷、有時烈日晴空，有時柳暗花明、有時困蹇窮病、人生就像一場戲，亂哄哄，你方唱罷我登場，賢的是他愚的是我，爭什麼？在生命的旅途中，人，作爲孤獨的旅客——在世地存有者（Dasein），感嘆著死亡地虛無、哀生之短暫，做爲那在現實中活著的人，常有莫名地焦慮與恐懼，人，不知從何而來將往哪兒去？

海德格在《何謂形上學》中曾說：「只有人會追問其存有的問題。」〔註7〕，而對人生存在的解答，雖則有許多不同的答案，但老子的答覆卻是最迫近於人生的底層，不僅僅關乎存在著的個人，更是在生命的源頭處、宇宙的運行中，找到了人最終的生命法則與存在的指導原則。

道，做爲形上的本體亦爲人世間的生存法則，指點出了生命的方向與存在地根源：「道大、天大、地大、人亦大。」，道、天、地、人密切聯繫，共構了自然的宇宙觀與和諧地本體世界。

由於人「不道早已」，故而產生了存在地荒謬與現實之悖離，老子生長在一個末世的時代，歷經世變、看透人間的滄桑，作爲周守藏室史官，他深知歷史之變革與無常，作爲一介平民，他厭棄著人性中種種地虛僞矯詐和貪婪，他反對當時腐化的統治階級，但也同樣厭棄春秋末年當權地新興知識階級，老子以他的冷眼和救世的熱腸，旁觀著這種種人世的遞嬗與朝來朝往〔註8〕：

「他俯瞰古今歷史，形成一種超越社會現實回歸自然的思維方式……從

〔註 7〕《Basic Writing》〈What is Metapysic〉台北雙葉，以下均簡稱 BW，P95。

〔註 8〕「如周景王二（公元前 543）諸侯單獻公棄親族而用羇人，單襄公與單頃公之族人不服，乃殺獻公而立成公。又如周敬王十一年（公元前 509），鞏簡公棄其子弟而好用遠人，而迄周敬王十二年，鞏氏之群子弟殺鞏簡公。在景、致二王三十餘年中周室親族與遠人爭仕之慘劇屢見於史冊……」，見《老子思想體系探索》，魏元珪老師著，新文豐出版社，民 85 年，頁 3。

天地萬物的存在與發展悟到：人法地、地法天、天法自然……老子實現了超越，把握了自然無爲的原則，建構了一種對春秋末葉呼喚底回應，而又超越了這個時代……」〔註9〕

「老子是中國古代偉大的思想家兼哲學思考的巨擘。他有著關懷歷史人生的抱負，對社會、政治有一番評論，更從宇宙情懷的觀點。對歷史、人間作一番省察與反思……故五千言實發自肺腑，爲歷史盛衰成敗的殷鑒，亦爲人世滄桑之感慨，更是面臨盛衰存亡的智慧，他的思想是歷史的產物……」〔註10〕

老子目睹著春秋末年諸侯的失德失態，故而想要恢復人間的秩序、重構生命的價值，從人心、人性的深處反省到了人底離異：人失去了本根與道地連繫，人間成爲濁世、大道淪喪。

道是自然妙造的萬有、宇宙生生地規律，同樣地，亦含藏在人性、人心之中，故老子欲以天道指引人道，喚醒人存在底本源，開顯無蔽的大道：「天之道，其猶張弓乎……天之道，損有餘而補不足；人之道則不然，損不足而奉有餘。」（《老子》77 章）

天之法則即是人之法則，天道之必然亦爲人道之所當然，道是宇宙的本根、萬有之終極、亦爲宇宙人世底客觀規律，而此一客觀之規律，就是人世底規範。老子說：「道大、天大、地大、人亦大。域中有四大，而人居其一焉。」（《老子》25 章）

道、天、地均有其運行之規律，而人亦有其生存之法則，人之法則若與天之法則相違，必無長存之理，老子認爲天、地、人皆以道爲法，而道則法自然，自然即是道底自然，故老子說：「有物混成，先天地生，寂兮寥兮，獨立而不改，周行而不殆。」（《老子》25 章）

老子教人要知「道」：「執古之道，以御今之有，能知古始，是謂道紀。」（《老子》14 章），根據清人鄭環的解釋：「無首尾，亦無古今，不得已而強謂

〔註 9〕〈回歸與超越：老子與他的時代〉孫以楷，《安徽大學學報》第 24 卷第五期，2000 年 9 月。

同時亦可參《老子思想體系探索》：「老子是中國的智者，他歷經世變，看清人間的滄桑，他與歷史同行，也與天道同行，他更以恆常宇宙的觀點，去觀察瞬息萬變的社會，他知道任何〝原則〞若不與大道相契，必無久存之理，誰想創造歷史、改變歷史、也大都死在歷史的巨輪下。老子不是歷史學家，未曾有歷史的巨著，但他卻是歷史發展的敏銳觀察者，五千言中極富歷史哲學的慧眼……」魏元珪老師著，新文豐出版社，P2。

〔註 10〕《老子道德經研究》，高定彝，P19。

之；古之道執之以御今之有，則與古始相契，而道之紀綱在我，此得一妙也。」〔註 11〕，道無古今，得道、與道相契，便能從道之「有」中，得到道之綱紀，這樣的綱紀，可以說是社會倫常的綱要，亦可曰生命的法則與指導原則。

（五）道與價值——生命之價值與人生之美

道爲價值的最後歸趨，亦爲萬有生命的匯歸，更是眞善美地超越領域，而爲宇宙萬有之根基；道化生萬物，萬物因它而來，亦復歸於它：「萬物並作，吾以觀其復，夫物芸芸，各復歸其根，歸根曰靜，靜曰復命，復命曰常，知常曰明。」（《老子》16 章），回到萬物的最初，復還生命的本源，歸根，即是回到大道的自然本性，而與道相契，任何事物的死生變化，均是一個短暫地過程，是宇宙大有中之微塵，所以歸根曰靜，而知守生命的常理常道，則是明。〔註 12〕

道爲宇宙萬有之歸趨，亦爲生命與性靈的安頓，更是萬有之基礎。

宇宙原來是一片空無之渾沌，一片寂靜，而此荒漠的寂靜，寂靜能動，故產生變化：「有」起於「無」，生命發生，這種動中之靜、靜中之動，由有形而無形、無形而有形，亦可用於生命的變化：道生萬物，萬物死滅之後又復歸於道，故老子曰：「大曰逝、逝曰遠，遠曰反」（《老子》25 章）

老子有著極高的生命情懷和宇宙地曠觀，但他著書立說的最終目的乃在安立人生的終極價值：

> 「老子本人不端在宇宙如何起源的形上說明，而在乎內在生命的導向……老子是個生命哲學家，而不是形上學家，或宇宙本體論的建構者。」〔註 13〕

萬有以道爲其指歸，它無聲無息、無影無蹤，惟在大有的渾沌中，道說出了它的音訊：「道之爲物，惟恍惟惚，恍兮惚兮，其中有象，恍兮惚兮，其中有物。」（《老子》21 章）

經驗世界變動不居：偶然而且短暫，但道卻是永恆，它是本體與現象之統一，是有無地交融，它是開放了世界的價值、高懸著人生的理想，是宇宙之母，是生命的法則更是萬有之律則。

〔註 11〕《老子本義》，清、鄭環撰，廣文書局，台北。

〔註 12〕高亨的註解：「歸根」猶云返本，復其本性也。復其本性，則無知無欲、不爭不亂，是靜已，故曰歸根曰靜。歸根復命，是全其本性之自然，故曰復命曰常，知常即知萬物本性之自然也。

〔註 13〕魏元珪老師：《老子思想體系探索》，新文豐出版社，民 85，P296。

宇宙的大有之域，是藝術最完美的極緻，在此，道與美合一，道底無爲自適即是美的自然與空靈。在宇宙的極高天和人生地究極理想處，美和道是並存的，在宇宙人生與藝術地始源，我們都能發現此種和諧、自在與完滿，道體現出了生命的本質，更達到了藝術的純粹，萬有及生命就是「道」這位大匠地傑作，美展現了道，誠如徐復觀先生在《中國藝術精神》中所說的：

「老莊所建立的最高概念是道，他們的目的，是要在精神上與道爲一體，亦即是所謂〝體道〞，因而形成：〝道的人生觀〞，抱著道的生活態度，以安頓現實的生活……但若通過工夫在現實人生中加以體認，則將發現他們之所謂道，實際是一種最高藝術精神……」〔註 14〕

二、老子對道的體證

道，就是生命，形而上者謂之道，形而下者謂之器（有時亦以形、名、域來指稱它），道：無名、無形、無象、無跡，老子形容「道體」是：「綿綿若存，自古以固存」，老子所欲捕捉的道，原是與天地同悠久、日月同明、共宇宙長存的，以人類的渺小智慧和短暫生命，只能以管窺天、無法究其全貌、我們雖無法証立其存在，卻能在生命的境界、時間的綿延與空間的遼闊上，得知它的偉大浩瀚、無所不包、無所不在和永恆無限。

老子《道德經》第一章：「道可道，非常道；名可名，非常名，無名，天地之始，有名，萬物之母。」

道在可道與不可道、可名與不可名之間，道說出了生命的本質及源頭。

道——不可名、不可形、不可說，微妙玄深，難以道說卻又不得不說，道，是一個超越名相概念之概念，吾人不能使用任何名相、概念、語言或經驗來思考它，道是宇宙生命及萬有之本源，然而它又是如此切近於我們的生活世界與生命底層：「道常無名，樸雖小，天下莫能臣。」（《老子》32 章）、「專氣致柔、能嬰兒乎」（《老子》10 章）

老子對道之體証，表現在其生命的智慧與歷史之聰明中，更加是眞、善、美的人生境界，老子哲學，參透宇宙人生、道貫天人，在高天翱翔、與時空協行、上下迴向、悲智雙運：

「老子以周守藏吏，飽讀三代竹帛，歷觀世代演變，冷眼人事滄桑，以極理智的超智慧，說出天道、地道、人道間相互函蘊的關係，更

〔註 14〕《中國藝術精神》，徐復觀，台北，學生書局，民 64，P48。

本乎天道之必然以說人道之當然。」〔註15〕

老子的道，一方面，是以人事明天道，人對自然的常則有所把握，知道事物有其必然的規律與秩序，不需要違反自然之人爲地造作；另一方面，道的運行有其常行的軌道，這就是外在宇宙與大自然的法則，而這樣的法則是「道常無爲而無不爲的」，不因堯存、不爲桀亡；老子所身處的時代，是一個周禮頹憊、禮崩樂壞的時代，身處在一個政治水深火熱、民不聊生的時代，老子說出了人們對和平、自由、幸福的永恒嚮往，也說出了對不合理的制度、社會之不公、人性虛僞矯詐和強勢欺凌之反抗：

「失道而後德，失德而後仁，失仁而後義，失義而後禮，夫禮者，忠信之薄而亂之首。」(《老子》38章)

也從他對於道的體證，發現道的辯証法則：有無相生、難易相成、多元對立地綜合統一：「萬物負陰而抱陽，沖氣以爲和」(《老子》42章)

「有無相生、難易相成、長短相較、高下相傾、音聲相和、前後相隨」(《老子》2章)

老子的哲學就是生命底哲學，更爲中國人生意境、生命精神之全幅彰顯。

道家所謂的聖人，乃天地與我爲一，萬物與我並生的博大眞人，放懷宇宙、貫串古今，知幾通達、明時知變，是以：

「道家凌駕太虛，冥契蒼溟，以觀整個蒼生之浩劫，以五千言妙述宇宙人生之至理，以有得於道爲廣德之本，以上德若谷，大白若辱的心態渡過人生艱辛的歲月。」〔註16〕

老子的哲學就是生命底哲學，而《老子》一書更具備著深邃而遼闊地生命意含，不僅代表了道家哲人曠觀地智慧，更爲中國人生命意境、生命精神之全幅彰顯。

近年來由於竹簡《老子》的出土，使得《老子》一書在全世界掀起一片狂熱，中國大陸學者於是一面倒地從竹簡本的文字、聲韻、訓詁考據的方面來重新檢視《老子》之版本學〔註17〕，從文獻的考據來看，這似乎是言之成

〔註15〕魏元珪老師：《老子思想體系探索》，新文豐出版社，民85，P3。

〔註16〕魏元珪老師：《老子思想體系探索》，新文豐出版社，民85，P2。

〔註17〕在郭店竹簡本的時代，文字尚未統一，書籍的傳播並不發達，書本甚少由一人著作（親著）而完成，必須依賴老師的傳授、生徒之記載、再加上抄手的抄錄、刻工而完成：春秋時代在思想史上尚屬未定型的階段，各派種思想仍在相靡相盪、茁壯和擴充的時期，觀竹簡老子無「絕仁棄義」及所言之：「大

理的，但我以爲《老子》一書是一部偉大的經典，更是人類智慧的寶藏，我們無須如此「看死」，如此一來，反形成了對《老子》一書的窄化或形式化，文獻的考據、訓詁小學，的確對原始經典之爬梳及整理有其貢獻及幫助，但吾人無須被此框限住，如此一來反因噎廢食、喧賓奪主了，尤其是像老子這樣一部莫測高深、溥渤淵泉的作品。

（一）老子的生命智慧

人生充滿了無常和痛苦，庸庸碌碌的勞苦奔波、生老病死的折磨，在終須一死的生命，當人選擇了何種的生命型態，就是選擇了何種方式的生活，生命的本質，即在穿透這層層的痛苦與虛妄，發掘生存及宇宙之本然，是以「存有是生命的存有，生命是存有的生命」。

斯普蘭格著有「人生之型式」一書，克就個性上、理想上的基本形式，區分人生爲「理論」、「經濟」、「藝術」、「社會」、「政治」、「宗教」等六種型態。〔註 18〕

普氏以爲，人生的最高境界，即是宗教精神，由有限的人生上達於無限的宇宙，是以「生命之上迴向與下迴向相互並立，一方面達到超絕世界，一方面立於此人間世，過有遙遊與德充符之生活。」〔註 19〕

生命的存有意義，可說是生命的終極追尋，故「世間事即宇宙分中事，宇宙分中事也是世間中事」，莊子言：「天地與我並生，萬物與我爲一」，老子亦曰：「夫莫之命而常自然」，生命的意義在尋找眞實自我，在具體的生老病死、成住壞空中，體証生命的眞實，對生命的覺悟即是對道的體証，我們無法用名言概念或現實地現象去捕捉，生命做爲自然之生命（會死的人），指出超越形軀的生命價值，故老子認爲，體會生命即是最高的藝術。

許愼《說文解字》對生的解釋：「生，象草木生出土上。」（六下生部），徐灝《說文解字箋》的解釋則爲：「生，古性字，書傳往往互用。」這是中國

道廢，安有仁義」可爲例証，九流十家的稱謂，也是到了後來如司馬談〈論六家要旨〉才產生，在楚簡的時期，仍未有儒道派系的分別。

有大陸學者認爲，郭店竹簡本的出土，指出了這樣一種「集錄」的事實，那就是：成形期《老子》在其傳抄流變的過程當中，經歷了數位作者（其總名均爲老子）的編纂或整理，且老子原初的思想和孔子的思想，並未如後來所見的有如此大的差異性。

〔註 18〕請參〈生命境界與空靈精神〉，魏元珪老師著，中央日報 67.05 月。

〔註 19〕同註上文。

人對生所作的語言訓話，自不足概括生命全幅地豐富意涵。

在《老子》一書中，釋「生」共有以下數處〔註20〕：

「天長地久，天地所以能長久，以其不自生，故能長生。」（第7章）

「生而不有、爲而不恃、長而不宰，是謂玄德。」（第51章）

「有物混成，先天地生」（25章）

「大道氾兮，其可左右，萬物恃之以生。」（34章）

「萬物得一以生」（39章）

「道生一，一生二，二生三，三生萬物，萬物負陰而抱陽，沖氣以爲和）（42章）

「出生入死，生之徒，十有三，死之徒，十有三，人之生，動之死地，亦十有三，夫何故，以其生生之厚，蓋聞善攝生者，陸行不遇虎凹。」（50章）

「道之生，德畜之，物形之，勢成之……故道生之、德畜之、長之育之、亭之、毒之、養之、覆之、生而不有、爲而不恃，長而不宰，是謂玄德。」（51章）

「民之輕死，以其上求生之厚，生之厚，是以輕死，夫惟無以生爲者，是賢於貴生。」（75章）

「人之生也柔弱、其死也堅強，草木之生也柔弱，其死也枯槁。」（76章）

而其釋「命」，則只有一處：

「夫莫之命而常自然」（51章）

從其對生所作的描述，生具有以下之特性：

1. 不自生，但萬物恃之以生
2. 生而不有
3. 先天地生，老子的道是先天地生、自古以固存的。

道雖不創生萬物，但萬物卻依賴它以生，雖然它是造生萬物之大道，但它卻不以己爲能，故而「生而不有、爲而不恃、長而不宰」，道的生化過程乃是：「道生之、德畜之、物形之、勢成之」，即道的始生，而有德的分殊、物之賦形及勢的造成，物的成住壞空之過程從長之、育之、亭之、毒之到養之、覆之，被稱爲玄德；另從道的有機側面觀之，道是宇宙的大有，即是全體、

〔註20〕這是筆者從老子原典中挑出來的。

即是一，由道之一而產生陰陽二氣，由陰陽二氣的沖合而生萬化，故曰：「道生一，一生二，二生三。」

老子對生命或事件的理解，往往從其相反或負面的方式加以理解，從細、柔弱之處做觀察、學習，因此，他強調「反」及「復」，尚水並重陰柔〔註 21〕，因此，他說：「反者，道之動」（《老子》40 章）、「天下有始，以爲天下母」〔註 22〕

老子的生命智慧表現在其對歷史地洞察之上，老子是史官，深明陰陽變化、相反相成之道，歷史的發展原無所謂的是非、對錯，好壞、喜怒：

> 「道德經五千言多就整體觀念、關係結構、平衡穩定、矛盾對立、主客發展、陰陽與正反之相倚、分合之無常、虛實之應用、萬事成敗之關鍵、經營之原理，去說明歷史發展之律動……」〔註 23〕

（二）老子的人生境界

老子生當亂世，對生命與世變做過深刻之反省，其之故鄉陳國位於華夏文化、東夷文化，楚文化三大文化交流、融合之地。〔註 24〕

「老子其猶龍乎」〔註 25〕，是二千多年前，孔子對老子之盛讚，驗之於今，仍深具意義。

老子體道的生命境界與他如謎的身世，一直是中國隱士的典範，而道教更奉老子爲祖先，歷代以來，均尊老子爲典祀（1997 年 7 月，中國大陸官方

〔註 21〕「我國初民社會屬母系社會，原始宗教崇尚天神與女性崇拜，以葫蘆爲圖騰……道家人物繼承了母系氏族先民的傳統……道家思想是母系社會習俗的抽象化與概念化，老子的哲學可以說是尚陰與女性的哲學……」魏元珪老師：《老子思想體系探索》，新文豐出版社，P16。

〔註 22〕王弼版本此段爲：「天下有始，以爲天下母，既得其母，以知其子，復守其母，沒身不殆。」《帛書老子校注》，高明撰，中華書局出版，1996 年 5 月，P74。

〔註 23〕魏元珪老師：《老子思想體系探索》，前揭書，P687。

〔註 24〕「一般認爲，中華文化由三大主體文化融合而成，這三大主體文化分別是以黃帝、炎帝爲代表的華夏文化，以太昊、少昊爲代表的東夷文化和女媧、伏羲爲代表的楚文化。陳地正處於三大主體文化相交流、融合的區域，它的西面毗鄰夏、周的起源地，夏、周是在進入中原后才眞正發展壯大起來的；它的東西是夷人的發祥地，夷人進入中原，建立了殷商王朝；楚文化濫觴于中原，承受了多方文化的滋養后，南遷江漢，與苗蠻文化融合，並發展壯大、孕育成熟之後，又挺進中原、駐足陳地，加入民族大混血、文化大融合的洪流之中……」故老子思想多元而開放，既能兼容並著，更加波瀾壯闊，這是其他大宗文化如儒或名法所不及的。

〔註 25〕《史記會註考證》，老子韓非列傳第三，瀧川龜太郎著，樂天出版社，民 61。

及學界在鹿邑縣的太清宮進行考古挖掘，考古發現商、周或更早期的墓藏及千餘件遺物，從其所佔面積及大規模出土文物看來，可見歷代以來，包括唐高宗、宋眞宗、宋徽宗親臨祭祀老子的情形……），老子的生命人格，成爲魏晉人士所言的博大眞人，他的精神境界，亦爲中國人理想的桃花源境，所以欲探究老子之「道」，自不得不闡述其人生的境界。

莊子在〈逍遙遊〉篇中言：「至人無已、神人無功、聖人無名」，老子的人生境界就是此一至人、神人、聖人的生命化境，老子對於人生的看法，不是立足於現實層面的「有以爲」，而是從歷史的高度、時間的深度、空間的廣度上，站在一個保樸守眞、無知無欲的「無不爲」境域，而強調其「體道」的人生觀——與天爲徒、做大地的子民：

> 「老子觀察自然，返照人生，認爲萬有皆秉道而生，愈與道相契者其德愈高，這所謂德亦即有得於自然之本眞……老子若重萬物之混同處，識其全與大者，在道德體証方面特別揭示了一原理……得不僅指萬物與道相統一的存在，更是指世界萬物和共同唯一的本原——道相契合……」

道家體道的表現，在其無爲無執、自然自適，老子的無爲乃本乎天道的自然，教人順乎自然發展的法則去積極作爲，把無爲做爲無不爲的前提，要人們知悉一切的作爲皆要遵循大自然的律例，而非任憑已意地妄爲與胡作非爲，老子五十七章有言：「我無爲而民自化、我好靜而民自立、我無事而民自富、我無欲而民自樸」，無爲就是不汲汲營營以自進，就是以自我完成爲滿足。〔註 26〕

老子 37 章：「道常無爲而無不爲……無名之樸，夫亦將無欲，不欲以靜，天下將自定。」

自然的作爲本來無心：無爲而爲，而就在其無爲而爲的運行之中，萬物并作：「化而欲作，吾將鎭之以爲名之樸。」故無爲其實也就是無所不爲。

人，做爲世界中的主體，宇宙的三才之中，具有參天化地的功能，因此，人生的最高境界就是「體道」，瞭解道地奧妙與無窮，在道的生生不息中，綿綿生長、無限遼闊。〔註 27〕

〔註 26〕請參蔣錫昌《老子校詁》：「老子之無爲，會有二種要義，在消極方面，以不進爲主；在積極方面，以自我完成爲主。……」蔣錫昌：《老子校詁》，成都古籍出版社，P14～P15。

〔註 27〕「道家以法自然爲道德的大本，其所著重的不僅是日用倫常的行爲規範，更在乎與宇宙、自然相合一，並與天道人道相契合……愈與大道相契者，則其老子由對自然的體悟而返照人生，知道生命的原則乃與道協行、並天地共存，所以惟有人能守之，才能與道相契，才能達至大道地開顯。人生之作爲皆應順應自然，人所以失德與無常，皆乃以己意與自我任性，不循此道，故其命必危，故老子強調順應自然之質性、返樸歸眞，多藏厚亡，以有餘奉天下：「聖人處無爲之事，行不言之教，萬物作焉而不辭。」聖人被褐懷玉、和光同塵，雖有榮觀、燕處超然，終不爲大，而能成其大。

而老子所講的道即是人最眞實的日常生活，老子的哲學並非抽象概念的形上系統，乃具體落實於人的精神生命，在每時每刻中的踐行，所謂體道即是在道的觀照之下，展開以道爲本的自然生活，宇宙萬有皆以道爲發端，萬物皆以道的規律運轉，而人也跟隨著老天日出而做、日落而息的腳步：「先天而天弗違、後天而奉天時」，故道，遠在天邊亦是近在眼前：

「大道氾兮，其可左右，萬物恃之生而不辭，功成不名有，依養萬物而不爲主。」（《老子》34 章）

老子的生命境界表現在其合道之生命，故其道高、其德深，其智爲超越分別智之無分別智，終達生命之化境，古稱老子爲「博大眞人」可謂適切矣。

（三）道與真、善、美之體證

道，成爲超越有限形軀之無限、超越罪（殘缺）之完滿、超越人類分別知識（理性與思辨之知），而爲無比榮耀、豐美、智慧的至高者之名。

在殘缺不全者的身上，彰顯著大道之名。〔註 28〕

而老子道底體證，也如前述，老子的道論其實就是一大宗教的生命化境，老子並非宗教家，也並不提倡宗教的思想，但對道的體悟、對「有」的盛讚，其本身即是對生命的洞察覺悟，對形上智慧的追尋與解答，故而道在概念下超越時空（作爲知識成立之基礎），而爲眞的根源；道在審美地直觀中達於無象之象（即大象），而美底源泉；道成立了生命的基礎，無爲而又無所不爲，及宇宙最終底原則與和諧（在此爲善），故道地體證即是眞、善、美地匯歸統一。

得愈高，而廣德愈深，故道家所謂的道德，實是自然生命的充實和內藏，更是生命本質的表現……」參魏元珪老師《老子思想體系探索》，前揭書，P626。

〔註 28〕聖經中有一則故事，記載著一名盲眼的人：「耶穌過去的時候，看見一個人生來是瞎眼的。門徒問耶穌說：拉比，這人生來是瞎眼的，是誰犯了罪？是這人呢？是他父母呢？耶穌回答說：也不是這人犯了罪，也不是他父母犯了罪，是要在他身上顯出神的作爲來。」（〈約翰福音〉第九章§1～§3）

先述道與眞的關係。

自人類有歷史以來，追求眞理與知識便是人類向上的本能，對客觀經驗地探究、理性認知地考察，成立了知識論與諸般科學，科學成爲人奉爲圭臬的準繩，眞理的本質不外就是實用、符應與融貫。

人利用知識，成立科學，更利用諸般知識以開物成務、創造發明，而這樣的知識與科學主義不斷膨脹的結果，使得人常以爲自己是世界的主體、宇宙的主宰，人生在天地之間本來是一無所知，人不甘於無知，乃不斷地追求，以期達到有所知，待至對某些事物有所知之後，乃更進一步追求知識底知識，亦即爲知而求知……。

二十一世紀，人類知識發展與物質水平已達空前的階段，而人發明的知識更足以毀滅地球及全人類。因此，我們看到了大自然對人的反撲，例如狂牛、SARS 病、地震水災……全世界的災難不斷，這種種都足以破解科學的迷思及「人定勝天」的神話。

其實，道家在二千多年前就已經告訴我們：「道可道，非常道，名可名，非常名」，道，並非知識的對象，宇宙本就是一本無言的無字天書，子曰：「天何言，四時行焉，百物生焉」，「道」這本大書，不是用有限知識、分別知識所能窺探的，眞理是無言的，人所能道說的是眞理所顯現出來的表象與皮毛。大自然本身即是一大舞台，在這個變化萬千的舞台上，春花秋月、物換星移，存在，是人類亙古不變地課題。

因此，在眞理及價值的基礎上，老子教人靜觀及默証，這內心的睿智與生命的體証，正是眞人地眞知：「道沖而用之或不盈，淵兮似萬物之宗」（《老子》第 4 章）

在曠古的大道中，我們方能安頓生命終極的歸宿，往向宇宙至高浩瀚與無窮，進一步而言，分別智成立的根據乃在於此「無分別」的分別之中。

對道的體証、語默的觀止，所到達的是無知之知、無象之象，而此種境界，可謂「得魚忘筌」、「得意忘象」，澄懷味象〔註 29〕、物我兩忘，這幅大自然與妙藏的山水圖象，其實也是藝術作品的登峰造極。

「天地之間，其猶橐籥乎，虛而不屈，動而愈出，多言數窮，不如守中。」（《老子》第 5 章）

老子以法道、體驗大自然爲本，這幅大自然偉大的圖畫氣象萬千、兼賅

〔註 29〕魏晉南北朝的作家宗炳主張：澄懷味象、澄懷觀道。

圓備、大自然即是美的化身，大自然將眞與美，收攝到宇宙總體的大道之下，道即是眞、即是善、即是美〔註30〕。

生命，在痛苦與希望之間綿延。

歲月，在生老病的磨盤之間輪轉。

生命的本質與宇宙自然地運轉，彰顯了大道無可名之、無法道說地偉大力量，可以說所有的形上學，知識論、倫理學、價值論與藝術哲學，均因「道」而方始成立。

《老子》一書對道的體証，所敞開的是存在的終極：生命的無垠、宇宙的原初，那是最基本、最切近、最深度的存在，它是生命的終極追求——即眞即善即美，我們可以說，老子對道之體証，所達至的是一宗教上的生命體証，老子所強調的道：抱一守神、復返天地之初，都是在教人欲獲得生命之靈悟，必回歸宇宙的原心，有眞人而後有眞知，大道超乎人類的知識，是智慧而非知識。

「《老子》微妙玄通，深不可識」，以觀復的辯証工夫與體證的方法去了解宇宙人生的深層智慧，把握宇宙人生正面和反面的知識，更以正言若反的方式去表達人間至理，老子所建立的五千言的形上體系，乃為一眞、善、美之價值理境，極富宗教意境與生命情懷，老子所成立的道，悲智雙運，上達天際，下溯人間，而在「至人無己、神人無功、聖人無名」的宇宙高天翱翔，下面便以宇宙之曠觀來表述道的「極高明以道中庸」，並略述老學之終極關懷。

（四）結語——宇宙之曠觀

老子的哲學並非宗教，但卻有著與宗教相通的崇高境界：博大眞人的生命精神、「體道」〔註31〕地人生智慧、眞善美合一之理境，老子最終所抵達的是「四時有明法而不議、天地有大美而不言、萬物有成理而不說」的無為化境，在生命的高度上，體証生命地終極關懷：「是以聖人處無為之事、行不言之教、萬物作焉而不辭、生而不有、為而不恃、功成而弗居。」宇宙造化之妙、天宇浩瀚

〔註30〕請參魏元珪老師：「近人以美是藝術問題，善是倫理道德問題，而眞是科學問題，於是將此三者分割支離，不復有統會之處，這乃是對美的褻瀆與墮落……」同引上書，P481。

〔註31〕田耕滋先生在其大作：〈老子對人類生存的終極關懷〉中，視此道為人類生存之道，相信道的含義應不僅於此，但道的確蘊涵著人類的生存與生命，請參田耕滋〈老子對人類生存的終極關懷〉，無錫教育學院學報，第22卷第二期，2002年6月。

無垠、萬物廣衾、無所不涵，人間的一切事功，均無法和天地共長久。

宇宙是一本無言的無字天書，更是天、地、人、神共在的大舞台，在這本無盡藏的大書中，寫盡生老病死、悲歡離合，也演盡古今中外、天地時空，天何言哉，四時行焉，百物生焉，做爲天地之母、萬物之源，道，超乎形象，道非物，卻爲萬物的總根源，人無法言說而只能意會，故老子曰：「無狀之狀、無物之象，是謂恍惚，迎之不見其道，隨之不見其後」，宇宙因此道而相因相成，連繫成一大不可分割之整體，即爲一有機之整體，從宏觀的角度，道挾日月、抱宇宙，超越現實的世界而造化大妙；從微觀的角度，道可是一粒微塵：「道在屎尿」，誠如印度詩人泰弋爾（Sir Rabindranath, Tagore, 1861～1941）所說：「偉大的眞理寓於偉大的涵默，渺小的眞理寓於清晰的名言」。

道與宇宙人生有不可分的關係，道底大化流行下貫於人底生命中，道與生活、存在不可分離：「對生命的主體而言，道的境界就是人與宇宙本體的合一，它體現爲對現象世界和世俗智慧的超越，從而實現對本體世界的回歸和對道的智慧之執著。」〔註 32〕，老子的哲學就是要人超脫於對執著之束縛，漫遊於宇宙之大化，振拔於人間世的囂壞，歸返於寥天之一處，做天之子民、與天爲徒，俯瞰塵世、放眼宇宙，曠達無垠：

> 「老子追求的是生命與宇宙本體的統一，亦即使宇宙本體成爲人價值依據，使人的生命精神成爲宇宙本體之顯現。」〔註 33〕

而此超越性顯示了生命原初地型態，那就是自然，如同赤子嬰孩一般，能夠返樸歸眞、見素抱樸，以自然的天性爲本眞，實現人的自性，而從某些方面言：「自然即意味著自由」〔註 34〕，順任自然，就是無爲，不要用人僞的造作，形成自性之阻礙：「道常無爲而無不爲」（《老子》37 章）、「是以聖人處無之事、行不言之教」（《老子》2 章）

是以道家能以其光風霽月般的胸懷，緬懷人世的滄桑、立足於歷史的長流大川之上，俯瞰千古，知一切是非成敗轉眼成空、多少英雄豪傑盡皆白骨，

〔註 32〕朱人求：〈老子哲學的生命精神〉，南昌大學學報（人文版）第 2000 年第四期，P14。

〔註 33〕朱人求：〈老子哲學的生命精神〉，南昌大學學報（人文版）第 2000 年第四期，P14。

〔註 34〕「唯有順任，才能實現人的生存目的……所以，自然意味著自由。」請參田耕滋：〈論老子對人類生存的終極關懷〉，無錫教育學院學報，第 22 卷第 2 期，2002 年 6 月。

人生只不過是一場戲，亂哄哄，你方唱罷我登場，賢的是他，愚的是我，爭什麼？

人生的價值不在有所得，而在超越有限的所得與無所得之後的自得，是故「道常無爲而無不爲」，人生的至樂即是得道底逍遙：

> 「道家以道爲宇宙中心，而其得環中以應無窮，不但要做一個時空人，更要做一個博大眞人，超越古今，橫絕蒼溟，在任何一個時代中，不屬於那個時代，在任何一個環境中，不溺於任何環境。」〔註35〕

「做合道之人、做逍遙的至人」，老子的歌聲穿越了千古，這個至道純粹的人，體現了宇宙大化地流行、生命本然地眞，在境界上與實存地感受上，踐行著眞善美的理境，更在宇宙之至高天，千古翱遊，自然曠觀。

〔註35〕魏元珪老師：《老子思想體系探索》，台北新文豐出版社，民85，P784。

第二章　《老子》的藝術精神：老子美學思想神髓

儒道思想精神

儒道，是中國文化兩大支柱，亦爲美的思想源頭〔註1〕，孔子張人文化成、禮樂詩書的道德世界，所成就的是一種「善的美」(在和諧中發掘人性的粹然至善之美)，除了儒的人文化成之外，道家乃自生命的純粹、自然、宇宙人生的立足處、自然無爲而無不爲地曠達之上，來談論美，這樣的美，上達至宇宙的根源與生命的高度〔註2〕，因此說，道家思想是中國藝術精神之主流，當不爲過〔註3〕；而老子是道家哲學的創始，老子美學是中國美學的起始點〔註4〕：

〔註 1〕「中國的孔子和儒家學派確實特別強調〝美〞和〝善〞的統一，但能不能根據這一點就得出結論說整個中國古典美學都是側重於〝美〞〝善〞統一而不側重〝美〞真統一呢？恐怕不能，拿先秦來說，莊子和老子都強調〝眞〞，他們說的〝眞〞就是〝道〞就是〝自然〞」《中國美學史大綱》葉朗，上海人民出版社，P24。

〔註 2〕「老子用道來說明美，較之於孔子用〝仁〞來說明美，是一個巨大的躍進，因爲它第一次觸及美之爲美的特徵問題，不再停留在社會倫理道德關係的認識上……」，劉綱紀、李澤厚主編《中國美學史》，谷風出版社，P256。

〔註 3〕「老莊所建立的最高概念是〝道〞他們的目的，是要在精神上與道爲一體，亦即所謂體道……但若通過工夫，在現實人生中加以體認，則將發現他們之所謂道，實際是一種最高的藝術精神……」徐復觀：《中國藝術精神》，學生出版社，民 55 年，P48。

〔註 4〕「老子哲學和老子美學對於中國古典美學形成自己的體系和特點，影響極大，中國古典美學的一系列獨特理論，都發源於老子哲學和老子美學……」葉朗：《中國美學史大綱》，滄浪出版社，P23。

「老子美學的出現，標誌著中國古代一種新的美學之崛起，老子美學打開了中國古代美學的新天地。」〔註 5〕

老子雖然不若莊子，在生命的色彩及自然的畫布上熱情揮灑、文筆天成，但老子卻是道家美學的開創者、奠基者：

「就一般道家哲學言，老子的地位高於莊子，但就美學而言，莊子的影響卻遠遠超過老子，老子是道家美學的開創者、奠基者，莊子則是道家美學的完成者，是整個道家美學最重要的代表。」〔註 6〕

誠然，《莊子》是中國藝術史上最重要的且影響最大的著作，但設若從哲學理論的觀點、文化思想的源流，沒有老子的「道」論、沒有他在境界上的闡釋與肇端、沒有老子虛靜與無爲而不爲的生命型態、沒有他「可道非常道」的理論間架，就很難會產生出莊子在《逍遙遊》中摶扶搖而上九萬里的沖天架勢，更沒有《齊物論》的眞解脫、眞平等，當然也就沒有了莊周夢蝶中的超然物外、朝徹見獨了。

老莊精神

牟先生在疏解老莊同異時曾有過如下之描述：

「老子與莊子，在義理骨幹上，是屬於同一系統，此是客觀地言之，若主觀言之，則有不同之風貌：

1. 兩者的風格有異：老子比較沈潛而堅實，莊子比較顯豁而透脫。
2. 表達方法異：老子採分解的講法，莊子採描述的講法。
3. 義理型態有異：老子之道有客觀性、實體性、及實現性，而莊子則對此三性一起消化而泯之，純成爲主觀之境界。」〔註 7〕

從牟先生的疏解，我們可看出老莊的理論次序、義理內容的演進：若無沈潛如何才有顯豁？如果沒有分解何來描述？「道」必先有其實體性，然後方能泯之而成境界，因此，老子是莊學之形上前驅更爲莊子藝術美學之先導，雖我們不必然要同意或採用牟先生逕以境界形上學與實體存有論所做之分判，而只視老學爲一境界形上學，但老子先於莊子，在藝術史及理論奠基上的貢獻，其爲道家美學首出與大宗的地位，殆無疑義；短短的《道德經》，雖

〔註 5〕劉綱紀、李澤厚主編《中國美學史》，谷風出版社，P253。
〔註 6〕劉綱紀、李澤厚主編《中國美學史》，谷風出版社，P253。
〔註 7〕牟宗三：《才性與玄理》，學生書局，台北，P172～P176。

然只有五千言，卻隱涵展現了最重要的中國美學理念，不應在莊生妙筆滾滾的汪洋中忽略了並消融了：老子美學的梗概。《老子》更簡樸而原切地呈現在楚國的大地上、在中國人的血液裡，永遠生生不息、源源不絕、強韌而質樸的生命美感，更道說著中國五千年文化中，存在根源底形上之道——「天地有大美而不言」。

《老子》美學底內蘊，約可分爲兩部份來加以處理，一部份是以西洋美學分類的方式，介紹《老子》重要的美學範疇，例如：「道」、「自然」、「玄覽」、「虛實」、「妙味」、「氣象」、「有無」……，當然這種美學範疇地疏解，可能會有「以今擬古」或概念化分析性的弊端，然中國美學的範疇，是中國文藝美學的一個重要的方法，雖然從魏晉一直到清代，中國的美學家大都以批註的方式（而非理論之系統底成立）來從事文藝批評的理論架構，但美的分類從很早期的文心雕龍（文體）、鍾嶸（《詩品》）、司空圖（二十四品詩式）就已經十分完備；另一部份，則以章句經讀的方式，對某些重要篇章，如：「天下皆知美之爲美斯惡矣」、「大象無形」、「天地有大美而不言」……做出疏解，如此，便能大略地鉤勒出老子美學的輪廓和其風貌。

一、道與美

中國藝術與道家思想是息息相關、不可分割的，道家的哲學思想本身，就是一觀照凝煉的藝術精神，而道家透過修養功夫所體悟的生命境界：至人無己、神人無功、聖人無名，其實就是藝術家以其天才技巧所欲達至的純美境界；道家出之以書寫爲語文，藝術則透過作品表達作者創作之心靈，二者在內涵形與外延結構上彼此迥然而異，然而其所欲歸趨而達的理境則一。

劉勰在《文心雕龍》〈原道〉一文中嘗言：

> 「文之爲德也大矣，與天地並生者何哉，夫玄黃色雜，方圓體分，日月疊壁、以垂鑒天之象；山川煥綺，以鋪理地之形，此蓋道之文也。」〔註8〕

好的藝術（文）的基礎，往往存在於事物普遍的原則：即其本質之內，這種事物之本質及理則即是人生亙古常存之至道（道之文也），在人的默坐澄心與靜觀自得之中，我們感受到天人合一、物我同體，這種「存在的美感」、「美的瞬間」是無分於哲人與藝術家、無分於古今中外及何時何地的。

〔註 8〕《文心雕龍》，劉勰〈原道第一〉，台北粹文堂出版社，P1。

老子的生命造境，其實就是一大藝術境界，先秦時期諸子百家的哲學思想及美學思想，對中國繪畫型態和境界特徵影響最大的要數老子，而老莊的動機，並非建於美學之上，而乃立足於人生之上：

> 「老子乃至莊子，在他們思想起步的地方，根本沒有藝術的意欲，更不曾以某種具體藝術作爲他們追求的對象，因此，他們追求所達到的最高境界是〝道〞……，他們由工夫所達到的人生境界，本無心於藝術，卻不期然地匯歸於今日所謂藝術精神之上。」〔註 9〕

道家的藝術，不僅是中國藝術的表徵，更爲其生命哲學之匯聚，而所歸趨的即是藝術性觀照人生、美學式自由底生命〔註 10〕，是故，老子的藝術，並不必定要成立一具體的藝術作品，老莊的藝術作品其實就是吾人最具體的生命：現實的人生及宇宙地大化流行，當生命呈顯出事物底本然、同於宇宙道德地規律，此一「物我不分」、「主客合一」的形上虛靈境界，即是美，此種天人合一、物我同體的精神，體現了「道之美」，所以道做爲萬物統之有宗、會之有元的基礎，亦爲美的本源。

（一）道是最高的藝術本源——有與無之統一

老子的「道」論是老子的哲學基礎之所在，亦爲其美之根據，道即是美，美即是道，而在此種根源上達到生命〝眞〞〝善〞〝美〞地和諧統一，道充塞於宇宙天地之間、自然地大化流行：

> 「天地之間，其猶橐籥乎，虛而不屈，動而愈出，多言數窮，不如守中。」（《老子》第五章）

在天地的鼓風爐之間，含藏無盡、妙蘊無窮，老子以法道、體驗大自然爲要，大自然就是美，道的自然原則支配著萬事萬物，當然，也支配著美和藝術；而此道——自然——萬物的關係，老子曾做如下之說明：

> 「道生一，一生二，二生三，三生萬物，萬物負陰而抱陽，沖氣以爲和。」（《老子》42 章）

道創生了天地萬物，就創生性而言，它是一種〝無〞——無形之力量（或說非有 non-being），就其顯現（appearance）散殊而爲天地萬物而言，它卻是

〔註 9〕《中國藝術精神》，徐復觀著，學生出版社，民 64，P50。

〔註 10〕本章的著重點乃在闡明老子的藝術思想，並不旁涉莊子，蓋莊子乃中國山水畫之源頭，莊子之文更是天地間一大藝術作品，故在後文中當有專章另行處理，茲不贅述。

一種有，道可以說是有無、陰陽、虛實、一多之綜和統一，也可以說是消解正面的肯定與負面的否定，而上昇至一個非正非反的有無相間、互相爲用的大和之境：

> 「道的表現不僅是〝實〞，也是〝虛〞，不僅是〝一〞（整體），也是〝多〞（差異），雖然萬物存在著對立與衝突，但它們爲本質的關係卻是〝和諧〞的關係，只有在和諧的關係中，萬物才能夠融成一個整體，才能夠各安其性命之情，并使得以存在和發展。」〔註 11〕

道是「有」和「無」的統一：

> 「道可道，非常道……，無名，天地之始，有名，萬物之母。」（《老子》第 1 章）

而這樣的有無關係乃是透過一種「有象／無象」、「可言／不可言」、「可名／不可名」的正言若反關係，以捕捉或把握「大道」之究竟，在此「有／無」、「名／不可名」、「可道／不可道」之中，闡述出了中國山水美學的「虛實」和「留白」的概念，對中國藝術來說，強調有形之外的無形（神）、「實」以外的「虛」是非常重要的技巧，所謂的「傳神寫照，意在言外」、「蕭散簡遠，妙在筆畫之外」，清代的布顏圖曾說：

> 「山水間煙光雲影、變幻無常，或隱或現，或虛或實、或有或無，冥冥中有氣」〔註 12〕

山水筆墨之外，常見雲水天方、渺茫一片，畫幅留白，更留下絕佳地想像空間，歷代的名畫家如荊浩、郭熙、范寬、李成……，莫不奉此留白的藝術手法爲圭臬。

（二）自然與玄覽

老子的道貞定住了「道」做爲萬事萬物的「始」與「母」原初狀態，就道自身，此種境界就是虛靈的美學形上境界，而其展現爲一種原始渾樸、無所計較、無所執著之心，而此種灑落無別，是自然的無所執著，故而老子說：

> 「人法地、地法天、天法道、道法自然。」（《老子》二十五章）

「自然」是道家美學的最重要觀念，「自然」指出了道的變化法則，也指

〔註 11〕《老子美學思想及其現代價值》黃承貴、華建寶、郭奇清，上海交通大學學報（社科版），2001 年第一期，第九卷。

〔註 12〕布顏圖著《畫學心法問答》俞劍華：中國畫論類編，北京：人民美術出版社，1976。

出了道的根本，王弼的註解自然之意時曾提出：「自然者，無稱之言，窮極之辭」〔註 13〕。

自然是無可稱謂、窮天昊極之名詞，而道更是以自然爲師法：

「探求道在於一切物體之中的普遍意義，是〝道法自然〞的精髓……」〔註 14〕

自然對老子的哲學有二重含義，一爲外在客觀之大自然，一種是哲學思想上不強求的自然，就是審美直觀中無待地自然，而此種自然，就形成了中國藝術中最具特色地表徵。當我們以靜觀之心去看待事物，此時，主觀的心呈顯出虛靈的狀態，以迎物之本然，在此，心非我的主觀之心，而是「不將不迎、應物不臧」之心，而物亦非其現象上的紛融煩雜，而是「歸其根、復其命」的物之本然，此時的觀物之心與對象之物一起打散，融化於一審美無別之虛靈狀態，此一虛靈，乃是對「道」體境界一呈及揭露：

「致虛極、守靜篤，萬物並作，吾以觀復」(《老子》16 章)

此時的「致虛」、「守靜」即是一審美的直觀，而這樣的審美直觀即是「滌除玄覽」(「滌除玄覽」即是西洋藝術中的「審美直觀」，此種審美理論雖由莊子所顯發，但它最早的源頭，應爲老子的「滌除玄覽」)：

「專氣致柔，能嬰兒乎，滌除玄覽，能無疵乎。」(《老子》第十章)

當人以虛靜之心去應物、以不含任何限制或偏見去觀察，此時所體會的物爲眞實的本質，而此時的心非觀照玩味的客觀觀察之心，而是與物融爲一體：道在此處呈現，劉勰在《文心雕龍》中稱此爲「神思」：「陶鈞文思，貴在虛靜，疏瀹五臟，澡雪精神」

而宗炳稱此爲「澄懷味象」〔註 15〕，在這種寂靜的觀照或審美直觀中：「天地無心而自成山水，山水即在妙成地自然中」，萬物的陰晴圓缺，成住壞空均爲道的〝自然〞：「最圓滿的好似殘缺、然其作用永無枯竭；最充實的又好似空虛，然其作用永無終極……。」〔註 16〕

〔註 13〕《王弼傳校譯》王弼著，樓宇烈校釋，華正書局，P65。

〔註 14〕《道法自與象的創生》張強，學海雜誌，2001．1，淮陰師範學院。

〔註 15〕「所謂美，便是映照於藝術心靈（亦即虛靜心）上的一種整體存在感或不假任何分析詮釋的純粹經驗。此所以當人感受到美的湧現的時候，會忘人忘我，所有情境均成一片……。」，請參曾昭旭著：〈論道家美學中的道——境界與虛靈〉，鵝湖月刊第 17 卷，第 11 期，P11。

〔註 16〕《老子思想體系探索》，魏元珪老師著，新文豐出版社，民 85 年，P511。

「老子〝自然〞概念地提出，爲繪畫藝術確定了一個很高的美學標準，後來歷代很多畫家幾乎都談到〝自然〞這個概念。唐代王維認爲，繪畫藝術是〝得之自然〞，明代文徵明認爲，繪畫藝術要使〝天地生生之氣，自然湊泊筆下〞」〔註17〕

由此自然所導出的繪畫理念，就是〝淡〞、〝素〞、〝樸〞、〝拙〞此等中國山水美學的特徵：以簡單取代繁複、以神韻取代形構、以寓意來取代寫實，這都是深受老子「自然觀」所影響的。

（三）實與虛、妙與味

以上乃從道的側面「有與無」來探討道在境界上的虛靈，與功夫上的「滌除玄覽」，以下乃剋就此「有」、「無」之側面闡明道之虛實與「味」「妙」：

> 「有是言實，無是言虛，宇宙即是有無、虛實的變化和統一，大自然本身乃一大有無、虛實的大結構，妙造自然、神奇萬千，所以大自然本身即是一幅無盡的妙藏畫幅。」〔註18〕

陰陽、虛實、動靜的結構，構成了中國藝術中的靈動：

> 「老子認爲，天地萬物都是〝有〞和〝無〞的統一，〝虛〞和〝實〞的統一，有了這種統一，天地萬物才流動、運化，才能生生不息，老子這種思想，對中國古典美學發展的影響很大，〝虛實結合〞成了中國古典美學的一條重要原則。」〔註19〕

中國藝術重留白、講求氣韻，即是道家思想此一具體化之結果，老子也說：「和其光、同其塵，湛兮似若存」，就在此種實存若亡、似有還無、和光同塵的躍動中，道的精神和美的躍動在時間的瞬息中撞擊出火花，而此時「實非實」、「虛非虛」，實乃「虛中之實」而虛乃「實中之虛」：

> 「藝術家在自己的品中必須表現宇宙的本體和生命（〝道〞、〝氣〞），只有這樣，藝術作品本身才有生命力，魏晉南北朝美學家提出的〝氣韻生動〞，就是這一思想的概括，〝氣韻生動〞成了幾千年來中國繪畫美學的最高美學法則。」〔註20〕

〔註17〕〈論老子哲學思想對中國繪畫理念的影響〉，曹洞頗，鄭州大學學報第三十五卷，第五期，2002年9月。

〔註18〕《老子思想體系探索》，魏元珪老師著，新文豐出版社，民85年，P489。

〔註19〕《中國美學史大綱》，葉朗，滄浪出版社，民75，台北，P29。

〔註20〕《中國美學史大綱》同引上書，P28。

在這種有象的無象、氣中合道，觀賞者感到一種「視之不足見、聽之不足聞、用之不足既」的「味」，而老子的〝味〞乃〝淡乎其味〞，是〝爲無爲、事無事、味無味〞（《老子》63 章）的「妙味」，老子的「淡乎其味」一方面形成了道家特殊的審美趣味及審美風格，另一方面，也第一次將「味」帶入中國藝術的品鑒之中。

以中國藝術來立論，中國藝術所要表現的是「有中之無」、「實中的虛」，就是要人去體會、玩味具象之外的「非象」或「抽象」，也就是司空圖所說的「象外之象，景外之景」：是離形而得似——「傳神寫照、意在言外」，其味，平淡自然、其妙不可言，如老子所說：

「常無，欲以觀其妙」（《老子》第 1 章）

「古者善爲士者，微妙元通，深不可識」（《老子》第 15 章）

李唐——萬壑松風

「妙」體現了道的玄通、深廣或奧秘，其源於自然而終歸自然，爲象而非象、實而非實，「妙」從其有形之「有」而通往「大道」底「無」（也可說宇宙的本體、生命），例如：明代王士禎論詩多以〝妙在象外〞爲標準：「這種妙在象外」的追求，其實不是王士禎的發明，而是對我國傳統詩畫理論的繼承，從其源流來，受南宗文人畫派的影響頗深，南宗畫派，從唐代王維起，下至宋代的荊浩、關同、郭宗恕、元代的倪雲林等四大家，明代的雲門畫派、以至清代的王原祈、王石谷等名家，大都主張神韻、氣韻，要求繪畫創作以最省略的筆墨，獲取最深遠的藝術效果，以減削跡象來增加意境。〔註21〕

（四）氣象之美

道爲虛實有無之統一，道是沒有具體形象，不能單憑感覺去把握的，老子言：

> 「道之爲物、惟恍惟惚、惚兮恍兮，其中有象；恍兮惚兮，其中有物。窈兮冥兮，其中有精，其精甚眞，其中有信。」（《老子》21章）

這裡所謂的「惟惚惟恍」、「窈兮冥兮」其實就是指道在宇宙中流行的「氣」，道氣下貫而爲象，所以氣可說是萬物化成的生命力，由氣而產生象並生物，所以〝氣象〞乃是與道不可分的生命原則，當描述此一「道」的〝氣象〞之際，老子用，〝希〞、〝夷〞、〝微〞來加以形容：「視之不見名曰夷，聽之不聞名曰希，博之不得名曰微」（《老子》14章），是故「無狀之狀」、「無象之象」是謂「大象」，惟有透過「有物」來把捉那不可見、不可聽、不可得的「大象」，我們才能獲得道的本然，而這樣的象是：「如空中之音、相中之色、水中之月、鏡中之象，言有盡而意無窮」（嚴羽《滄浪詩話》）。

由老子的氣開始，中國美學推導出一系列有關〝氣〞的美學含義，例如莊子所言的「化」：「其形化，其心與之然，可不謂大哀乎。」〔註22〕

氣言道之形狀，而化則是指由有形而至無形的〝道化〞過程，這是形上說法，形下地說，正暗含著一氣機的鼓蕩與思緒地神采風揚，雖然對「道」而言，它必須是「惟惚惟恍」乃至「與物俱化」，但對文而言，卻是詩歌的「興」或說「志」：「詩者，志之所之。在心爲志，發言爲詩，情動於中而形於言，

〔註21〕《中國古代文藝美學範疇》，曾祖蔭著，台北，文津出版社，P98。
〔註22〕〈莊子內篇註〉卷二，憨山註齊物論，健康書局，台北，民45。

言之不足故嗟歎之，嗟歎之不足，故詠歌之，詠歌之不足，不知手之舞之足之蹈之也。情發於聲，聲成文謂之。」（毛詩序）〔註23〕

除了莊子喜談化以外，孟子也談氣，主要是指養氣，而這裡的氣也是氣志相連的，故須存養。

通過老子的「氣象」與孟子的「志氣」，開展了眞正美學範疇的「氣」，而「氣」也從哲學的領域拉往文藝美學底範疇，例如，曹丕的〈典論論文〉：「文以氣爲主，氣之清濁有體，不可力強而至」，就是將論人之稟氣，移到論文章之氣象〔註24〕；之後，陸機在〈文賦〉中，也賦予〝氣〞一個重要的地位：「佇中區以玄覽，頤情志於典墳。遵四時以嘆逝，瞻萬物而思紛……」；而劉勰在《文心雕龍》的〈風骨篇〉中，具體而微將〝氣〞的美學意涵——風骨，給予了系統性的說明：「辭之待骨，如體之樹骸；情之含風，猶形之包氣」、「詩總六義，風冠其首，斯乃化感之本源，莫先於骨」。

劉勰所身處的西晉，尤其是正始時期，是一個莊老之學風行：「陽尊儒聖，陰崇老莊」的時期〔註25〕，莊學更佔著一個中國藝術史上舉足輕重的地位。正始名士們所強調的是「自然」、「放任無爲」，因此發諸於文章的要求不可能是「正采耀於朱藍，間色屏於紅紫，乃可謂雕琢其章，彬彬君子矣……」，但劉勰對於名士的玄言，仍有極高的評價：「嵇志清峻，阮旨遙深」〔註26〕，他對莊子亦有著如此這般若即若離的態度，儒家的思想，尤其是《易傳》和《荀子》始終支配著《文心雕龍》的文藝美學創作理論，他不可能完全贊同正始諸人的崇無貴有、純任自性、由其人品而發諸爲文的「文格即是人格」的文風，因此他也不

〔註23〕《中國文學發展史》，劉大杰著，台北，華正出版社，P6。

〔註24〕請參：《文心雕龍論叢》，蔣祖怡著，上海古籍出版社，P124。

〔註25〕「老莊知言知本，而不能體之，孔子大聖，體之而不言，而道卻只是這個道，不復知尚有存在上或第一序的體，而孔子立教與孔門義理之獨特處（即仁與天道性命）全隱而不見，忽而無知……以孔子之用爲跡，以老莊的體爲〝所以跡〞，向郭注莊，即盛發此義，內聖之道在老莊，外王之業在孔子，以此會通儒道，則陽尊儒聖，而陰崇老莊……」《才性與玄理》，牟宗三著，學生書局，P121。

〔註26〕李澤厚對劉勰本人的矛盾有以下解釋：「劉勰對封建社會中名位不高的文人之處境和遭遇，對存在於統治階級中不合理、不公正的現象，有一種深切的感受和不平……」李澤厚，同引上書，《中國美學史卷二》, P746。
「劉勰的原道對自然的強調既源於易傳、道家，也受著玄學的影響，在易傳的基礎上來建立之自己全部文學、美學思想的劉勰，從思想方法上說是受到王弼影響的……」同引上書，P748。

可能主張老子的「美言不信」、「淡乎寡味」乃至道家自然純眞、樸實無華的藝術境界，劉勰所謂的美必須是「麗句與深采並流，偶意共逸韻俱發」。

他是主張文章骨肉亭勻、文質翩翩的，而老子所說的：「五味令人口爽，五音令人目盲，馳騁畋獵令人心狂」這樣底絕對無爲，既非劉氏之所能喜愛、接受，也不太投合他一貫地文學主張及品味，因此他才說：「老子疾僞，故稱美言不信；而五千精妙，則非棄美；莊周云辨雕萬物，謂藻飾也。」〔註27〕

對劉勰而言，事義與辭藻是缺一不可的，而其爲文的要求道在雅麗：「再就劉彥和心目中的理想文體來說，則可以雅麗一體當之……。〝麗〞是當時文學中流行的風氣，而〝雅〞是彥和特別提出以補救當時風氣之失……。窮極言之，一切好的文體，皆自要給這種美，注入一種使之不致完全流於膚淺的感官享樂的高尙旨趣……。」〔註28〕

從老子做爲「氣象」的哲學概念開始，氣的概念從莊子、孟子而至東漢再至魏晉，到了劉勰的風骨，成立了美學「氣」的系統範疇，氣韻生動則是中國美學最重要的特質，關於「氣韻生動」請容後再敘。我們對氣的說明，先到此爲止，以下將對〝象〞進行討論。

《老子》對象的描述有：「無狀之狀、無物之象，是謂恍惚。」(《老子》14章)、「道之爲物，惟恍惟惚，惚兮恍兮，其中有象。」(《老子》21章)、「執大象，天下往」(《老子》35 章)、「大象無形」(《老子》41 章)，道是沒有具體形象的，這就是老子所說的「大象無形」，所謂「無狀之狀」、「無物之象」，所謂「夷」、「希」、「微」，審美的觀照必須從對於「象」的觀照，進而於對「道」體做觀照（老子所謂玄覽），這也就是魏晉南北朝美學家宗炳所提出的「澄懷味象」。

從「象」的歷史演進，最早提出「象」的說法應爲《周易繫辭》：

> 「子曰：『聖人立象以盡意，設卦以盡情僞，繫辭焉能盡其言』」(《周易繫辭》)
>
> 「見乃謂之象。」(《周易繫辭》)

卦象所代表的象徵含義，非言所能盡，所以聖人將陰陽吉凶的消息用「象」

〔註27〕（情采）：「從美學上說，這是由於劉勰高度重視感性物質世界的直接訴之於感官的〝驚采絕豔〞(〈辨騷〉)的美，而非道家和玄學的追求的那種超感官的美……。」

〔註28〕前揭書，P752。

來呈現，是故「易者，象也；象也者，像也。」、「聖人有以見天下之賾，而擬諸形，象其物宜，是故謂之象。」聖人將天下所有可見之跡，用模擬的方式來加以形容，又用「象」來代表「物」，是故名之爲象，可見「象」是「物」的表徵、更是「天下之賾」的「形容」，雖則在此的「形」、「象狀」都是一種擬物，但「易象」卻很難說今人所言的「藝術形象」，雖然，它的作用頗類似於藝術的形像。

易傳之後，「象」的領域經過東漢、魏晉而不斷地加深、拓寬，如荀粲言：「象外之意，繫表之言」，便揭示出了藝術形象的重要美學特意者也，言者，明象者也。盡意莫若象，盡象莫若言。」〔註 29〕，此時的象更與意和言有了密不可分的關係，而王弼的主張：「得意忘象」、「得象忘言」，揭櫫出了美學的一種重要的特徵：「意在象外、象出乎言」，象可說是「言外言」，意乃「象外象」:「言者所以明象，得象而忘言；象者所以存意，得意而忘象。猶蹄者所以在兔，得兔而忘歸；筌者所以在魚，得以而忘筌也。」〔註 30〕

對象的概念，中國美學往往以「傳神寫照」做爲依歸:「故論畫之高下者，有傳形、有傳神；傳神者，氣韻生動是也。」〔註 31〕，中國的繪畫與藝術，往往不求「形似」（寫實），而是「神似」，此種「傳神寫照」或「神似」，表達出了道家哲學「象」的眞意：不看重作品的形相結構，而重視它能否散發出精神與生氣，亦即重「神」不重形、重「意」過於重「象」，所以「神意」更甚於「形象」。

另外，很値得注意的是，竹簡本老子對於「象」的看法，似乎比世本的《老子》更樸實、也更具象化，因爲楚簡《老子》是以〝狀〞象道，王振復先生就逕以竹簡的〝有狀混成〞（而非〝有物混成〞）及楚簡本以〝大〞名〝道〞〔註 32〕，關於世本《老子》、竹簡《老子》的美學思想之差異，由於不在本論文討論之範圍，在此茲不贅述。

〔註 29〕《周易略例．明象》，王弼著，台北，成文出版社，民 75，P22。

〔註 30〕《周易略例．明象》，王弼著，台北，成文出版社，民 75，P22。

〔註 31〕《中國古代文藝美學範疇》，曾祖蔭著，台北，文津出版社。

〔註 32〕春秋《老子》把〝狀〞作爲知〝道〞的邏輯起點，〝狀〞中有初，〝狀〞中有象、〝狀〞中有美聲色，可以說，春秋《老子》的基礎定位就是具象和美，就是主客體結合，德性含物性是必然的，先民對宇宙統一性的知識〝天人合一〞就是這種表達。」
請參王振復：〈郭店楚簡《老子》的美學意義——老子美學再認識〉，大陸學術月刊 2001 年 11 期，復旦大學中文系。

二、美之特質：老子之美是自然之美、本源之美

（一）「天下皆知美之為美，斯不美矣」

老子《第一章》：「天下皆知美之爲美，斯惡矣」，或有人根據老子此種篇章，認爲老子是反對美的。從詞義上，老子好像是反對美的，但根本言之，老子所反對的美，乃是那種虛浮華麗、無根矯飾地美，故他說：「五色令人目盲、五音令人耳聾、五味令人口爽、馳騁畋獵令人心發狂。」（《老子》第 12 章），老子所摒棄的乃是那種感官經驗層面的浮薄輕麗，而他所要追尋的乃是超越經驗層次、美醜善惡分別相的「道」與「美」〔註 33〕，老子的「反」，其實是反對將感官上享樂經驗之快感等同於美感，把藝術活動與感官享樂混淆，人，對於欲望的追求往往使人淪爲欲望之奴隸，也就是要去掉人的執著，用「無爲與無不爲」地功夫往上溯，而達到自然之道、本源地美，用康德的美學術語，那就是：無待（disinterested），對康德而言，藝術的目的是一種無目的目的，即是去掉一切功利、執著、計較之心，以一種自由創作之心靈，去捕捉大自然的美，以從事藝術創作或欣賞。

在中國傳統的美學思想中，美往往是爲善（倫理、價值）服務的，儒家的美學就很明顯地可以歸諸於此，例如孔子（「韶盡美矣、未盡善矣」（《論語》、〈八佾〉）其所言的美，也必合乎其他所說的仁（ex:「里仁爲美」、「興於詩、立于禮、成于樂」），儒家的人格修養與倫理價值的位階高於藝術及審美之上，基本上，儒家是沒有爲藝術而藝術、爲美而美的，但反觀道家，他們對於美的主張，就沒有這種曲折，道所法的是自然，而這樣的自然，是樸素無華、質樸天眞的，對自然而言，無所謂善與不善、美或不美，大自然的天造地設，是純粹無別、無夾雜的，所以說，道家的美學實比儒家的美學，更能切近美學的主旨與純美的藝術理想，老子其實是很懂得美的，老子的美其實就是老子的道。

老子的「道之美」不同於塵俗之有限的美，他知道立足於感官經驗地美感，往往存在於特定之時空或一剎那之間，故此種美感往往是虛幻的，唯有在「道」

〔註 33〕「老子對美和藝術的激烈批評以至否定，並沒有使他對美和藝術採取簡單的完全否定和排斥的態度，相反地，卻表現了他具有反世俗、反傳統的審美追求，也就是說，老子所反對的是世俗的、傳統的美，提倡的卻是獨特的，深層次的、眞正的美。老子的美學正是在對世俗的，傳統的審美觀進行批判的基礎上形成的……」，朱曉鵬：〈論老子自然主義的審美理想〉，商丘師專學報第 16 卷第 1 期，2000 年 2 月。

的形上層面，美與眞、善同其悠久，是爲最具體永恆：「綿綿若存、淵兮以固存」

老子反對將美、醜的標準絕對化，同樣地，老子也認爲所謂的美醜、善惡的區分會隨著時間、空間的不同而有所改變，所以他又說：「美之與惡，相去若何？」(《老子》第 20 章)、「信言不美，美言不信，善者不辯，辯者不善」，從「道」的眼光看來，善惡美醜的區分，不僅不是絕對，而且可以相互轉換，眞正的美，就在於自然——無爲而無不爲，「無爲」既是老子最高的人生理想，亦爲其審美旨趣的依歸，在其藝術的表現上即是自然無爲、純樸恬淡，如同他在第八十章，對於農業社會的理想國的頌讚一般：

「小國寡民，使有什伯之器而不用。」(《老子》第 80 章)

「甘其食，美其服、安其居，樂其俗，鄰國相望、雞犬之聲相聞，民至老死不相往來。」(《老子》第 80 章)

從藝術的表現手法來看，老子的對反：「反者道之動」，卻是最合於「美」之規律性與和諧性地思想〔註 34〕，藝術創作過程及美的原則，往往是互相對稱與對照，如同明暗、黑白、虛實、點線……。而創作的過程往往也是「無爲而無不爲」的，如果畫面與構圖、結構中充滿了同一或重複，則我們難見其趣味和美，而只是呆板、枯燥及繁複，所以藝術的表現形式中也有所謂：「以虛寫實」、「計白當黑」、「留白」……等。

是故，當老子在寫：「信言不美、美言不信」之際，這樣的「不美」、「不信」確實指出了眞實的美和信之可能，即老子的思想是蘊含著這一種整體之豐富性，即道的究極至美，雖然，他並不做直接地道說以及呈現，趨近於格言式的簡潔，更有一種韻文詩的傾向，所以說，《老子》一書是一簡潔偉大的古文，是中國古典經籍的一大藝術瑰寶，並不爲過的，老子語言的豐富，在對比、調合的辯證手法，從老子的哲學命題：「美之爲美、斯惡矣」、「有之以爲利、無之以爲用」，我們即可深知老子高妙的藝術手法以及美文之風格。

(二)「大象無形」

《老子》一書有兩處在對「象」在做說明：

「執大象，天下往」(《老子》35 章)

〔註 34〕「〝反者道之動〞是貫通《老子》全書的一個重要思想，這裡的〝反〞即爲對立統一、相互轉化的辯証思想，對藝術家創作的好作品至關重要，現代藝術不只是簡單的符號，而是多元共生的社會人文藝術的圖標系統，它給人們(觀者)的是一個同外界平衡的一個有力量的視覺區域……」〈道家與當代藝術〉，不詳。

「大象無形」(《老子》41 章)

「象」做爲物象，即現象界中一可視之現象，指出了「道」：做爲萬事萬象的源頭是一種「無象」，雖然它是一種可見的現象，但是卻無法用任何現實感覺對象加以補捉，這種「無」不是「沒有」，而是因爲它太大了，大到人的想像力無法窮盡，「大象」即是「道」。

而他在談論此道的表徵之際，匠心獨運地使用了〝恍〞〝惚〞二字：「道之爲物，恍兮惚兮」，蔣錫昌《老子校詁》中對〝大象無形〞的解釋：「〝大象〞即指大道而言，蓋以道法象，可爲人群之法則，故謂大道爲〝大象〞也。四十一章〝大象無形〞言大道無形也。〝執大象，天下往〞，謂聖人守大道，則天下萬民嚮往也。」

〝大象〞是一種無象之象，不落入形象的束縛之中，包容著道底廣袤無垠以及自然萬物，因其大而無限，所以被稱之爲「無形」：

> 「老子是以哲人的智慧體察自然萬物的形狀，富創造地用〝大〞、〝大象〞等詞彙描繪著道的形狀和道地生成，從而體驗世界的宏瞻和富麗，進而給人留下了不盡的遐想。」〔註 35〕

王弼注釋〝大象〞、〝大音〞時他說：「若溫也則不能涼，宮也則不能商。形必有所分，聲必有所屬，故象而形者非大象也；音而聲音，非大音」〔註 36〕。

是故：「此種種神妙的大音、大象，是體現了絕棄人工、委任自然的審美理想，是一個有無相生、虛實相成的完美境界，它含有無窮妙趣、使人體會不盡，給人以豐富的想像餘地……。已爲中國古代藝術意境理論的產生，奠定了哲學和美的基礎……」〔註 37〕

從老子〝大象無形〞的概念以降，漸漸地奠定了中國美學輕形似重神似、不重實象而遙指虛象——體道的「自然」路向，如同清代大文學家王士禎所提出的「神韻」、唐末司空圖所說的「象外傳神」、「離形得似」、和宋代嚴羽所言的「入神」，都是在形象之外「體道」的一種方式〔註 38〕。

中國畫非常強調留白之美，注重線條以及線條以外的空間，中國藝術（尤

〔註 35〕〈道法自然與象的創生〉，張強，淮陰師範學院，學海雜誌 2001．1 期。

〔註 36〕《王弼集校釋》，王弼著，樓宇烈校釋，華正書局，P113。

〔註 37〕〈大音希聲、大象無形的美學釋義簡述〉應小敏，浙江省委黨校學報，2002 第四期。

〔註 38〕如蘇軾主張：「出新意於法度之中、寄妙理於豪放之外」，沈括在《夢溪筆談》中亦云：「書畫之妙，當以意會，難可以形器求也。」

其是山水畫）強調的往往是情境之外的抽象，道悟與自然高妙，所以在一片虛無飄縹的空白之中，其實含藏了無窮的想像與蘊致，道，在其中若有若無地隱現著。〔註 39〕

中國繪畫的留白手法
馬遠——雪灘雙鷺

（三）「天地有大美而不言」

中國藝術的精神，具現了宇宙生命宗極大美，在人文化成方面，儒家的美學，以「善」爲美之終極目標，善即是美，美達乎人倫之極致更近於價值之完善：「充實之謂美，充實而有光輝之謂大。」

〔註 39〕畫紙的空白，非絕對之空白，其實是虛中有實的存在，於形象之外的此種空白，往往比形象更爲重要，因爲它們道說出了形象之眞，說這種想像空間，是中國繪畫之一大特色，又可稱爲畫中之畫或畫外之畫。

從現代美學的觀點來看，儒家的美學是從「美的教化」上來立論的，順承著「詩言志」此一傳統而來，對照於儒家和諧、人倫的「善美」、「懿美」，道家所強調的卻是「自然」底「無爲」、精神上的超脫曠達與逍遙化境，老子說：

「視之不見名曰夷，聽之不聞名曰希，搏之不得名曰微，此三者不可致詰，故混而爲一。」(《老子》14 章)

對道而言，本無所謂美醜、是非、相對，道在大自然地涵蘊無限、美在大道底謳歌中，道家的美，具現了生命地終極關懷並安立了宇宙曠古地價値，匯歸成爲即眞善即美的形上超越境界；道家的美更能符應美的本質與理想，完成「爲美而美」的無目的論主張，誠如方東美先生所描述：

> 「道家遊心太虛，騁入情幻，振翮沖霄，橫絕蒼冥，直造乎〝寥天一〞之高處，而洒脱太清，洗盡塵凡，復挾吾人富有才情者與之俱遊，縱橫馳騁，放曠流眄，據高臨下，超然觀照人間世之悲歡離合，辛酸苦楚，以及千種萬種迷迷惘惘之情……。」〔註 40〕

而此種根源之美，是「希」、是「夷」、是「微」，道是「大美」，天地亦是「大美」:「聖人者，原天地之美」(莊子〈知北遊篇〉)。

美在至高的七重天上，美也在此岸的現實與現世，〝大美〞是無限之〝全美〞，超越了現象之形聲名色及感官的體驗，而呈現爲〝無音之音〞的〝大音〞，〝無物之象〞的〝大象〞，然卻是一片簡單平凡的〝淡然無極而眾美歸之〞，當所有絢爛盡皆空白、所有繁華逝去，驀然回首，〝大音希聲，大象無形〞在造道的偉大、平凡、始源之處，生生不息、源源不盡，是一切藝術及美的絕頂高峰及最高的境界。

（四）美的本質與意義

高速公路蜿蜒南下，秋日黃昏、夕陽無限好，南台灣一片風和日麗、江山織錦……。稻香村裡說豐年，聽取蛙聲一片。

大甲溪濁浪排空，浪淘千尺，風狂驟雨之中，雷霆萬鈞……。「寄蜉蝣於天地，渺蒼海之一粟」，蘇東坡地慷慨高歌，猶然在耳，千載之下，萬物曾不能以一瞬？而歲末年終，又將是一本新的日曆。

「我是沙崙的玫瑰花，是谷中的百合花，我的佳偶在女子中，好像百合花在荊棘內。」(聖經：雅歌第 2 章第一節～第 2 節)，賓客滿席、佳餚滿宴，

〔註 40〕《原始儒家道哲學》，方東美著，黎明文化出版公司，P167。

一對年青的男女並結連理，愛情的濃烈、青春的華美，如酒芳醇、如蜜甘甜，人生的滿盈豐收、喜樂富貴，是美。

美是什麼？

如同當我們欣賞完、歌誦完、讚歎完一部偉大的電影之後，從冰冷的電影包廂，走回繁華熙攘的台北街頭，突然有種失落、失意的感覺：不知今夕何夕？不知此身何在？訥悶訝異之餘，不禁問道：美是什麼。

根據美學之父包佳頓（Alexander Baumgarten, 1714～1762）對美的定義，「美學」Aesthesis 的原義爲直觀或直覺，是關於感覺性的學問之意，現代學者差不多共定它是：研究那由〝美〞、〝非美〞發生的感覺情緒之學科；相對於西洋的美學，中國的美學並沒有系統化地建構，雖然中國有很長遠的文藝欣賞批點的論述，但中國的美學，做爲一門學科附庸於文學之下，出現於大量的畫譜、筆記法與文藝批評的著作中，需要長期系統化地消化及整理。

中國藝術的特質，從繪畫方面而言，相對於西洋的寫實與油畫，中國畫無寧是更重「表現」或是「虛無抽象」的，西洋作畫的方式往往是由結構支撐，或採觀點的透視法，從一個視角層層上推，西洋畫風是對「眞」（reality）的把握，畫幅即是一整個藝術作品；但中國畫的精神卻不是如此的，中國的畫幅是邀你走入畫中的天地世界，畫中所採的透視觀點，不知是相對於畫者、觀者抑畫中的人物，但覺天光一線、平遠濃淡，山谷的靈動與對山的煙嵐撲面而過，躍動在中國畫幅中的不是色彩與光線，而是時間與生命，或更形上言之，是道地躍動：

> 「中國人感到這宇宙的深處是無形無色的虛空，而這虛空卻是萬物的源泉、萬動的根本……。紙上的空白是中國畫的眞正畫底……」
>
> 「中國畫的山水往往是一片荒寒，恍若原始的天地，不見人跡，沒有作者，亦沒有觀者，純然一塊自然本體、自然生命」〔註41〕

而此靈動的虛空，其實就是生命，美學家以「氣韻生動」來稱說它，故而，中國畫多以筆墨來取代丹青、多以卷軸來取代畫框，老子的「無」因而也就成了中國畫的空間與時間意識，造就了形象之外的「無形」或「大象」，中國美學的精神不在描摹寫實、或「結構——反結構」、印象或者是立體，中國藝術的精神（或說純美的價值）往往就是在江山無盡、煙霧朦朧，在山水的平遠低致、人物的遠出低吟之間，或更具體或哲學化地言之，那就是一

〔註41〕《美學與意境》，宗白華著，成均出版社，P273～P274。

一「天人合一」、「物我同體」：

「中國人的宇宙概念本與廬舍有關。〝宇〞是屋宇，〝宙〞是由〝宇〞中出入往來。中國古代農人的農舍就是他的世界，他們從屋宇中得到空間觀念，時間、空間合成他的宇宙而安頓著他的生活，他的生活是從容的，是有節奏的，對於他，時間與空間是不能分割的，春夏秋冬配合著東南西北。」〔註 42〕

是以中國的美，具有超絕的意境，此種超絕不出於寫實亦非想像，而是由觀者的直覺中去把握對象（時空遷流）的本質，這樣的把捉雖然是藉由形象，但卻超越乎形象，而在這主客融合、物我爲一的瞬間中，得到一種澄澈、純粹的美感、快感，當陶淵明寫道：「採菊東籬下，悠然見南山」，我們所看見的不是菊、亦非南山，而是詩人心中對自然的嚮往、對原始純樸的回歸，或簡而言之，即是自然本身；看王維最有名的詩作「輞川」：「空山不見人、但聞人語響，返影入深林，復照青苔上」，「空山——深林——青苔」構成了景的幽深，而此時無人但覺人或隱或顯地存在，王維的詩作是在靜中喻動、在景中寫情。

中國美學的意境成就了山水百代，道的即眞即善即美，匯歸在此空靈絪蘊、江山纏綿之間，而低唱出了中國藝術永恆地形上之夢。

三、《老子》論藝術修養

藝術修養是最高的生活，討論老子的藝術精神，莫不是要透過此種藝術精神的眞實踐履，落實於人的具體生活當中，來談老子的生活與藝術，因爲一般人都不是大藝術家或大哲學家，所以要體驗藝術、過合道的生活，是需要一般教化與眞知實踐的功夫，本段所要處理的就是老子的藝術修養，透過此種眞知的實踐、美的陶冶生活，使得知識化爲眞實的力量，過美感的人生，老子的道論其實就是一大藝術的美學造境，瞭解老子、並活出老子，其實就是等於創造美與體驗藝術，老子的精神並非只是乾枯的思辨能力，而是在我們最具體而日常，當下的生命中：欣賞一幅圖畫、聆聽一首音樂、咀嚼生活的每一片段，這均能培養並提昇吾人生活的素質，淨化心靈，老子的思想並非空洞的理論，而眞是在每時每刻的生活當中，與我們的心靈緊密結合，活出不可思議地奧秘、觀解「生老病死」的生命本質——那就是終極的大美：道。

〔註 42〕《美學與意境》，宗白華，淑馨出版社，P253。

圖四：夏圭——溪山清遠

中國繪畫的高山流水、超逸脱俗，在在可見老莊的具體表現和影響，中國繪畫的有象無象、傳神寫意之間，往往寄寓著無爲中的有以爲和言不盡意的的道。

（一）養蒙與生活

清代大畫家石濤（石濤，約 1642～1717，原姓朱，是明宗室靖江王朱守謙的後裔，初名若極，後又名道濟、元濟，字石濤，號苦瓜、阿長、鈍根、大滌子等等，是清初傑出的山水畫家，與八大山人米耷齊名。），在其有名的《畫語錄》中，提出了「養蒙」生活與筆墨神靈之間的關係：

「墨非蒙養不靈，筆非生活不神，能受蒙養之靈，而不解生活之神，是有墨無筆也，能受生活之神，而不變蒙養之靈，是有筆無墨也，故山川萬物薦靈於人，因人操此蒙養生活之權。」〔註 43〕

〔註 43〕《石濤畫譜》，石濤著，筆墨章第五，學生書局，P9。

「蒙養生活有操，則周流環抱有由，周流環抱有由，則山水之任息矣。」〔註 44〕

在此的養蒙與筆墨有密切的關係，墨能濺筆以靈，就離不開蒙養之功；墨的養是指調墨濺筆，要恰到好處，使筆墨相湲、深淺適中，筆墨之功以養蒙，方得筆之靈氣，養蒙的功夫在於積、漸，筆的神韻、靈氣也因此功力的火候而呈現不同的風貌，石濤在此雖指的是藝術家的修養功夫，但一般人的藝術陶冶，亦復如此。

筆墨的修養功夫，顯現出的是「生活之操」：在生活中與山常感應、生命裡與山水相對而得的運筆情操：

「身不炫而名立，因有蒙養之功，生活之操……以運墨觀之，則受蒙之任……。」〔註 45〕

朱子曾有詩云：「涓滴匯成滄溟水，拳石崇成泰華岑」，需知千里之遙起於蹟步，羅馬並非一日造成的，《周易．蒙卦彖辭》：「蒙以養正，聖功也。」蒙的卦象是山下出泉，象徵啓發童蒙，能夠導童蒙以正，此爲聖功也，啓蒙是對內在世界的啓發與培養，自然開鴻蒙初闢之渾沌，猶如人心智之未受開啓，唯有藉著教與學，使人從渾沌之中闡明自性之眞，回到人本之自性之明，而學習天地的大智慧與內在自我之大洞鑑。〔註 46〕

老子眞的是一位偉大的教師，因爲他在二千多年以前，即能掌握今日建構式教學的內涵，他認爲教育應從人的本性入手，教導人要學習大自然、傾聽內在之聲，不斷地開發自我的潛能，事實上，人的潛力與潛能是無窮的（人作爲一個有機整體，就像是一個設計完美、能量極大的工廠），在自然的學習與教導中去開發自我的潛能，這是目前許多公司或機構學校所提倡的「卡內基」方法，使用人自然建構的八大能力（這八種能力包括了：邏輯、語文、空間、肢體、音樂、人際、內省、自然觀察），由於人先天與後天環境的影響，人的認知可區分爲八大能力，所以教育學者強調，人早年的學習，其實就是在開發其潛存的本有之能力，是以老子曰：

「我愚人之心也哉，沌沌兮，俗人昭昭，我獨昏昏，俗人察察，我

〔註 44〕《石濤畫譜》，前揭書。

〔註 45〕《中國繪畫理論》，傅抱石著，華巨書局，P23。

〔註 46〕「自然本身是無邊無際的渾沌，藝術工作者，必須識蒙，培養此太初之蒙，使現世的生活與原初宇宙的大蒙相結合，以返樸歸眞……」《老子思想體系探索》，魏元珪老師著，新文豐出版社，民 85 年 P501。

獨悶悶，澹兮其若海，飂兮其若無」(《老子》20 章)

老子所強調的啓蒙、自發、自然，其實正是當代教育理論所說的「建構」、「多元」或是「統整」，這是老子所說「蒙」的價值與意義，亦爲今日的我們所當效法以及努力學習的。

石濤　羅浮山圖

（二）大巧若拙

老子的〝大巧若拙〞是爲了說明道的自然無爲，但另一方面，也間接地闡明藝術表現的形式手法。

道的微妙玄深、高明難測，表現在藝術之風格和技巧上的竟是「若拙」，觀賞八大山人的作品、看中國京劇舞台上的佈局，即爲明証，「拙」表現於外在的是：謹愼、矜持、和藹、純眞、質樸、豁達、渾厚、安靜自在……，「拙」可以說是藝術技巧上「巧」的最高表現：

「拙而自然，便是巧處；巧失自然，卻是拙處。」〔註 47〕

以二十世紀最知名的大畫家畢卡索爲例（Pablo Ruiz Picasso 1881～1972），畢卡索在童年時代，任職於市立美術館館長的父親，就看出了他繪畫的天份，先天的稟賦加上後天的哉培，使得十二歲的畢卡索「就已經畫得和文藝術復興時期拉斐爾一樣好了。」（「後來畢卡索對於自己超人的天才曾這麼說：我從來沒有畫得像兒童一樣，我在十二歲就畫得和拉斐爾一樣了。」〔註 48〕）但這位從沒有童年期的畫家，在他晚年的時候，卻出現了爲數不少「素人」作品，像是「風景」（1972 年），畢卡索利用藍、綠和黑，描述著風景的板塊，晚年畫家的心境，似乎又回到他從未曾擁有過的稚拙與學習、塗鴨般的歡愉心情，我們在畫面上看到的是一團童稚喜悅的「風景」，91 歲的老人，彷彿重回到十二歲的自然與清新，他的原創力經過了近乎一個世界的時光，仍絲毫未曾稍減，這種藝術上的造境與功夫，中國的大詩人蘇東坡亦曾有所體悟：「論畫以形似，見與兒童鄰；作詩必此詩，定知非詩人。」（宋蘇軾《東坡詩集》）

以上是從創作的精神來論拙的意義，底下便是從創作的手法、藝術地表現形式來論拙：

「山石坡崖蒼林老樹，運筆宜拙。雖巧不離乎形，固拙亦存乎質。」〔註 49〕

拙則易顯老而緩慢，畫的風格因此顯得平實與厚重，畫境顯得安靜自得、靜謐恬淡（猶如老年的心境一般）。

〔註 47〕《中國繪畫理論》，傅抱石著，華巨出版社，P15。
〔註 48〕《畢卡索》，巨匠與世界名畫，台灣麥克股份有限公司，P5。
〔註 49〕《中國繪畫理論》，傅抱石著，華巨出版社，P98。

藝術的表現手法：拙
畢卡索的畫作：海灘上的女人

老子所推崇的是「淡」、「樸」、「雅」、「素」的內質之美，而反對華而不實，即對形式的過份追求，這也就是「大智若愚」、「大巧若拙」的特徵，以其終不爲大而能成其大，具體落實的形象就是丹青、形狀、景物與名色，這就是老子所說的「大白若辱」、「大方無隅」，大是一種平整、一種簡單，亦是一種素樸與靜斂。

最高形式，就是——無形式，而「自然」的最後表現，就是沒有表現，也就是——「拙」。

（三）致虛極，守靜篤

老子的「致虛極，守靜篤」，不僅爲其本體論的功夫，亦爲其藝術修養的理論，透過致虛、守靜，藝術創作（欣賞）排除主觀的認知和欲念，對「道」體做觀照，以達事物本然的本質，此心，「心與境合」、「物與我無對」，冥心於化境之中，打通了眞實與虛境。

從老子的「致虛寂、守靜篤」，而至莊子的「心齋」、「坐忘」，下轉至魏晉南北朝的宗炳（澄懷味象）、陸機（佇中區以玄覽）、劉勰（神思）……，敞開了虛靜作爲審美判斷的重要因素，亦爲創作鑑賞所不可或缺之一環；虛靜一方面反映出了道家美學的「無目的之目的」：藝術之純粹美（美可獨立於現實），另一方面，也對創作過程與藝術審美做了精闢之說明，虛靜呈顯出了創作之無所爲而爲、與物無對：「上下與天地同流，渾然與萬物同體」的大我精神，另一方面，則呈現出主觀心境的純粹超拔、凝神專致——至高的空境與寧靜。虛靜並非取消客觀對象，而是說，在凝神專注、超然物拔之中，客觀的事物與主觀的心境（觀賞者或創作者）融合爲一，虛靜，做爲審美之直觀——心與神凝、境與玄同。誠如莊子在〈養生主〉篇所敘述的庖丁解牛的故事，庖丁由技而進至藝，最後則達至道地「化境」，在「忘我」（非見全牛、非見刀乃至忘其自身）

的過程當中，獲得了美感的至極欣趣，此精神便是「虛靜」。

「虛靜」是中國人的審美特徵，也爲西洋藝術理論之精髓，像康德在其《第三批判》中亦言「無目的之關心」(「美是那離開概念當作一普遍的愉悦之對象而被表象者……，美是一種離開任何利害關心的愉悦之對象……。」〔註 50〕)，美感與現實無所關涉，虛靜呈顯出中國藝術重「虛」且主「靜」的傾向，對於中國繪畫美學而言，虛較實重要，靜亦非純靜，而是「動中之靜」，中國畫家往往在畫幅一方，留下雲天遼闊、煙霧迷漫，在此無筆無墨，卻襯托出了筆墨渲染的山石、樹木、房舍、人物，而使整個畫可顯得生意盎然、自然流行：

「在中國的山水畫中，雲、水、煙、霧、雪等通常是以空白出現的。畫者著墨並不在雲、水、煙、霧、雪，而是在山、石、樹、屋、橋，在畫後者的同時，前者也已經完成，有時不加任何修飾，前者就活靈活現了。這就是〝意到筆不到〞、〝墨不周而意周〞的具體體現，也就是〝無畫處皆成妙境〞。」〔註 51〕

稱之爲「虛」，因其「致虛」——心不起作用，澄澈如同明鏡(虛而映物)，故莊子在〈天道〉篇中言：

「夫虛靜恬淡、寂寞無爲，天地之平，而道德之至」〔註 52〕

清代詞人況周頤曾在其著作《蕙風詞話》〔註 53〕，舉出了創作上「虛靜」的境界：

「人靜帘垂，燈昏香直，窗外芙蓉殘夜，颯颯作秋聲，與砌蟲相和答，據梧瞑坐，湛懷息機，每唸起，輒設理想排遣之，至乃萬緣俱寂，吾心忽瑩然開朗如滿月，肌骨清涼，不知斯世何也……。即而察之，一切境象全失，唯有小窗虛幌，筆床硯匣，一一在吾目前，此詞境也」

而此種萬緣俱寂、心如滿月盈然的情境，即是與現實隔離的澄心靜慮，此時，心的靈思飽滿、注意集中：「收視反聽，絕慮凝神、心正氣和」〔註 54〕

中國哲學有良好的「主靜」傳承，例如：

「重爲輕根，靜爲躁君。」(《老子》26 章)

「靜勝噪，寒勝熱，清靜爲天下立。」(《老子》45 章)

〔註 50〕《康德判斷力之批判》，牟宗三譯註，台北，學生書局，P34。

〔註 51〕〈〝知白守黑〞與〝虛無抽象〞〉蔣嘯鏑，美術研究第 110 期，P51。

〔註 52〕《莊子鬳齋口譯》，宋·林希逸，北京中華書局，P210。

〔註 53〕《蕙風詞話》，況周頤撰，香港商務印書館，民 55 年。

〔註 54〕〈虛靜論〉魯文忠，華中師範大學學報，1994 年第四期。

宋明理學理的周敦頤著《太極圖說》，他主張：「動而無靜，靜而無動，物也。動而無動，靜而無靜，神也。」二程中的伊川深受其影響〔註 55〕：

「學者患心慮紛擾，不能寧靜。」〔註 56〕

「寂然不動，感而遂通。」〔註 57〕

靜不獨是哲學理論，亦爲藝術的造境，此靜可說是「靜中之動」、「動中之靜」，王維的詩作可作爲明證：

「千山鳥飛絕
萬徑人蹤滅
孤舟簑笠翁
獨釣寒江雪」

王維以獨釣的笠翁（動），來襯托此時此地的寂靜——「千山鳥飛絕，萬徑人蹤滅」，孤寒、危巖、遠山、江雪之中，只有絕對地——不僅是「虛靜」、「動中之靜」，毋寧是——「空靜」：一種更深、更徹底之禪悟。

田園詩人陶淵明在其詩作中，也顯示出了此種動靜——如當體即空的虛靈空境：

「結廬在人境
而無車馬喧
問君何能爾
心遠地自偏
採菊東籬下
悠然見南山」

老莊提出了虛靜的主張，但眞正將虛靜帶入審美領域的，應爲南朝之陸機及梁的劉勰：「其始也，皆收視反聽，耽思傍訊，精騖八極，心游萬仞。」，「收視反聽」類似於莊子所說的：「無聽之以耳，而聽之以心。」、「用志不分、乃凝於神。」〔註 58〕（《莊子》〈達生〉），劉勰在《文心雕龍》中更將虛靜帶往審美修養，虛靜是創作靈感的先決條件，是人與宇宙的相感通：

「是以陶鈞文思，貴在虛靜，疏淪五臟，澡雪精神。」（〈神思〉）

〔註 55〕《宋明理學北宋篇》，蔡仁厚著，台北學生書局，P58。

〔註 56〕《二程集》頣顥、程頣著，台北，里仁書局，P147。

〔註 57〕《宋明理學北宋篇》，蔡仁厚著，台北學生書局，P361。

〔註 58〕《中國美學史》李澤厚、劉綱紀主編，台北，谷風出版社，P301。

「寂然凝慮，思接千載，悄然動容，視聽萬里。」(〈神思〉)

「清和其心，調暢清氣」(〈養氣〉)

老子以降，虛靜理論佔據了中國第一流詩人及創作的藝術心靈，從而成爲上達於道之曲徑通幽，蘇軾在其名詩：〈送參寥師〉，就指出了此種創作之不二法門：「靜故納群動，空故納萬境」，釋動以求靜、必求靜於諸動；唐代大書法家張旭，往往大醉之後洒然落筆，《新唐書》記載：「每大醉、呼叫狂走，乃下筆……既視自視，以爲神，不可復得也。」〔註 59〕，尼采曾稱創作之神境有二：一爲夢一爲醉，故張旭〝草書入神〞的境界可說是「醉」而達至的虛靜，是故虛靜對創作理論之重要，由此可見一斑。

陳寅恪——畫王維詩意

〔註 59〕〈莊子虛靜說及虛靜在文藝創作中的作用〉，張學松，許昌師專學報，第十三卷第一期，1994 年。

（四）知白守黑

「疏可走馬，密不透風」、「知白守黑」、「計白當黑」，可說是中國書法與藝術的重要原則、首出技法，它形成了中國書法和藝術「神動於中而形於外」的筆墨韻致；唐代以降，黑白筆墨即取代了五色，而成爲中國畫的主色，不可不謂一重大變革，中國的畫家及書法家們莫不奉此「知白守黑」、「計白當黑」爲藝術之極品、圭臬。

中國的山水畫，往往是抽象的山水景物：樹、橋、花草……，而在畫幅一方，留下了大片空白，這空白或是雲水、是煙霧或是天方，觀中國畫，其「實」的部份：房舍、山、樹、橋……往往是用筆墨（即黑）的部份，墨的黑顯出了沈鬱凝煉之物性特徵。而雲、山、水（即白）的部份，則往往是虛寫的，這種虛，是襯托景物的背景，「虛」一方面是具體之無（作爲畫幅之留白），然而又從此「無」處，指向了一「不言之言」處及「不畫之畫」的意處——即無限，所以中國的藝術家重虛更重於實，畫幅中的留白更大於畫中的山水景物。

清代畫家惲恪（南田）云：

「中國畫以墨寫於白紙或絹，其精神在抽象」〔註60〕

張彥遠在《歷代名畫記》中亦云：

「夫陰陽陶蒸，萬象錯布，玄化无言，神工獨運……，是故運而五色具，謂之得意。」〔註61〕

宋代馬遠的名畫《寒江獨釣》，畫幅所見的是一方扁舟、一個老翁、一片遠天、一條長江，孤冷的江邊、垂釣的老翁、雪颯颯然下落、雲天一片，分不出是雪色還是天色，這時，觀者或畫者，彷彿置身於大雪的江畔，分不出是我是景、是天空抑或是寒江，時間與空間消失，耳中只有江聲與蕭然的風聲，從黑白與漸層的灰中，人所感受到的是天地與我並生、萬物與我爲一之大我情懷，「黑白」所傳達的意境，往往是「有中之無」、「靜中之動」、「有象之外的無象」：

「這個空白本身，具有了兩種截然對立的潛在性質，一方面這個空間就是一無所有，似乎永遠不含有任何具像信息，是一個具體得不能再具體的無，並幾乎使人完全意識不到它的存在；另一方面，由

〔註60〕〈中國畫的形上追求〉，唐都學刊第十二卷，1996年第一期。
〔註61〕《歷代名畫記》，張彥遠，香港南通圖書公司，民62，P37。

於它具有無可限量的伸縮能力，又是一個抽象得不能再抽象的無限……。」〔註 62〕

「空白正是老莊宇宙觀中的虛無，它是萬象的源泉、萬動的根本」〔註 63〕

以黑白爲色彩首出之源，以佈局結構來取代實景描摹的「知白當黑」，乃源於道家哲學，最早見於《老子》：

「知其白，守其黑。」（《老子》第 28 章）

「大白若辱」（《老子》第 41 章）

做爲哲學原則的「知白守黑」，基本上乃遵循著宇宙常行的軌道：「一陰一陽之謂道」，老子說：「天下萬物生於有，有生於無。」故「有無」、「陰陽」即是「虛實」、「黑白」，老子巧妙地以黑白這兩種對比顏色，來做爲陰陽相輔相成地說明、解釋，萬物的規則往往是「物極必反」、「相反相成」、「對立統一」，這不僅適用於哲學思辨，對於藝術之「互補」、「對襯」原理亦然。

有些藝術家以黑爲虛，以白爲實，以白襯托黑，黑白是色彩中最特殊的顏色，對中國畫而言，黑白是色彩最終的歸宿與靈魂，故而清人華琳在《南宗抉秘》中寫道：

「夫此白本筆墨所不及，能令爲畫之句，並非紙素之白，乃爲有情，否則畫無生趣。然但于白處求之，豈能得乎？必落筆時，氣吞雲夢，使全幅之紙皆吾之畫，何患白之不合也。揮毫落紙如雲，何患白之不活也……。」〔註 64〕

〔註 62〕〈水墨畫中的〝空白〞及其運用〉，崔成雨，淮陰師專學報，第 19 卷，1997 年第一期。

「由於〝玄之又玄，眾妙之門〞的哲學思想，因此黑色成爲眾色之主，充滿神秘、玄奧無限，玄遠飄緲，而又孕含眾色的黑，在通於道的中國繪畫上，便是水墨。」

〈中國畫的形上追求〉，魏奇著，唐都學刊第 12 卷，1996 年第 1 期，P54。

〔註 63〕《美學散步》，宗白華著，駱駝出版社。

〔註 64〕《中國畫形式美探究》，華琳，上海書畫出版社，1991 年 6 月。

圖八：馬遠——寒江獨釣

畫幅的水墨，滿紙翳染底大塊、雲霞、煙嵐，龍騰的筆墨、匠心之獨運，令欣賞者嘖嘖稱奇，觀賞著這些藝術精品及曠世畫作，從南宗的米芾、夏圭、馬遠、范寬……而至王羲之的「蘭亭集序」乃至八大山人、石濤，「道」的大化，穿行百代而歷歷在目，老子以降的「知白當黑」、「大白若辱」，終形成了藝術地絕技與美之高峰，點化了腐朽成爲神奇，更使得平凡地世間，透過藝術地創造與哲學地思索，而走到了奧妙的不可思議境界。

（五）守樸與美

樸素，是一種平實與恬淡，表現在生活上的是安貧樂道、知足與簡單，發爲藝術上的趣味則爲單純、寧靜與協調，在其中，吾人領略到一種平淡之樂趣、自然自得，而使人有回味無窮地感覺，田園派大詩人陶淵明「守樸」的風格，可謂個中翹楚，在其詩作中可得到佐証：

「種豆南山下
草盛豆苗稀
晨興理荒穢
帶月荷鋤歸
道狹草木長
夕露沾我衣
衣霑不足惜

但使願無違」〔註65〕

這首詩描寫了陶淵明辭彭澤縣令（吳仁傑認爲此時，應作於東晉義熙二年，乃陶淵明爲州祭酒至去彭澤而歸），在這首淺顯易懂、傳誦千古的偉大作品中，詩人娓娓地敘述著他大大小小的耕作田事：種豆南山、晨興而出、帶月而歸……，令人津津樂讀，彷彿欣賞著一曲和諧的田園交響，本詩既無華麗的文藻、平仄的押韻，但細細咀嚼之下，卻有著勞作的甘美、日常生活的平淡豐富、辛酸喜樂，生命的恬淡自然、赤子之情躍於紙上。

而這樣的守樸概念，亦來源於道家：

「道之出口，淡乎其無味。」（《老子》35章）

「恬淡爲上，勝而不美。」（《老子》31章）

老子主張無味之恬淡，是以他說：「爲無爲、事無事、味無味」（《老子》63章），就在此無事、無爲、無味之中，人感覺到普通平凡（而非枯燥煩悶）的樂趣，它的美，因其平淡、自然、天眞（而非辛苦、無聊、忍耐），它的樂在於無爲、無事、平凡，故而，俯拾皆是、當下即得，老子以「樸」和「淡」來形容之：

「見素抱樸，少私寡欲」（《老子》19章）

「處其實，不居其華。」（《老子》38章）

從老子以降，「守樸」的概念，受到不少美學家和藝術家的重視討論，在老子簡樸的理論上再行拓深，例如司空圖的《詩品》就是一個例子，司空圖（司空圖字晝聖，河中虞鄉人，唐文宗開成二年，西元837年～梁太祖開平2年，西元 908 年卒），作《詩品》，他更繁複而深刻地拓深了老子的「樸」和「淡」，詳列爲「沖淡」、「高古」、「疏野」等詩品：

沖淡「素處以默、妙機其微」〔註66〕

高古「疇人乘眞、手把芙蓉。」〔註67〕

以上是對「樸素」、「恬淡」精神之分析，底下將從繪畫技巧來論「素」、「淡」在繪畫理論中的地位，繪畫理論設色中對淡有具體的說明：

「穠豔之過，則風神不爽……惟能淡逸，而不入於輕浮。」〔註68〕

〔註65〕「歸園田居」：《陶淵明集》，陶潛著，新興書局，P145。
〔註66〕《司空圖詩歌理論》，祖保泉，中國古典文學基本知識叢書，P56。
〔註67〕《司空圖詩歌理論》，前揭書，P56。
〔註68〕《中國繪畫理論》，傅抱石著，台北，里仁出版社，民84，P122。

設色能淡則能逸，逸則風神清爽，而惟有淡逸皆宜，才不致流於輕浮。

素，也可指畫布的原色：「繪事，先布眾色，然後以素分布其間，以成其文。」〔註 69〕素，可顯出色的明亮，所以在《論語》〈八佾〉中子曰：「繪事後素」、「素以為絢兮」，素顯明了眾色，因此說「素」是「色」的源頭，也並不為過；老子所強調的「素」，是最單純的原色，或可曰：眾色之源，從老子的「見素抱樸」開始，繪畫和文藝創作理論展開了連串對「素」、「淡」的實踐與探討，老子在中國繪畫設色美學及中國田園詩之文藝創作的貢獻上，實為理論奠基之開宗、肇端的偉大功臣。

（六）美與空靈精神（大有與大空）

周濟（止庵）在《宋四家詞選》裡，曾論作詞云：「初學詞求空，空則靈氣往來，既成格調，求異則精力瀰漫。」

空靈成為藝術之上乘境界，空靈所呈現的是美感上的清奇、空曠、太古……，心靈上的清明與澄澈、創作上的「虛納」與自由，它可包容宇宙太虛：看皓月當空、光影雜沓、寥寥長風、油油荒野，空靈所帶來的是雄渾、朦朧、模糊、抽象之美，所以「美感的養成在於能空」〔註 70〕。

空並非無（頑空、斷滅空），空是紛紜現象背後的本質或本體世界，自佛教東傳之後，在魏晉南北朝時期，由於六家七宗的提倡，開始將「道之無」與「佛之空」相提並論，而出現「格義」。

空是什麼呢？唯識宗彌勒所著、眞諦譯的〈中邊分別論〉中，將此空定義為「無之有」：

「虛妄分別有
於此二都無
於此亦有彼
此中唯有空。」〔註 71〕

唯識是站在「有宗」的立場，主張阿賴耶識眞妄和合（虛妄分別有）、一能變、境識俱泯（舊譯），唯識之後，經三論、天台而至禪，中國佛學達到一高峰，蓋禪宗所講的生活即是禪，徹底將佛法藝術化了，最是普遍、最眞、亦是最絕對與圓融的，盛唐的佛學在思想與藝術方面，開出了朵朵璀燦的蓮

〔註 69〕《中國美術思想新論》，劉思量著，台北，藝術家出版社，民 90，P126。
〔註 70〕《美學散步》，宗白華，台北，元山出版社，P54。
〔註 71〕《大正藏》，31 冊，台北，新文豐出版社。

花，禪和道在空境上，達到一致而融合。（雖然對於禪、道在藝術創作方面的主張：禪需不需要開出藝術，是有兩種不同的看法，例如：徐復觀就主張：「禪不必開出藝術」：「由莊再向上一關，便是禪，此處亦放不下藝術，安放不下山水畫；而在向上一關時，山水、繪畫，皆成爲障蔽……由禪落下一關，便是莊學，此處正是藝術的根源。」）〔註 72〕

《紅樓夢》第 76 回：〈凸碧堂品笛感淒清，凹晶館聯詩悲寂寞〉中，林黛玉與史湘雲，在一個淒涼的中秋節之夜，眾人皆敗興而去，獨留她倆空對著一輪秋月，數著闌干聯吟，湘雲藉著天外飛來一〝鶴〞之助，吟出了：「寒塘渡鶴影」的佳句，搞得才高八斗的林黛玉竟要擱筆，苦思半日終於對出：「冷月葬詩魂」的下半句。

一輪秋月高掛，凹晶館前水聲璘璘，二位苦思作詩的少女，這樣一幅清新脫俗、優雅美麗的畫面，卻使人感到一種命運之悚然、無可抗拒的悲劇力量，預告著寶玉的瘋癲、賈母的謝世、黛玉的死、湘雲的遠嫁、熙鳳的命絕，《紅樓夢》所透顯出來的，便是人生原本如夢的一大空境：

「有恩的死裡逃生
無情的分明報應
欠命的命已還
欠淚的淚已盡
冤冤相報自非輕
分離聚合皆前定
欲知命短問前生
老來富貴也眞僥倖
看破的，遁入空門
痴迷的，枉送性命
好似食盡鳥投林

〔註 72〕《中國藝術精神》，徐復觀，台北，學生書局出版，民 72，P374。
但林顯庭老師與張展源在〈莊學、禪與藝術精神之關係〉中（〈莊學、禪與藝術精神之關係〉中國文化月刊，83 年 12 月，P111～P118），則主張「禪應爲藝術之根源」：
「假如莊學能開出藝術，則禪學亦能，因爲兩家哲學皆以經由修養工夫而達臻心體虛靜後，所直接流露的觀照妙用，來開出藝術及藝術性人生；則在最高境界上，兩家可說是無分軒輊，而且正可交融互惠、兩相輝映、與相得益彰的。」
無論禪「是否能開得出藝術」，其空靈境界均是相貫通的。

落了片白茫茫大雪眞乾淨」　　　——《紅樓夢》：飛鳥各投林。

在四無掛搭的空境中，人靜觀萬象，人生如在鏡（夢）中，「空靈」如同明鏡與夢境一般，反顯了生命的本質與眞義，空靈不僅導出了千古的絕唱與絕筆，更了悟生命的虛妄與眞實〔註73〕。

（七）境生象外

「境生象外」是中國藝術的重要理論，使得中國的藝術從美的範疇逸出，而超拔至「天人」之域，「境界」一方面提起了藝術作爲「美的存在物」之特質，另一方面，由可見的（視覺或感官的）現象領域提昇至道、存有（Being,Sein）的本質之域，故宗炳在《畫山水序》中如是言：

「旨微於言象之外者，可心取於書策之內。」〔註74〕

宗炳的「言象之外」，表達了意境產生於意象而又超越意象的特徵，蓋中國的藝術特重〝虛〞的層面，用「無」來表現宇宙的精神、自然地大化流行：

「其所追求和表現的是能深刻表現宇宙的生機、世界實相和人生眞諦的藝術化境……。藝術意境，是對〝象〞的超越，是〝實〞的虛化，所展示的是整幅浩瀚無垠的宇宙生命圖景……」〔註75〕

而境生象外，來源於老莊深具審美色彩的道論哲學：

「孔德之容，惟道是從，道之爲物，惟恍惟惚，惚兮恍兮，其中有象，恍兮惚兮，其中其物。」（《老子》第21章）

「象」在老子的思想中，原是「道」的一個特徵，是「道」作爲物之「惟惚惟恍」，象是「道之象」，我們可從《老子》對象的描寫中瞭解到：「象」並非只是做爲「形下之器」的一種存在物，「象」是使得「道」做爲「物」通往形上世界——即「孔德之容」的一種方式，做爲象的特徵：「恍兮惚兮，其中有物」、「窈兮冥兮，其中有精」，老子用一種既具體又抽象、既實在又概念的方式來加以捕捉，「象」通過了老子此種思惟模式，得到了一種美學的特質：

〔註73〕在我正要擱筆的1月4日晚間八時許，東海大學的正門口正傳出了一則死亡的車禍，二位會計系大二的同學：吳詩涵、黃鈺姍，她們從東大路轉往中港路之際，爲正要右轉入中港路的一輛大貨車當場輾斃，她們二十歲原本青春飛舞、年輕美好的生命，就隨著血花的四濺、紅綠燈瞬息的變換，而無聲無息地消逝了……，《金剛經》不是這麼說嗎：「一切有爲無爲法，如夢幻泡影，如露亦如電」

〔註74〕〈文人畫〝境生象外〞觀念的張揚與流弊〉，沈傳，西北美術。

〔註75〕〈時間與生命的藝術〉，徐碧輝，中國社會科學院學報，1996年第五期，P270。

「澄懷味象」，而「澄懷味象」從藝術的境界來談，則爲蕭條淡漠、簡靜荒遠，此正是老子「道」所言及的「致虛守靜」、「見素抱樸」：

> 「簡遠、荒寒、虛淡、寂寥的〝至境〞，無不是升向亙古時空之外的飄缥無垠，爲每一個眺望精神歸處的羈旅者所嚮往……只有在超乎想像的無形大象——感性絕對完整圓成中才能得以安頓。這就是〝象外之境〞的眞正蘊意，才是蕭條淡漠、簡遠荒寒的眞正對應。」〔註76〕

以下，再來談「境」與「象」，境象之間的關連以及「境」如何生「象」：

> 「唐代美學家在〝象〞的範疇之外，提出了〝境〞這個範疇，境和象的不同，重要的一條就在〝境〞不僅包括了象，而且也包括了象外的虛空。」〔註77〕

唐代是一個文治武功均極爲強盛的朝代，民族文化的融合，一方面使得異域文化（大秦、西羌、朝鮮、日本……）進入中土，另一方面也使得中國本有的思想輸出，表現在藝術與美學方面的則是旺盛的生命力與豐富的創造力，唐代的美學家在魏晉的「言意」、「味象」的思辨上，接受了佛教「境」的理論（主要是唯識宗，他們所主張的唯識無境、境識俱泯……，使得唐人對境做出整理，產生了新的領悟），從而擴大了「象」的領域，「境」可說貫通了象所指示卻不曾道說出的「道」，而開啓並擴大了「象」所啓發的美感，從創作技巧而論，唐人從主觀一面來強調，故而藝術家的情感表現與創作的意趣所匯聚——「傳神」，開始更進一步成爲對「詩中有畫」的讚賞，「詩中有畫」的境界不僅只是「神存形中」，更加是「境生象外」〔註78〕；中唐的劉禹錫對「境界」的提倡十分有名，他說：「境生于象外，故精而寡和。千里之謬，不容秋毫。非有的然之姿可使戶曉；必俟知者，然後鼓行於世。」〔註79〕，更可見唐代美學對於意境的重視。

（八）形似與神似

形神論在我國美學及文學中有著深遠的發展及廣泛地影響：「形神理論在我國古代美學理論史上的發展過程是極其複雜的，就其大體趨向來說，有兩點很值得我們注意：一是隨著各種藝術樣式的發展，形神理論由一個藝術部

〔註76〕〈文人畫〝境生象外〞觀念的張揚與流弊〉，沈傳，西北美術。

〔註77〕《中國美學史大綱》，葉朗著，台北，滄浪出版社，民75，P29。

〔註78〕請參《宋元文人畫的審美追求》，山東大學文史哲研究期刊，1999年第6期，P52。

〔註79〕〈文人畫〝境生象外〞觀念的張揚與流弊〉，沈傳，西北美術。

類逐漸擴大，並運用到整個藝術領域，從而成爲整個藝術創作和藝術評論的普遍範疇；二是隨著藝術認識日益豐富和精細……」〔註 80〕，但其最原始的理論基礎則來源於老子，在《老子》書中，對「道」形象的描述、對「道」精神及內容之闡發、對「道」形下到形上之捕捉，均可見到形神論最早期理論之雛型，從道的「本體／屬性」、「實在／表象」的理論中衍生了藝術理論之抽象與自然、移情與寫實、神似與形似，故而，當我們在研究「神似、形似」特徵之時，我們必須先來探討老子的「道」與「形象」的關係：

「道之爲物，惟恍惟惚，恍兮惚兮，其中有象，恍兮惚兮，其中有物。」(《老子》21 章)

「和其光，同其塵，湛兮似或存，吾不知誰之子，象帝之先。」(《老子》4 章)

老子認爲，道作爲物是「惟恍惟惚」的，這種「惟恍惟惚」是道的形象，這樣的形象很難具體捕捉，故而「湛兮似或存」，它又像存在又像不存在，不知從何衍生，只能說它在一切「象」之前，老子在此段文中，解釋了形與神的關聯性：神是「形之主」，但神必須依附形（具像）而存在，沒有了形也就沒有了「神」，但「神」作爲一種形象，卻在若有似無、有形與無形之間，它是「惟惚惟恍」的，是「道之精」。

從老子的形象，到莊子的「神明」，「神」的理論得到更長遠具體的發揮，之後討論形神的論著，像是淮南子的《原道》便主張：「以神爲主，形從而利；以形爲制者，神從而害」；魏晉時代受到了佛教的影響，「神」用到了人物品鑒的方面，劉劭的《人物志》、《世說新語》等……確立了「神」在美學範疇上的應用；東晉顧愷之主張「遷想妙得」、「以形寫神」、南齊謝赫的「氣韻生動」、元代倪贊之「逸筆」，就是此一思想的具體發揮。

唐代的「神似」理論得到了更豐富的應用，例如司空圖就主張「離形得似」，宋代由於受到文人畫派的影響，「神似」理論就更趨嚴密而組織化了：嚴羽「傳神」、南宋四大家范寬、米芾、馬遠、夏圭，更在繪畫的技巧中實踐了「神似」的理論，明代的王世貞、胡應麟主張「以形寫神」，強調「形全而神全」，清代的王士禎主張「象外傳神」，認爲象非實在，惟傳神寫意爾。

宗炳《畫山水序》中說得好：

「聖人以神法道，而賢者通山水；以形媚道，而仁者樂，不亦樂乎？」

〔註 80〕《中國古代文藝美學範疇》，曾祖蔭著，台北文津出版社，民 76 年，P104。

〔註 81〕

山水有靈、繪畫有形，神者以聖人法道而賢者通達，致高山神明、創作有情，畫中的天地與神思交冥。

關於以形寫神、象外傳神，歷代來也有許多不同的看法和意見，例如宋代大詞人蘇東坡在其與友人晁以道的爭論中，即是一有名的例子，蘇軾在《書鄢陵王主簿所畫折枝》一詩中寫道：

「論畫以形似，見與兒童鄰；賦詩必此詩，定知非詩人，詩畫本一律，天工與清新。」〔註 82〕

蘇軾主張繪畫重點在於神似，如果只是實物摩擬，以「仿眞」爲依歸，則其見解與兒童無異。但蘇軾的友人晁以道抱持他種意見，他認爲：繪畫仍應由具象的模擬開始，摩擬到了某種階段之後，自然會得事物背後的本質——即其神韻，所以他說：

「畫與物外形，要物形不改，詩傳畫外意，貴有畫中態。」

這裡並不想要解決「以形寫神」、「象外傳神」長期以來的爭論，但平心而論，不管神似與形似，作品與繪畫最重要的是形眞而圓、形神皆備，如同黃休復所說：

「六法之官，惟形似、氣韻二者爲先，有氣韻而無形似，則質勝於文，有形似而無氣韻，則華而不實。」〔註 83〕

但從藝術的形象而言，中國藝術（尤其是繪畫）其抽象性遠大於其寫實性，故中國藝術強調神似遠大的形似，傳統的畫法多出以水墨之渲染或是筆墨之皴綌……來描繪自然，中國畫的結構，往往是多重透視的觀點（非如西洋畫以空間之透視爲主），以范寬的名作〈谿山行旅〉爲例，畫者透視的觀點並不只有一個視點，先是以作畫的角度來形構整個終南山，此時是宏觀和俯瞰了整個山谷，而顯現出氣勢磅礡、雄偉浩壯的大山造勢，接著從畫中人物的觀點，來看整座山，可以說是「只在此山中，雲深不知處」了，山間的行旅蜿蜒在山谷中的崎嶇山路，人行山間，驚險萬丈，而此時的視野和角度，隨著山路的上升下降而向山的內部和頂端延伸，這是中國山水畫在空間佈局中的〝平遠〞、〝深遠〞，因此中國的大畫家們除了物理空間的觀點之外，更多的是以心作畫，即張璪所說：

〔註 81〕《中國繪畫理論》，傅抱石著，台北，華正書局，民 77，P1。
〔註 82〕《中國古代文藝美學範疇》，曾祖蔭著，台北文津出版社，P113。
〔註 83〕（《益州名畫錄》黃休復著，引自《中國藝術精神》）同引上書。

「外師造化、中法心源」，或是石濤所說的「不似之似」。

中國繪畫，來到「神似」，似乎到達了一個「致廣大而盡精微、極高明而道中庸」的天人合一之境界，而此種境界，是中國繪畫有勝於西洋藝術的一大特徵，西洋的藝術進展到了二十世紀，方始有「抽象畫派」的產生，然而中國早在道家的老子，就有了「神似」的優美傳統。

抽象畫派，乃是以線條、幾何圖形——物象的本質因素做爲起始點，而非單純物象的描寫、光影的寫照，對比於傳統的藝術表現理論及對「眞」（reality）之追求而產生，在此傳統與現代、「寫實」與「抽象」，是存在著一種理論演進和「揚棄」的關係，但中國繪畫的神似與形似，卻在不知不覺中，讓人進入此種「觀者神迷」的境界，而忘卻其中的區分。抽象畫派掘起於現代，他們通常在畫面中注入了藝術的時間性因素，將類似音樂與數學的形式，取代了藝術空間性的結構：像是構圖、形象或是光影變化，因此，抽象主義在某種程度上是擷取了中國繪畫之〝神似〞特徵，但又顯得更爲知性與分析，而不類似中國〝神似〞的柔和與空靈，西方的「抽象」較中國之「神似」，顯得現代、機械與非人性得多了。

中國藝術的最高境界：天人合一、物我同體　北宋　范寬：谿山行旅

（九）氣韻生動

「氣韻生動」的說法，首見於南朝謝赫之六法，謝赫在〈古畫品錄〉中，將繪畫的法則分爲六種：

「六法者，一曰氣韻生動是也，二曰骨法用筆是也，三曰應物象形是也，四曰隨類賦彩是也，五曰經營位置是也，六曰傳移模寫是也。」〔註84〕

「氣韻生動」從謝赫以降，成爲美學中的重要既念，然而從藝術史的發展角度，「氣韻生動」其實就是東晉顧愷之「傳神寫照」的更徹底的發揮，只是「氣韻生動」將「傳神」做了陰陽、虛實不同之二種描寫：

「謝赫所謂氣，已如前述，實指的是表現在作品中的陽剛之美。而所謂韻，則實指的是表現在作品中的陰柔之美……」〔註85〕

「氣韻生動」將繪畫的本質從景的描寫，提昇至主觀的生命鼓蕩，形象本質的呈現，因此筆墨的「氣勢」、「骨氣」、「風神」與藝術的「清韻」、「悠遠」、「遼闊」結合，而形成生意的盎然「至道」底大化流行：

「藝術地傳神思想，是由作者向對象的深入，因而對於對象的形相，所給與於作者的拘限性及其虛僞性得到解脫……。」

這種藝術的技巧，是從「形」的描摩往上溯，以求得「形之君」——即物外之形，即物形之外的妙理或神象，而這樣的妙理或神象，就是「傳神」也就是「氣韻生動」。

從魏晉到北宋，許多著名的畫家和藝術家們，紛紛從美學的審美觀照、繪畫的技巧來論述此種氣韻生動：

「空本難圖，實景清而空景現，神無可繪，眞境逼而神境生，位置相戾……有畫處多屬贅瘤。虛實相生，無畫處皆成妙境。」〔註86〕

中國文化本來就是——「境界」形態的「天人合一」、「物我同體」（無論儒家所強調的仁、或道家所講的道、抑佛教地涅槃，在境界上，中國文化是通人我、合天地的。）而從藝術的本質來說則重自然、強調主觀，不離自然以言氣韻的，但是「氣韻」仍可有其客觀面，即是「氣韻」可包含了「形似」，但是卻不以「形似」爲主：

〔註84〕《中國藝術精神》，徐復觀著，台北，學生書局，P144。
〔註85〕《中國藝術精神》，徐復觀著，台北，學生書局，P180。
〔註86〕笪重光《畫筌》，吳思雷註，四川人民出版社，民71，P2。

「古之畫，或能移其形似，而尚其骨氣，以形似之外求其畫，此難與俗人道也。今之畫，縱得形似，而氣韻不生，以氣韻求其畫，則形似在其間矣……」〔註 87〕

繪畫的技巧，從形似的摩擬開始，上達至「不形之形」，但「形」在虛實、有無之間，即「實景清而空景現」、「眞境逼而神境生」，是故，雖然它仍是「形」，卻可以說是另種、另類境界的「形」，就猶如禪宗在漸悟中所說的：「老僧三十年前看山，看山是山，後三十年看山、看山不是山，現在則是看山是山。」

這種虛實、有無的概念，來自於道家，老子的美學雖然沒有「氣韻」、「生動」之詞，可是卻已蘊涵、萌生了「氣韻生動」得以開花結果的土壤，《老子》的哲學實最重視生機的萌芽、生命的盎然，徐復觀先生說得好：

「氣韻是生命力的昇華，就道家思想而言，也可以說是生命的本質。」

再也沒有比老子更能捕捉生命的始源、藝術底昇華，老子的哲學即是一部生命的史詩，在其中大化流行、全周遍咸，下落於藝術的表現更是「氣韻生動」、「傳神寫照」：

「中國人的才能，不是寄託在科學的理性思想，也不在宗教情緒的熱誠上，而是在一種超脱解放的藝術精神……尤其是道家，特別富有這一種精神，它處在有限的境界裡面，能夠破除有限，而通達到無窮的盡頭，所以道家在出發的時候，就是破有限、入無窮：然後在無窮空靈的境界裡面縱橫馳騁，就中國哲學家的藝術才能看起來，道家遠超過墨家，甚至超過儒家。」〔註 88〕

（十）觀妙與觀竅

「妙」成爲全美學的範疇與概念，是始於老子的，老子說：

「道可道，非常道，名可名，非常名……故常無，欲以觀其妙；常有，欲以觀其徼。此二者，同出而異名，同謂之玄，玄之又玄，眾妙之門。」（《老子》1 章）

「妙」是以有間入無間、以無餘入有餘，出入有無之門，「妙道」即是「自然」，一般論及藝術，多以談「美」爲主，很少兼及「妙」，但《老子》欲喜談論妙，他對「美」經常出以否定的態度，但論到「妙」時卻是不同的，他

〔註 87〕張彥遠《歷代名畫記》〈論畫六法〉引自《中國藝術精神》，P198。
〔註 88〕《原始儒家道家哲學》，方東美著，黎明出版社，P184。

形容這樣的妙是「常之無」也（魏源注釋此段爲：眞常者，指其無也。而元妙，則贊其常之無也〔註89〕）。而此種「常之無」與「有」具有十分微妙的關係，「無有」、「有無」都是玄，玄而又玄，是「妙」通往大道之門（魏源：「觀妙之妙道也，妙之一本者，眾妙之妙德也。」同引上書）就像中國人喜好「朱」色（視之爲正色），老子關於藝術方面之代表色，應以「玄妙」做爲代表。

事實上，《老子》就是一部「妙」不可言的大書，透過生命體驗、透過美的直觀，方始能通達它的玄妙，老子也意識到，故而他解謎似地說：

> 「古之善爲士者，微妙元通，深不可識，夫唯不可識，故強爲之容：豫兮，若冬涉川；猶兮，若畏四鄰；儼兮其若容；渙兮其若冰之將釋；敦兮，其若樸；曠兮，其若谷，混兮，其若濁。」（《老子》15章）

微妙，是一種通達，惟善爲道者能識之，「妙」是幾、微，在其始生和萌發處，必須有見道之明、識者之能，方能應機、而掌握天地之大鑰，事實上，就像宇宙開顯之奧妙，「妙」是天地的大鑰，是應萬化無窮之環中。

從老子的「妙道」之後，佛教對「妙」的喜好與重視，更擴大了「妙」的美學意涵，「妙」不僅是體道相契之門，更是涅槃寂靜地一切法空：「妙」法蓮華、「妙」手觀音、「妙」莊嚴相、「妙」觀察智……就知道佛教是如何的善用「妙」了。

從佛道兩家之融會與相融，「妙」更完美地發揮了它藝術上的涵義，例如東晉顧愷之的遷想「妙」得、嚴羽的興趣：「其妙處透徹玲瓏」……，更把妙味發揮得淋漓盡緻，誠如葉朗在《中國美學史》中所言的：

> 「妙的特點是體現道的無規定性和無限性，妙出於自然，歸於自然，所以妙必然要超出有限的物象（所謂象外之妙），更不能用名言（概念）來把握（所謂「妙不可言」）……，妙這個字並不在於好看、奇特、美，而在於它與道、無、自然等範疇有著密的聯繫，妙通向整個宇宙的本體與生命……。」

以下論述「觀竅」。

道，爲萬有之根源，明乎，則能開竅，而入於眾妙之門。故竅，爲道樞環中，居眾妙之要，非知識之課題，而爲一宇宙微妙之機竅，竅不僅在解釋道地向度，亦爲創作之靈感，蓋創作之靈感，猶如火光之乍現，在似有若無、

〔註89〕請參《老子本義》，魏源撰、楊家駱編，世界書局出版，P1。

朦朦朧朧之中，感受到一種呼之欲出的喜悅。

以《紅樓夢》中香菱學詩的例子，在四十八回的「慕雅女雅集苦吟詩」中，香菱立志要學寫詩，於是拜林黛玉爲師，但無論她怎樣地苦心詣旨，食不下嚥、睡不安枕，她也很難寫出一首令觀者及自己滿意的詩作中，就在這種沒天沒日、有一頓沒一頓中，她於夢中，突然得到靈感，釀成了絕妙的好詩：

> 「原來香菱苦志學詩，精血誠聚，日間不能做出，忽於夢中得了八句……眾人看了，笑道：『這首不但好，而且新奇有趣，可知俗語說：天下無難事，只怕有心人。』」

機竅打通，則天地豁朗、茅塞頓開，頓時雨止風清，又是一片好山好水，詩人楊牧在《一首詩的誕生》曾有很美妙的形容，他說：

> 「我們都體驗過創作的難易、筆下快慢，或迅如清風、或滯礙如渾泥水，原因不能明白，甚至可以說是神秘，從前詩人強調靈感有來有去，不是沒有道理，靈感來的時候：〞思風發於胸臆，言泉流於唇齒〞，率爾成篇也非不可能；它不來，則〝兀若枯木，豁若洞流〞，怎麼追求都沒有用。」〔註90〕

「竅」與「妙」指出了道的微妙，也曲盡了創作的艱辛、喜悅與神秘，故而在藝術的呈現上表現了「妙不可言」、「雲撥月來」的高明與奧妙。

（十一）論觀復

冬日的陽光，穿透了層層的陰霾，將大地染上了一片金黃的光線；歲末的聖誕紅凋謝了，乍然見到早春含苞的杜鵑，生命的回復和大地的始生，是一種美。

老子深諳這種「始作」、「更新」，因此他說：「致虛極，守靜篤，萬物並作，吾以觀復。」（《老子》16章），就在這種「寂靜」和「等待」之中，吾人瞥見了生命的原創，也看見了宇宙地根源，這種對萬物根源的觀照，是道的體悟，也是美的直觀，而此種直觀的體悟使得萬物如如地呈顯——當下即是：「歸根曰靜，靜曰復命。復命曰常，知常曰明。」

回到虛靜的本根，這就是復其本命，知道凡有生必有死、有枯必有榮、有樂必有哀，復命是進入正常人生的必要階段，透過虛靜，而有大清明之心，

〔註90〕《一首詩的完成》，楊牧著，洪範出版社，P157。

此時廓然明徹、心如槃水，故說「知常曰明」，這種「明」可說是「滌除玄覽」也可說是「心之光明」。

復命就是：「如其所是地去調整天地生我之初的使命，使我內心世界和本性能夠如天地所秉之初的如如狀態……儒倡克已復禮，行仁由義以達人性之本質。道家卻以任眞歸樸，復返大道之初……。」〔註91〕

復命，就是回到本源——亦即大道，在這裡見到了我們的生命在此流變不息的大道中，「物各付物」——所有的事物如如而具體地朗現：

> 「常道，是觀復的目的，復命是觀復的手段，必如是方能由萬物芸芸而復歸其根，俾能達到眞正明的境地。」〔註92〕

「復」的偉大，在它說明了生命的具體本質是周而復始，有去有來（所以復的本義，《說文》謂：「復，往來」：『譬如華葉之生於根，而歸於根。濤瀾之生於水，而歸於水。……聖人之學道，必始於窮理，中於盡性，終於復命。』〔註93〕）

《周易・復卦象傳》曰：「復，其見天地之心乎。」是以復不僅是回到生命的過去，更加是回歸道地本懷，將時間的過、現、未一起打破，而回歸初始的原創，惟有得道者能觀此「復」的涵義。

看一元復始，萬象更新、看寂靜中潮來潮往，一代過去，一代又來……，看「哀阿房宮賦」中庾信的感嘆：「後人不鑑而哀之，徒使後人而復哀後人也」，「復」有其深遠的歷史價值，在不同的時空、不同的領悟中，「復」深深地啓示了美與生命的偉大價值。

〔註91〕《老子思想體系探索》，魏元珪老師著，新文豐出版社，民85年，P452。
〔註92〕前揭書P454。
〔註93〕前揭書《老子思想體系探索》，引蘇軾之言，P508。

第三章　海德格美學思想之路

一、海氏存有思想與美學

「我穿越遠古　同樣的日子

在夏日、無捨地晝夜與時辰之上」

——Boris Pasterak, 〝解釋〞

「I am on the same ancient through fare

That I was on that summer, on that day and hour」

——Boris Pasterak, 〝Explanation〞

1935年，海德格開了一門叫〝形上學導論〞（An Introduction to Metaphysics）的課程，就在他討論形上學源頭之際，他也將一部份的注意力，放置於藝術的領域，對海氏而言，藝術的本質原是與存有論思想遙相呼應的：〔註1〕

「眞正的詩之投射，是歷史之人投射出去的開顯或揭露。」〔註2〕，他在弗萊堡的講述〈藝術作品的本源〉（The origin of work of Art），後來又分做三次課程來討論，同年（1935），海氏發表了〈賀德林與詩的本質〉（〈Holderlin and the Essence of Poetry〉、〈Holderlin und das Wesen der Dichtung〉），還有像是論詩（語言）本質的《往向語言之途》（《On the Way to Language》），最後集結於1950年代的《林中路》（《Holzweg》），這是到目前爲止，海氏最有系統的美學論著。

〔註1〕「藝術經過創作活動達到了它歷史的本然，並以歷史性爲基礎……」〈The Orgin Of Work Of Art〉，BW，P21。

〔註2〕〈The Origin of Work of Art〉BW，P200。

從思想家的經歷來探討，經過短暫地政治狂熱、飽受納粹統治地折磨，海德格在思想的領域中重新再作反省，語言和藝術，便是他逃避現實政治與人世紛擾之不二法門：

「思想使得語言進入其純粹的言說之中，語言之路即是存有的語言之路，就像雲是天空中的雲一樣。在言說中，思想犁過語言這塊不起眼的田埂，它們比在其中不起眼的農夫還更不起眼，而那農夫，一步一步地，正踩過他的農地……」〔註 3〕

天空以雲朵作爲背景，存有則以語言做爲背景，在思想的言說——海德格在弗萊堡的教席中，哲人用思想來寫作生命的詩篇，這也成爲他探討藝術本源的工作。

藝術對於超克科技的宰制佔據著十分重要的地位，1949 年在〈關於科技問題〉（The Question Concerning Technology）一文中，他便提出了思想的「橫撐豎架」（Ge-stell、Emframing）〔註 4〕，來對西方的二元論思考之範疇化、圖式化做出沈思、反省，惟有在眞理無蔽之開顯中，「存有」從其否定之無化過程中，顯現了出來。

另一方面，海氏一直關切著形上學的根據問題〔註 5〕，而當他對形上學的詮釋做出觀解之餘，他所碰觸到的不僅是思想，同時也是藝術的源頭——存有（Sein），如果說，存有之眞是海氏畢生最重要的哲學工作，那麼藝術，就其思想的全面性而言，亦是跟隨著存有之眞的此一問題而來，在《形上學導論》中，存有（Being）被視爲原切地不和諧（Dis-cord），即是眞理之被否定：無化之過程，存有者（being）開顯了存有之眞，眞理置入（aufstellen、set up）

〔註 3〕〈Letter On Humanism〉BW，P222 最後結尾的部份：「Thinking gathers language into simple saying. In this way language is the language of Being，as the clouds of the sky. With saying，thinking lays inconspicuous furrows in language. They are still more inconspicuous than the furrows that the farmer，slow of step，draws through the filed.」

〔註 4〕這是蔣年豐老師的翻譯，德文原意指的是放東西的置物架，海氏的用法另有其深沈意含，是在指現代生活中科技對大自然、人對大自然，甚至是人對自我本性的「塑型」。

〔註 5〕海氏曾說：「我們的目的是要去解決關涉於存有意義的問題……詮釋時間做爲瞭解存有之可能地敞域……」

「Our aim in the following treatise is to work out the question concerning the meaning of Being……Our provisional aim is the interpretation of time as the possible horizon for any understanding whatsoever of Being……」，BTP28.

於作品之中，這就是藝術作品中的眞理。〔註6〕

思想、就其爲思想，即是一種「眞」（無隱、揭露），只有在思想所思的眞實之上，我們才能說此思爲「眞實地思」，此一「眞實地思」並非任何的思或是眞實，而是思想本身便是眞（aletheia），此眞即開顯、即無隱，也即是存有：

> 「眞理，猶如存有者的存有之呈現和遮蔽，發生於被創造時，如詩人之作詩，所有的藝術猶如存有者之眞理的顯現發生，其本然就是詩的……」〔註7〕

因此，認識眞理即是認識藝術在有限存在者（being）中的發生。思想來到的地方、眞實匯歸之處，那是存有吟唱之谷、更是藝術最美的眞。

以下將按照時間的年份，從 1927 年的《Being and Time》到 1950 年的《Holzwege》來對海氏存有論美學思想略做鳥瞰，這涵蓋了他許多經典和重量級著作：包括《康德的形上學問題》（1929）、《根據的本質》（1929）、《形上學是什麼》（1929）、《眞理的本質》（1930）、《詩、語言、思想》（1971）、《往向語言之途》（1959）、《林中路》（1950）等。

二、《存有與時間》〔註8〕中的生命究竟

時間必須回溯到 1924 年 6 月在馬堡的講演，海德格寫作了《時間的概念》〔註9〕，該書最原初的設問是：時間爲誰（who is time）？我們是我們的時間嗎？（Are we ourselves time）？我是我的時間嗎？（Am I my times？）〔註10〕，在這部筆記式的作品中，海德格已發展出了日後他寫作《存有與時間》的一些重要脈絡，這部書中存留較多早期海德格的思想信念與宗教背景之殘餘，值得注意的是，他開始以時間爲架構去發展存有問題，可以看出日後基本存有論的方向，那就是存有的敞域即是時間。

〔註 6〕《The Man and The Thinker》Ibid，P147 關於設置的意義，亦可參考本論 P145～P146。

〔註 7〕〈The Origin of Work of Art〉BW，P197。

〔註 8〕《存有與時間》《Being and Time》trans. John Macquarrie and Edward Robinson NY Happer and Row, 1962,以下簡稱 B&T。
《Sein Und Zeit》Martin Heidegger Tubingen : Niemeyer,1984.

〔註 9〕《History Of The Concept of time》《Der Begriff der Zeit》Trans. By Theodore kisiel Blommington: Indiana University press, 1985。
《Prolegomena Zur Geschichte des Zeit-Begriffs》, 1979（1925）

〔註 10〕《History Of The Concept of Time》Ibid P22E.

《存有與時間》可說是海德格奠定其哲學地位的力作，也可說是海德格最富企圖且最廣爲人知的代表作品，在這部難解的書中，海氏以其典型的晦澀文體及許多自創的新字，構成其獨特的思想及風格，海氏也揭櫫出其詮釋現象學之方法論，並正式與胡塞爾的現象學分道揚鑣；1924 年，海氏在《History of the concept of Time》中說：「在胡塞爾面前，我至今仍是一個學習者」，間隔了 2 年，海氏在《存有與時間》的題辭中，將此書敬獻給胡塞爾，海德格在胡賽爾主編的 Annals 發表《存有與時間》，但胡塞爾卻沒有念過《存有與時間》任何一行，根據 O.Poggeler 的描述，《存有與時間》導論的結尾部份，海氏暗示著：「胡塞爾需要個人指導」〈Husserl's demanding personal direction〉〔註 11〕；1933 年，胡塞爾寫信給美國人威爾希，信上寫道：「某人是我學術上的學生，或在我著作的影響下成爲哲學家，這並不能說明，他就眞正理解我原本現象學及其方法的內在意義，並且深入到了我所開闢的那種新的、未來的（對此我抱有充份信心）問題的領域之中，這適用於幾乎所有的哥根廷學生和弗萊堡的初期學生，也適用於如此著名的人物如謝勒與海德格，在他們的哲學中，我只有看到富有才華的哲學家，天眞地向舊哲學中的墮落。」〔註 12〕。

胡塞爾曾說：現象學就是我和海德格

〔註 11〕〈Husserl's demanding personal direction〉
BTP62:「The follow investigation would have been possible if the ground had not been prepared by Edmmund Husserl, with whose Logische Unterschungen phenomenology first emerged. Our comments on the preliminary conception of phenomenology have shown that what is essential in it does not lie in its actuality as philosophical movement. Higher than actuality stands possibility. We can understand phenomenology only by seizing upon it as a possibility.」

〔註 12〕〈致美國人威爾希〉，1933 年 6 月 17、21 日，H.Spiegelberg：〈The context of the Phenomenological movement〉The Hague Martinus Nihoff，1981，P176。

海德格權威的註釋家 Richardosn 神父將海氏的現象學視之爲〝現象學地存在論化〞，關於海德格與胡賽爾之間的傳承與差異、思想上的聚訟紛紜，二十年代就有許多之不同之見解及看法：

「已經有這多學者嚐試指出，海德格的現象學與胡賽爾的思想有根本的分別，例如貝克（Maximillian Beck）和米施（George Misch）的理論，儘管他們有不同的出發點，但他們都認爲，海德格的根本動機是來自於狄爾泰（Wilhlm Dilthey）的生命哲學，與此相反，另一位詮釋者相信，海德格的哲學可看做是除了胡賽爾和馬克斯．謝勒之外的第三種現象學方向。」〔註 13〕

有關海氏與胡氏思想的聚訟紛紜、傳承及差異，幾乎出版了無數套討論之專書，但誠如迦德瑪所說：

「所有的現象學家都有他們關於現象的意見，但有件事是確定的：即是從書本中永遠不能學習到現象的進路。」〔註 14〕

在《存有與時間》一開始，海氏即提出了「存有（Being、Sein）爲何」此一形上之基礎問題〔註 15〕，形上學，自有歷史以來，即是做爲實體化之本體的最後根據來加以掌握，根據亞里斯多德以來傳統邏輯學對存有（Being、Sein）所做的定義，存有爲：

1. 最普遍的，並非任何種或類的概念，存有超越了任何種或類的範疇。
2. 存有不可定義：存有不是任一本質（entity），所謂不是任一本質，並非要除去存有的意義（指價值上的意義），而是希望吾人能正視此一問題。
3. 存有是自明的。〔註 16〕

Heidegger 批評傳統形上學對於存有的定義：他寫道：「存有的最普遍並非意指任何種（class）或類（genus），存有的此詞的定義並非意指將存在物

〔註 13〕《海德格與胡賽爾的現象學》，張燦輝著，東大出版社，P88。

〔註 14〕〈Husserl Silent Contribution to Hermeneutics〉，《Sources of Hermeneutics》by Jean Guodin, State University of N.Y Press，1995，P35。

〔註 15〕「此一問題已久被遺忘……自柏拉圖和亞里斯多德以來，此一問題被壓抑成爲一種探究……希臘原初對〝存有意義〞之貢獻，……〝存有〞成爲最廣義及空泛的〝範疇〞……」B&T，P21。

〔註 16〕B&T，P22。

（entities）範疇性地整理爲種或類，存有的總體（The universality of Being）超越種類之全體，中古的存有論把存有意指爲一種〝踰越〞（transcendens），亞里斯多德認知此種超越的總體（transcendental universal）是一種總體之分析，作爲這種分析性的集合是對照著事物最多數且最高的種或類概念……」〔註17〕。（「But the 〝universality〞 of 〝Being〞 is not that of a class or genus. The term 〝Being〞 does not define that realm of entities which is uppermost when these are articulated conceptually according to genus and species：The〝universality〞of Being 〝transcendens〞 any universality of genus. In medieval ontology 〝Being〞 is designated as a 〝transcendens〞. Aristotle himelf knew the unity of the transcendental 〝universality〞 as a unity of analogy. In contrast to the multiplicity of the highest generic concepts applicable to things.」）

亞里斯多德在《形上學》（Metaphysics IV）所做的定義，形上學之意：全體存在（beings）由〝存有〞（Being）取得超越（transcendence），在此方式下使得〝存有〞（Being）成爲存在者（beings），然而，下過此一定義之後，他似乎了然遺忘了存在的根據：「存有」（Beings、Sein），反而將研究的目光，專注於探究存在者（beings），他將「存有」實體化，且將存有論還原爲一種內在目的論，亦即將原本對存有的思考置於實體神學（ontotheology）的範圍，嚐試將概念性的目的因果法則還原爲形上學之最終根據，海德格說：

「本質地形上一詞內，包含了雙重的面向：Being 和 beings，而存有（ou）從其自我隱蔽（self-concealment）隱蔽其自身，形上的開端正是西方思想的開端，在另一方面，如我們將形上的本質視爲區分理型與感覺世界，則此形上學肇端於蘇格拉底與格拉圖……」〔註18〕

〔註17〕BTP22 此外，請參考 Werner Marx 著《Heidegger und die Tradition》W. Kohlhammer Verlag Stuttgart，P11；英譯本《Heidegger and the Tradition》trans. Theodore Kisiel&Murray Greene Northwestern Univ. 1971 P10：

「On the foundation of Platonic thought，Aristotle for the first time comprehensively apprehended substance：and specifically he unfolded it in the direction of the question as to the on hei on. This question，guided by his interest in the constitution of Being of individual beings，remained exemplary for all subsequent philosophy. The ousia of Aristotle remained the prototype；as 〝that which underlies〞，that is, as 〝substance〞 or as 〝subject〞，ousia comprised the constitution of beings」

〔註18〕請參考著 Richardson 的《Through Phenomenology To Thought》Ibid，P4。

「誠如 Aristotle 所問，形上的方式就是去問：什麼是存有物之爲存有物？（τιτο ον η）……使得存有物（beings）之爲存有物，是超越（passing beyond）存有

「Aristotle 形上學卷五，將 ψμσis 定義存有為〝純粹現實〞（PureAct）、〝絕對範疇〞（Absolute Concept）或強力意志……。」〔註 19〕

亞、柏倆人，一個以經驗事實的觀察做出發，另一個則以超越的價值與理想為根據，而此種以概念思惟方式下掌握的存有，支配了往後二千五百年來的西方形上史，而海德格的工作，就是尋找形上的根源。

在哲學史上的流承和形上學的歷史中，此一存有曾以不同的面貌、各種定義、出現在哲學史的課本中，無論如何，存有（Being）用存在（beings）的面紗來掩蓋其自身的存在方式，即是遮蔽（disclosed），而當存有（Being）只要是〝在〞（to be）它必是某個存有者（being），因此種遮蔽，亦為一種開顯，所以存有是一種開顯亦為一種遮蔽。〔註 20〕

《時間與存有》的結尾，海氏如此寫道：「這裡會有一條路，自一個原初的時間到達存有的意義嗎？」〔註 21〕（當然，這其實是從海氏《Being and Time》的原初設定來說的，因為《Being and Time》一開始所要追問的問題是：存有為何，但此書無疑地大都是在對 Dasein 的解明，然而從另一個觀點來看，Dasein 開顯了存有之眞，因此對 Dasein 的詮釋指向了存在的根據，即是存有，因此在《Being and Time》中，他從存在來解明時間，至中期則由存有：根源性時間來解明存有。）

《Being and Time》這整部書並不成功也未完成，關於他對自己這本書的看法，在寫給法國學生 Beaufret 的信中，他有這樣地結語：「大家都揣測《存有與時間》結束在死巷中，《存有與時間》是走了冒險的幾步路，但它所要完成的，從它出版至今都尚未抵達……」〔註 22〕（《Being and Time》的歷史定位

物而去問它們何以如此之〝在〞（Which makes them be），就是它們底〝在性〞（being-ness、ομσ'ια），甚且，亞氏將如此之探問（interrogation）稱第一哲學，因此我們可以証得形上一詞，在第五世紀自 Simplicius 普遍流行後，它是作為〝物理之後〞（going beyond），這種〝之後〞，拉丁文將其稱為 transcendere，因此形上學總是朝著此一方向或其他〝踰越〞（transcendence）之歷程（This going beyond the later world call〝transcendere〞so that metaphysic……）」

〔註 19〕請參考著 Richardson 的《Through Phenomenology To Thought》Ibid，P5 註 7 的部份。

〔註 20〕請參考〈The Essence of Truth〉, BW，P133。
「讓存有物 beings 呈現為全體之在，它的開顯同時也就是其遮蔽……」（In letting beings as a whole be, Which discloses and at he same time conceals……）

〔註 21〕BT Ibid，P488。

〔註 22〕BW，P222。

點何在？其實，這是一個饒富趣味的問題，雖然海氏在信中如此抱怨，但無疑地，《Being and Time》奠定了海氏做爲哲學家的聲名，或許我們可以較爲持平地來看待，如同 Richardson 所言：「我們對基礎性思想所能夠說的，均是從海氏作品中推論而得，在《Being and Time》中，並未告知我們太多關於現象學……」)

當他分析完存有者（being）的存在結構之後，無法像他當初所設想的一樣，發現時並瞭解了「存有」（Being）的存在，他的存有，似乎一開始便走進了時間的死衚衕。

而他的「基本存有論」（fundamental Ontology），在中期（1935 年）便逐漸地轉向了，他放棄了從〝存在者〞（being）解明〝存有〞（Being）的企圖，而改採從〝存有〞，解明存在關於他思想的轉向，下面將有介紹，在此茲不贅述，但在進入《眞理之本質》之前，先來看他在 1929 年寫作的《康德形上學問題》以及 1929 年的《根據本質》及《何謂形上學》，這三本書可以提供出海氏思想發展地若干軌跡，以及他形上學研究之進路以及進程。

三、從《康德的形上學問題》〔註 23〕到《形上學是什麼》

《康德的形上學問題》

> 康德致力於研究形上學的基礎，而海德格亦想「恢復」（Re-trieve）康德意欲恢復的形上學基礎〔註 24〕，在《存有與時間》中，他稱此爲「存有之理解」（Comprehension of Being），在《康德形上學問題》中，則稱此爲「存有論之綜合」（ontological synthesis）及「超越」（transcendence）。

海德格曾在《存有與時間》的導言中，列出所要討論的論述大綱，其中包括了兩大部，每一部則包括了三卷，而《存有與時間》一書眞正所完成的，只有第一部的前二卷部份，至於第一部第三卷《存有與時間》以及第二部全部，並沒有在《存有與時間》一書中出現，因此《康德與形上學問題》可補足《存有與時間》未完成第二部的第一卷之那一部分。第二部的課題是：以「時間性」（Temporality）爲線索，以達到「存有論歷史」（the history of ontology）

〔註 23〕《Kant and The Problem of Metaphysics》trans, by James. S. Churchill Bloomington, Indiana：Indiana Uni. Press, 1968,不下簡稱 KPM。

〔註 24〕海德格在 KPM 中所使用多爲第一版之《純粹理性批判》

的一個現象學的基本特徵〔註 25〕，第二部的第一卷標題爲：康德的圖式性與時間的理論，做爲在時間性問題中的一個初步階段（Kant's doctrine of schematism and time, as a preliminary stage in a problematic of Temporality），從上述的標題中，我們已能約略看到「時間性」（Temporality）在《康德與形上學問題》一書中的重要地位。

康德在第一批判中，倡言時空先在，海氏則將時間存有論化，兩人不約而同地，均將時間此一觀念凸顯了出來。許多批評者將海德格與康德相提前論，是不無原因的〔註 26〕。

「康德的（形上學奠基）通向（超驗想像）——它做爲感性與知性共同的根源，並使得存有論綜合的根源性統一成爲可能。此根基本身則深植在原初的時間中……」〔註 27〕

康德在《純粹理性批判》中所要處理的課題是：知識如何可能？他認爲知識應符應吾人先驗（指時空）的認識能力，康德雖然用理性來保證了知識的能力，但同時也對〝物自身〞來限制住主體認知的能力，他對世界抱持著樂觀信仰，對人的理性充滿希望，因此他對人存在的定位也以理性爲首出，這是康德哲學人類學的立場。

而海德格對康德之批是：康德的討論是一種「不對題」（un-thematic）的討論，因爲康德並未考察到理性源起之前的〝深淵〞（Abgrund），海德格將那使得客體呈現、也就是使理性之所以成爲理性的視域，稱之爲「有之無」（Non-being），那作爲視域而呈現的「無」，我們不能說它是一種類的「有」，吾人須視其爲「非有——存在」，或更積極地說，它是使存在成爲存在的可能存在，與存有同等原初，在此意義下，它即是「有」，他稱此結構爲「逾越」（coming to pass）〔註 28〕，康德將知識的基礎擺在純粹理性，因此使得他將「存有論知識如何可能」的問題變成了「先天綜合判斷」如何可能的問題，康德的基本存有論即是其先驗哲學。

〔註 25〕BT63。

〔註 26〕海德格對康德時間性所做的反省是：他認爲構成時間直覺之超驗想像（Transcendtntal Imagination）必須置於他所說的「根源性」時間中來加以掌握，而此「根源性時間」用 B&T 中的話來說即是：存有的敞域即是時間。

〔註 27〕KPM，P207。

〔註 28〕《Through Phenomenology to Thought》William J.Richardson，S.J. Martinus Nijhoff The Hague，1974，P147。

而海德格在《康德及形上學問題》中所要處理的，就是將康德所言的人對形上學所有的「自然傾向」（natural propensity）置於一根源的地位來加以討論，即是向存有論探求其根基。

康德的理性基礎多源於推論或實踐的，在理性基礎的背後，乃是使得理性推論之爲可能的：Abgrund，當理性僅作爲存有者而呈述，則吾人可說：存有（Being）的敞域並未能正確掌握且呈現，即：存有（Being）並不能做爲一可客觀化呈現之論域而被掌握。

海德格同樣認爲，康德對人類有限性的堅持，這是很重要的，但當康德在問：「什麼是我能夠？」，海德格則問：「什麼是我所不能？」，對海德格而言，就人的能力（指認識）並沒有這樣一種像康德所認爲的本質界限；當康德在問：我必須做什麼？海德格則問：什麼是我應該？它不僅暗示著：什麼是我不應該，而且也包括著一種本有的不完整；當康德自理性神學的角度去問：我能希望什麼之際，海德格就問：什麼是我可能（Why may I）？雖然暗示著希望，但卻是貧乏的希望。

康德自心理、宇宙、神學三方面來討論人類理性的問題，而海德格則將康德的人類理性置於人的整體（即整體的人）身上來加以討論，海德格所要指出的是：理性的有限並非偶然的，說是在其存在地深度上來立論，此一有限，即是理性存在的特徵，而理性之所以有限，乃因存在底有限，做爲一種能夠存在（power to be），它是掛念存在的有限之路（way-of-being-finite），作爲基本存有論的任務，不僅僅是問形上問題的根源：此事是如何發生的，而且也會問作爲有限人類與形上根源之間的關連。

也許有人會說：當人在問康德的那三個問題時，他就不會再被有限框定住，但吾人可以如此回答：所以有此問，乃因想超越此一有限一「有限性」的問題，所以，就是因其如此之有限，才會關注此一「有限性」的問題。

綜合以上，對康德而言，理性的有限指出了先天綜合判斷的可能；但對海德格，人的有限，正凸顯出了他與存有之間的關連。

「存有」（Being）做爲呈現就是時間，人作爲有限存在者超越的過程，其終極的意義乃爲時間，就此點而言，海德格就像康德一樣：人作爲「超越」而且有限底形上基礎，他最終的意義乃爲時間。

《康德的形上學問題》一書，一方面是處理、解決了康德所遺留下來的問題（理性的限制、二律背反、物自身……），另一乃自康德未能見到或未及處理之理性根源再作拓深——存有論的基礎而非康德式地推論或實踐的進路。

《康德的形上學問題》使海氏正視了形上基礎此一問題，但海德格更進於康德之處，即是回到存有的本源——作爲「無」的存在來回應康德的形上問題。

1929：**《根據的本質》**〔註 29〕

《根據的本質》與海德格另一部作品：《形上學是什麼》（what is Metaphysic）處理著相同的問題，在本書中，海氏將他的視野置於超越（Transcendence）和語言根據的關連上。

本書可區分成三個部份

1. 根據的問題（The Problem of Ground）
2. 超越作爲根據問題之論域
（Transcendence as domain for the question about the essence of ground）
3. 根據之本質（The Essence of Ground）

〝根據〞，在海德格的思想中，即是存有者朝向存有（Being）的意義、作爲根據問題與存有者超越的標幟，即是眞理的存在意涵，〝根據〞的問題很快地化約而爲眞理的問題。

存在的根據，如同我們所描述的，指出了存在之眞（ontic truth）底可能，而此作爲「存在之眞」的根據，是一種「超驗」（transcendence），我們可稱之爲「超越之根據」（transcendental founding），一方面，它指出了存在之眞（ontic truth）之可能，另一方面，它開顯出了「存有」（Being）與「存在」（being）的存有論，故超越即是一個根，我們可以說此超越之根據爲存有論之眞（ontological truth）〔註 30〕

超越的根據、存有論之眞，終極地指向著一可能地問題：爲什麼（Why？），所有問根據的〝爲什麼〞問題，也可分成三種型態：

1. 爲何存在的是如此而非其他？
（Why is a being so and not otherwise？）
2. 爲何它是這個而非其他？

〔註 29〕《The Essence of Reason》Trans. Terrence Malick，Northwestern Univ. Press，1969。

〔註 30〕《Through Phenomenology to Thought》Ibid，P169。

（Why is it this rather than another？）

3. 為何是有而非無

（Why is it something at all and not nothing？）

對根據底分析，導引至一種眞理之沈思，這是一種踰越（transcendence）有限，它底終極意涵即是時間〔註 31〕，存在與存有論之眞具備一種不可分離性：在存有中之存在或存在中底存有（being in their Being and the Being of beings），其為本質地相屬於其存在底差異上（存有論區分）……有限者底超越並非自「存在層」上推去理解存有（Being），相反地，乃是「存有」理解了「存有——存在」之差異，而呈顯出有限存在者之超越，故眞理與存有對海氏而言是同一的。

超越，就是自由，作為其自發之始源，世界的超越即是自由，而存在者（beings）的自由即是如其所如，超越即是自由。

自由即是自由的根據，就此點而言，Dasein 的自由就是 Abgrund（無住的）——使他成為他自己，這是小寫的「存在」（being）踰越至「存有」（Being）的此一有限過程，而最終極的有限即向於死亡。

在《根據的本質》中，海氏分析了根據、存有、眞理和人的有限，使我們明瞭：眞理作為根據其本質為自由。

而自由的本質即是超越，即是人踰越過有限的存在而向大寫存有的一種開放。或許可以說，根據即是本質，而根據的最終本質即是 Abgrund（無本），或說——自由。

1929：《形上學是什麼》〔註 32〕

本篇出現於 1929 年，為海氏在弗萊堡大學的講義改編而成，通篇最大問題乃是針對《根據的本質》中所提出的無，再作一次形上的思想和哲學底探究。

無並非絕對虛空，而是使得世界之所以為世界的「某物」〔註 33〕，「無」的問題涵蓋了整個西方形上學，無，並非是單純地對反於所有的存在，而是用某種方式保留了存有之存在，而呈現出其自身之為如此，即其所是（無的有），超越一切存在（being）：無，隱涵著形上學的通道，隱含著形上學自身，「無」的問題即形上學眞實地顯現。

〔註 31〕《Through Phenomenology to Thought》Ibid，P174。

〔註 32〕〈What is Metaphysics？〉BW。

〔註 33〕《Through Phenomenology to Thought》Ibid，P149。

「無」對於科學亦十分重要，「無」呈現出了「有」（being）作爲自然科學之研究對象，並開顯出了自然與歷史的眞理性，「無」也含蓋了 Dasein 自身，即存有對 Daseins 自身底探問。

Dasein 圍繞著無，而他總會問起其自身的形上根據：「爲何是有而非無」，所以海德格說：「在憂懼所開顯的無：此一朗然黑夜中，無作爲原初地開顯，向吾人呈示出了：它是某物而非不存在（not nothing），但此種不存在，需要再作一些說明，此無，使得存在者（beings）爲可能，而作爲原初無化的本質憑依於此，它將 Dasein 首度帶來存有之前。」〔註 34〕

無藉著 Dasein 存在的一項特徵：憂懼（Anxiety）而被開顯，雖然如同黑夜一般地渾沌晦暗，但「無」在此照亮其自身，「無」在其原初的開顯中解放了其自身，無顯示著眞理。

「無」開顯了存有之眞，無，作爲一種贈予（endeavor），是有限者在存有眞理中的沈思。

Dasein 的根據即是其「無根據」——Dasein 的有限性（否定），形上的眞理駐居（dwell）在 Dasein 的有限性，而呈現出形上的非眞性，但此一非眞（untruth）與眞理乃毗鄰而居。

從《什麼是形上學》後，海氏的注意力漸漸轉移到「存有爲何？」也就是第二期海德格的思想問題上去了。

四、《眞理的本質》〔註 35〕中之思想轉折

〈眞理的本質〉代表了 1930 年代左右的海德格思想，但同時海氏思想也發生轉向（從 Being→Da），顯示出海氏異乎傳統哲學的眞理理論，但在討論本篇之前，我們必須要回到 B&T 第 44 節：〈Dasein 的開顯與眞理〉〔註 36〕，來看前期海氏對眞理理論之意見。

〔註 34〕〈What is Metaphysics〉Martin Heidegger《Basic Writing》Edit. David Farrell Krell，P103。

〔註 35〕〈On the Essence of Truth〉《Basic Writings》Martin Heidegger Edit. David Farrel Krell，台北，雙葉出版社，以下簡稱 BW。
本篇完成於 1930 年代，但卻出版於 60 年代，可視爲從 Heidegger I 到 Heidegger II 之間的代表之作，關於本節可參看宋定莉：〈有與美：海德格存有論與美學思想研究〉，東海大學哲研所碩士論文，民 86，P42～P43。

〔註 36〕本節可區分爲三個部份：a.傳統的眞理範疇及其存有論基礎 b.本源之眞及其後所成形的傳統之範疇 c.存在者的眞理型態及其預設。

眞理的歷史傳統中有各種不同的形態：亞里斯多德認爲眞是 homoiosis，聖多瑪斯語爲眞是 adaequatio intellectus et rei（即：對知性及事物之符應），康德認爲的眞則爲：〝知識與客體之符應〞……，海德想要知道的是：眞理此一概念，其放置的位置和眞理作爲符應（知識與客體之符合）究爲何種類之存有（Being），必有一種「發現」（discovery）是在符應及充足理由律之前，故而在 B&T 的第 44 節，對現象（phenomena）一詞所下的定義：〝讓某物被看見〞（letting them be seen in their unconcealment），此一發現奠基於 Dasein 對於世界的開顯之中，而此一開顯或說無隱蔽即是眞理最原初之意義〔註 37〕。

Dasein 一方面開顯存有（Being），另一方面也遮蔽了它，故而，Dasein 一方面在眞理之中，另一方面亦在非眞當中，而朝向著存有去做開放，當眞理成爲人所稱說的眞之際，此種眞即滑向了存有之遺忘，眞理做爲一種開放（open）或顯現（reveal），是這樣的一種開放：即「讓它自身被看見」，從隱蔽中顯示其自身；眞理可說海氏最原本的思想任務，因此一任務的核心即爲自由，自由讓我們回到了「Dasein 的超越意義」，自由與超越都指向一種存有開顯中的神秘〔註 38〕。

在傳統哲學裡面，眞理有有三種理論：符應論、融貫論、實用論，因此，眞理經常的定義是概念（concept）與事物間一致的「關係」（relation），對於此種被定義於「同一性」（indetity）的「關係」，最常見的就是將眞理放置於論証（assertion）或判斷（judgement）、事物與客體之間的「一致性」（agreement）上，即知識符應於事物（adequation of the intellect thing、σμοιωσιξ），聖多瑪斯將符應（adequatio、likdning）解釋爲符合（correcpondentia、corespondence）與收集（convenientia、coming together）；亞里斯多德則以爲「哲學關涉眞理」（Philosophy about the truth），這種作爲眞理的哲學敞開了眞理的領域，即是將眞理作爲科學的一種對象，即存有之爲存有者（Being qua beings）。

將 aletheia 視之爲「正確的」（correct），則肇始於柏拉圖，柏拉圖在四層形相架構中，將眞視爲可見者（visible），眞理就如同火光，囚犯逐步解脫囚室、矮牆、通道的過程，即是個人受教育並學習理型（典範）的過程，對柏氏而言，知即是德，「眞」是隱蔽的相反，當外物由黑暗狀態走出到陽光底下，

〔註 37〕BW，P113。
〔註 38〕本質（wesen）意指〝在歷史中本質地提出〞BTP113，《眞理本質》中存有之差異，指出了已被打入括弧的存有之歷史。

就是從無知到有知，有可見的外觀（就是 eidos），爲明顯可見、如其所是的呈現（be present），這就是眞，是柏拉圖，使得「physis（自然）變成觀念，眞理變成正確性；logos 變成陳述，而正確性正是範疇的根源……」〔註 39〕

西方哲學自柏拉圖開始，便以概念性的思考法則隱蔽了此種存有的開顯，此後的二千五百年內的形上學，都是被籠罩在這種實體（Substance）化的觀念理路之下；柏拉圖（Plato）綜合了巴曼尼得斯的存有與赫拉克利圖斯的生成，同時擷取了安納撒哥拉斯的叡智（nous），與恩培多克利斯的多元，總結了先蘇所有的偉大哲學學說，並加以發揚光大，他將先蘇哲學家視之爲「本有」的自然（Physis）加以觀念論化，凸顯了作爲顯現者的內容，且則將存有本質化，柏拉圖（Plato）強化了那遠古洪荒、無名無爲的「太初之道」，而賦予此一天生地成、自開自長的「道」無比崇高的善美與理型〔註 40〕，就在他的天才橫溢、縱橫捭闔之間，西方哲學得以發揚光大、繼往開來，卻也隱藏著某種存有的「危機」與「遺忘」，柏拉圖哲學，作爲希臘哲學的完成與總結，同時也埋伏著它的衰頹與退步，所以正如海德格所說：希臘哲學征服西方世界，不在其原始的起源，而在其初期的結尾〔註 41〕。

柏拉圖本質化「道」，而下落爲價值論上的理型，且以觀念（idea）爲「道」惟一的、並具有決定性的解釋之後，西方哲學即陷入了此種觀念（idea）的框架之內，再難回到「道」的起源，或是先蘇時時較爲樸素健康、原創的希臘思想。

海氏在 B&T 中的工作，就是重新檢討這種眞理觀，眞理並非符應（argeement、addequatio）的種種關係，例如 ex：「4＋6＝10」、「畫是斜掛的」，4、6、10 是整體與部份的關係，畫與斜掛是事實上的符應一致，而這種種的

〔註 39〕請參 BWP149：「此歷程始於以羅馬——拉丁思想使用希臘文字。根基（hupokeimenon）變成了主體（subjectum）；本質（hupostasis）變成了偶然（substantia）；性質（symbebekos）變成了依附體（accidents）……」

〔註 40〕柏拉圖將眞理建立於陳述與命題中，就是陳述者之間的一致性上，作爲符應，只是一種關係，關係之後尚有一存有論結構上的預設：存有（Being）。存有作爲非隱蔽性，而使得此一陳述或命題之眞成爲可能，被陳述者以具有顯現能力的存有物（beings），前者作爲揭露或開顯（cover up），乃第一義或原初（first、Primordial）之眞，而後者作爲揭露者或被開顯者，乃爲次生或第二義（Secondary、derive）之眞。

〔註 41〕有關這方面的意見可參閱《形上學導論》這本書，及黃郁彬形上學導論中譯：《形上學導論的翻譯及研究》，民國 72，輔大碩士論文。

「關係」，都指向這一種使關係成爲關係的一種關連：與存有的關連，存有作爲一個整體（Totality）而使得此種「畫與斜掛」「4＋6 與 10」的符應一致。

解蔽（revealment）就是眞，λογos 作爲眞理，即是自非隱藏中讓某物被看見，作爲此 logos 的 aletheia 是理解（understanding）亦爲詮釋（interpretation），只有 Dasein 能去瞭解、Dasein 能去詮釋，存有作爲開顯，就是 Dasein 的存有之途。

眞理的原初現象首度在此種「開顯性」中表現出來，Dasein 就在此眞理（光）之中，而此種開顯就是存有「在世」底方式，最原初的眞理——開顯，Dasein 關懷照料著世界中種種的存有物（entities、beings），使用並利用手前（present at hand）及手（ready to hand）存有者、開顯著在世界中的「他人」（mitsein、other being），不斷地「設計——設出」（Projection、geworfenheit），他的存在（being-in），即是在於他的此種「存在」（existentille）性上，作爲一個「日常生活」（everyday）的 Dasein，他掩蓋了自我屬己的（authentic）可能，作爲 Dasein 不僅是開顯者（開顯著週遭世界），亦爲被開顯著（被存有所開顯），故而眞理不僅意味著開顯性，亦爲被開顯者：

> 「在隱藏中保存著眞理最適當的本質，眞理作爲開顯，就如同隱藏作爲不開顯，這同樣都是〝眞〞最本有（most proper）的側面。」〔註 42〕

眞理就是開放，隱藏就是非眞，開顯就是隱蔽，故眞即是非眞〔註 43〕：

> 「存有成爲存有（In letting beings as a whole），同時開顯同時也是遮蔽，就在遮蔽顯現且顯現遮蔽的同時，存在挺立了出來（ek-sists）」

作爲〝不〞，眞理原初的本質，即非眞。〔註 44〕

自由即是內在地敞開那開放其自身者：

> 「自由並非意謂著什麼是我們所能做的或不能做的……揭露自身就是參與存在（之挺立），穿越敞域的開放性（openness），作爲在那

〔註 42〕BT，P132。

〔註 43〕「隱蔽爲保存 aletheia 一種最合適的方式，眞理作爲開顯，就如同隱蔽作爲躲藏而爲非眞，這種存在的遮蔽而成的知識永遠是支離破碎的，作爲存在之遮蔽，此一非眞之特徵是比存有在此或在那的開顯更爲古早，它比“使之在”（letting-be）更爲古早，開顯保存著此一遮蔽，並且使其自身朝向著此一遮蔽……爲何如此……此爲神秘（mystery）……」，BW，P131。

〔註 44〕BW，P131。

兒（there）的是其所是……」

五、《詩、語言、思想》中的存有與美〔註45〕

本書共收錄了七篇海氏中晚期最主要的美學論著，由 Albert Hofstadter 翻譯，它們分別是：

1.〈詩人的思想者〉

收錄於《Aus der Erfahrung des Denkens》（Pfullingen：Neske，1954）海德格在文末註明作於 1947 年，包含了海氏的若干有名的詩作。

2.〈藝術作品的根源〉〈Der Ursprung des Kunstewerkes〉

Universal-Bibliothek Nr，8446／47（Stuttgart：Reclam，1960）

1935 年 11 月 13 日在弗萊堡大學之課程，1936 在 Zurich Switerland 又重講了一次，1936 年 11 月 17、24 日在法蘭克福又重新開課，這是新的略經修訂的篇章，也出現於森林之路，（Holzwege, Ist ed；Frankfurt am Main：Klostermann，1950），篇章本身經多次出版與修正。

3.〈詩人的使命爲何〉〈Wozu Dichter？〉

也是《森林之路》中的一篇。爲此，海德格特別作了註解：「這篇演講是爲了一個紀念里爾克逝世廿週年（死於 1926 年 12 月 29 日）的小團體所作」。所討論的問題請參考 Euphorion 期刊第 37 期（1936）第 125 頁。

註解的最後，海德格又順便說明了森林之路的所有篇章：每隔一段時間，這些論文就被重覆修正並作某部份的澄清，但可以看出他反省的各個階段與原來的結構，並伴隨著他語言使用的變化。

4.〈建築，居住，思考〉〈Bauen Wohnen Denken〉

爲《演講與論文》（《Vortrage und Aufsatze》）中的一篇（Pfullingen：Neske，1954）。在本篇後面的引文裏，海德格說：這是 1951 年 8 月 5 日在 Darmstadt Colloquium II（討論會）「人與空間」時的演講，後來刊載於會刊 Neue Darmstadter.。Verlagsanstale（1952），PP.72ff.

5.〈事物〉（〈Das Ding〉）

原載於《演講及論文》《Vortrage und Aufsatze》（Pfullingen：Neske,1954）

〔註45〕關於本篇，請參考《Poetry、Language、Thought》的 Introduction 部份。《詩、語言、思想》（《Poetry、Language、Thought》Trans. Albert Hofstadter Hoper & Row 1971，台北，雙葉版以下簡稱 PLT。

海德格在引文說明:「這是 1950 年 6 月 6 日在 Bayerischen Akademie der Shonen Kunst 的演講；刊載於 Jahrbuch der Akademie，Band I，Gestale und Gedanke 1951，PP.128ff.（Clemens Graf Podewils 編輯。）」

6.〈語言〉〈Die Sprache〉

原載於《通往語言之路》（Unterwegs zur Sprache Pu-fullingen：Neske，1959）。海德格在本篇的引文裏寫著：這是 1950 年 10 月 7 日在 Buhlerhohe 紀念 Max Kommerell 的演講，並於 19541 年 2 月 14 日在 Stuttgart 的 Wurttembergische Biblioth-eksgesellschaft 再次重覆。這篇講稿至今未付印，是透過許多的手抄稿、草稿筆記而爲人所知。

7.〈……詩意的人居住……〉〈……dichterisch wohnet der Mensch……〉

《Vortrage und Aufsatze》海德格說明：「這是 1951 年 10 月 6 日在〝Buhlerhohe〞演講稿刊載於 Akzente，Zeitschrift fur Dichtung，第一號（W. Hollerer 和 Hans Bender 編輯），NO.1，1954，PP，57ff。

本書的七篇文章均直接或間接地關連於藝術，但這些文章不必冠之以美學或藝術哲學之名，因海氏的藝術思想，並不視美爲客觀的對象，或是感覺的攝受（美感經驗），他評估此種美感經驗的意義，是先於美學的（美學的始源），這種判斷見於〈藝術作品之本源〉的結語中；這種思想不僅見於美學亦包含於海氏其他方面的思想，在〈作爲詩人的思想家〉地詩作中，他認爲思想有三種危機，其中之一就是〝哲學化〞（philosophizing）。

海氏的思想是回憶（momorializes）以及回應（responds），像詩與歌，它來源於存在者且將進入自身的眞理之中，存有之本源就是人存地眞實存在，《詩、語言、思想》擷取了海氏美學思想的源頭活水，從這些論著中，我們看見了他對世界的存有、事物（thing）的存有、藝術作品之存有、人的存有、語言的存有之詮釋。

對海氏而言，思考存在，即意謂著對存有呈現之請求（appeal）作出回應，而此回應，來自存有自身，關連著人存的屬己性，像天空與大地，神聖之缺如以及顯現，讓事物、植物、動物自在呈顯，在（存有）地大開中，使其完全適於其自身之本性。

存有就如同長古被隱蔽於遺忘之中，當我們瞭解語言的本質之際，思想便能道說出其思考爲何，眞實的思所道說的便是本質的詩〔註 46〕，思想的聲音是

〔註 46〕「The speech of genuine thinking is by nature poetic」PLTX。

詩，因爲詩歌道說眞理，就是存有的無遮蔽性〔註 47〕，思想收集著世界與事物、天空與大地、神聖和會死之人，使它們親密地成爲簡單的「一」（simple onefold）。

作爲詩人的思想家以及思想家的詩人，我們不必驚訝於海氏作品中越來越多的詩意成份，因爲當思想家將其目光愈益關注於存有與眞理，他的生命就像是一篇存有與眞理的文本，他說其所說、聽其所聽，那是神、死滅的人、大地、農鞋、教堂、天空、橋、瓶、四重四方（the fourfold）、詩、痛苦、門檻、存有區分以及寂靜（stillness）——詩歌，鄰近於吟唱與思想。

關於這方面的論述，見於海氏的著作《思想的經驗》（From the Experience of Thinking、Aus der Erfahrung des Denkens），去傾聽思想的聲音，在寂靜中說那無法道說的，說，就像眞實地詩，比它所能說的更多，也比它所能宣稱地更廣，讀者在瞬間中瞭解到了「說」的意義：〝祝福地靜穆〞〔註 48〕。

眞實的語言，雖則它早已被濫用或盡了，但仍未喪失其潛力，此種潛能可稱之爲詩，這就是海德格嚐試在〈語言〉這篇文章中所表述的，語言說其所說，選擇〝最純粹地說〞，更甚於其他空言，純粹地說，就像是詩，詩顯示出了語言之說其所說，就像是 George Trakl 的〝冬夜〞（A Winter Evening）。

從本詩中，我們瞭解到了語言如何在其言說中，連繫著做爲「四重四方」（fourfold）的世界：天（sky）、地（earth）、人（mortals）、神（divinities），讓事物前來，像是窗、雪、房屋、桌子，停駐於世界，並賜予事物其存在，世界與事物無別而適切地相合，它們是統一的，而這種統一的對反就是裂口（rift、Riss），裂口就是差異：門檻接縫處的痛苦。

眞理建立其自身在存有的大開之中，世界與事物穿越差異（裂縫）的此種裂縫，而接合在一起；思想，總是做爲人之眞實存在的可能。

建築亦爲本書的中心思想，在〈建築、居住、思想〉中，海德格本質地將存在、建築、居住關連在思想當中，語言便是其中的連繫，bauen 的德文原意是建築（build），它關連著（意即去住 to dwell），意指「存在」的「是」（bin、bist），語言說：人的存在即是死滅的人在大地上的居有，建築本質屬於居住，陶育並生長萬物、建構事物、居住在大地之上並分受它，朝向著天空及諸神，去發掘居住的尺度，如果人作爲生命的居所並發現世界適合己居的尺度，那

〔註 47〕「The voice of thought must be poetic because poetry is the saying of truth; the saying of the unconcealedness of beings」PLTX。

〔註 48〕「Segen Sinnt」，Blessing muses 請參 PLTX ii。

麼人會選擇「詩意地棲居」(dwell poetically),詩就是使得世界中的天、地、人、神相合一致的向度,使得會死的人舉目向天與地凝視的那個角度:做爲權衡的尺度;詩人就是:朝向著天空,使得未知的神顯示其爲自我藏匿,使得人做爲存在而安居。

事物,作爲海氏思想的基本範疇,如同他所寫的:瓶、椅子、小溪、牛、書,海氏用圓成的方式來把捉事物地存在,他從胡塞爾身上學習到的現象學,指出了事物顯現自身的方式。

這個世界的差異(異化)顯現在人作爲「橫撐豎架」的科技下所宰制的存有,所有的事物,包括人存自身,在其自我証立的過程中,逐漸地被物化,他們把人對於物的關係,視之爲人的眞實本性,但同時人也建築著其自身的存有;現代是一個科技的時代、困乏的時代,世界的黑暗已然臨在,人甚至遺忘了「他早已遺忘了人眞實的存在」,在這個黑暗而孤獨的時代,詩人是惟一能讓我們看見「存有之眞」地光照,這就是現時詩人的任務,但同時也意謂著,必須使詩人從時代偶像(times' idols)的束縛中解放出來,這是海德格在〈詩人的使命爲何〉中,對里爾克在形上學眞實洞見的辛勞中:在一個特殊的時代性中。

詩,將語言與思想互爲歸屬且等同,對海氏而言,這是不可分地,人建築了生命(dwelling life)的創造之源,如果人的存有中少了詩地要素,少了詩人及他們偉大的詩作,我們將爲強橫地、來源於自我意志的 Gestell 所宰制。

我們在本書中所發現的不是美學,而是建構人生基礎思想的詩意,美學,就像我們從歷史哲學中得到的理解,是關於顯現、經驗、判斷、和諧等,但海氏的思想很創意地掌握住了創作的方法:像是聆聽、回憶、回應,思考的本質就是:敞開並對人的存在做出權衡的向度。

關連於人的理解,事物做爲顯現,即做爲人意志底下生產及生產之過程,海氏從「事物」(das Ding)這一字詞中思考事物,而 das Ding 有不同的字義,像 res、causa、cosa、chose,其本源的意義爲〝收集〞,即是〝從在此之前中站立出來〞,由於被用於不同方面,遂使得早先那種做爲〝收集〞的思想墜入遺忘之中。

海氏所說的事物性是收集與統一,德文比較直接而強烈的說法是:das verweilen,就是〝讓其在此〞、〝讓其居住〞,事物之所以爲事物,乃爲收集,並以其自身的方式停駐於世界,海氏用動詞的方式來掌握事物。〔註49〕

〔註49〕海氏的字詞很難在一般的字典中找到適合的解釋,像是 wesen、ereignen、

這種方式可稱之爲「始源主義」(primitivism),不過,最好把它稱之爲「對本源的回憶」〔註 50〕,就像里爾克在「Sonnets to Orpheus」中所描述的「萬物美善」,在此一瞬間中,它同抽象的表象思惟分開,而朝向於自身的完滿,從實際的生命體驗中,從繁複（亦即科學系統的理論）中成爲「一」,這也是海氏對胡氏「回到事物本身」(Back to the things themselves）之回應。

海氏的思想（Denken),是一種「再思」(re-thinkin,Andenken)、回憶、記憶,從存在於世或他在於世的鮮明呈現中,對始源的呼喚（original call）做出回應,作爲人類精神的完全開放、作爲存有之眞的可能顯現,照亮了這個世界,使它進入了自身的多樣（manifold）中,找到適合的居所,而替代了那寒冷、貪瘠的旅棧,海氏語言的掌握,往往是他對希臘文收集與整理的結果,很難只用字源學（etymologizing）的方式來加以掌握,這是一種創造性的應用(creative employment),或是用拆字的方式去闡明人原初生命之本質的思想,但有時並非是正確的希臘字源。

在〈藝術作品之本源〉的附錄（1956）中,海氏指出 das Ereigins 作爲存有(Being)的意義,Das Ereignis 就是事件(event),意指正在發生(happening、occurrence),存有的意義（meaning of Being）就是 Das Ereignis。

在〈The Thing〉一文中,他將此描述關連著世界的顯現,世界化即是「事物在世界中被收集」,穿過對世界地描述,眞理成爲一個惟一的向度,他稱此爲〝nearing〞(親近):

> 「天、地、人、神進入於鏡子遊戲的發生（ereigende）中,而成爲簡單的一」〔註 51〕

---

verweilen、Gestell……,就像動詞 ereignen,連繫著它的名詞:das Ereignis,早期的作品中此字意謂著「原初」(Origin),廣義地來說是指:出現（to happen)、發生(occur)、取代(take place)、事件(event)、發生著(happening)、一個事件（occurrence),隨著時間的流逝,海氏繼續尋找著可以用來取代一般存有論在討論「存有」、「本質」之際時慣用的方法,像是 anwesen 中就是在「本質」中加入了「去顯現」(to present),對希臘哲學而言,呈顯是做爲感覺地呈現,是作爲開顯之前與「在此揭示」,爲了要顯示這種正在發生、正在顯現、正在出現,而非僅爲一種純粹知能、意志或感覺的方式,是存有使其自身呈現,所以海德格便使用這樣一個名詞:ereignen（道)。

〔註 50〕「recall to origins」請參 PLTX vii。

〔註 51〕「The ereigende mirror-play of the simple onefold of earth and sky、divinities and mortals」、「das ereigends Spiegel Spiel der Einfalt von Erde und Himmel,gottlichen und Sterblichen」PLTT pxix。

四重四方——天、地、人、神——鏡子與其他，每個都在彼此的一方之中，每種都是己身與他物的反映（reflect），從此方向，進入於「存有」的生發中，成爲已身之一，即是「簡單」(simpleness)，就像鏡子，在「事件」(ereignet)「發生」（eigens），而彼此相屬，海氏用「一」來指稱「道」，即 ereignen 的動詞型態，「成爲一個」（to make one's own）或是「適洽」(appropriate)，「適合」(appropraite）是指某一事物適合（appropriating）於某事，但動詞「適於」（sich　etwas aneignen）在此已被省略，海氏所說的不是「自私」(自己一個)發生，而是指實踐或歷程，在彼此相屬中呈現並顯現爲一，基督教說上帝是愛，是愛使得精神結合在萬有和諧地源頭之上，是作爲世界之世界性地「親近」(nearing）收集起四重四方，構巢、結合在其適合的「適洽」之中，相屬並統一起來，而成爲「道」(Ereignen)。

但「道」(ereignen)，也並不只是一個前綴詞 er 再加上形容詞 eigen，它早期的動詞是 eraugnen，即置於眼前、展現，它與名詞 Auge（eye）是相關的，au 與 ei 有關連，而 eraugnen，演變成 ereignen，Ereignis 作爲名詞，與 Eraugnung 及 Ereignung 是有關的，所以海氏將它們關連起來，而賦予一種更本質的意義，眞理作爲明晰(evidence)、敞開(opening up)、清楚(clearing)、明亮(lighting)、自我顯現（self-showing of being in overtness)，是光明（on light）而非正確（on right)，就像藝術作品或先行的詩，被認爲是眞理之光地照明。

中晚期海氏的區隔並不明顯，隨著他思想的日益成熟與深化，他的問題也愈益圍繞著事物（the thing)、藝術作品（the work)、眞理（truth)、存有意義（the meaning of Being)。

「道」(ereignen）意謂著「四重四方」向著眞理的敞開，存在於眞理的道路上，彼此適切地相屬，居有發生，進入一崇高地簡單(sublimely simple)，這種光照、反映（eraugnen)，同時也是互相歸屬（appropriating、ereignen)，當道(das Ereignis)發生(happen)，存有的意義同時就被遮蔽，這就是 eraugnen 或 ereignen。

在海氏早期，他較爲強調 Ereiggnis 的明顯（evidence)，眞理被定義爲光（Light、das Licht)、照亮（to clear)、向光生長（grow brighter)，隨著他思想的發展，雖然那作爲光明、開放、明晰的意義照舊，但同時也加入了形容詞（leicht）的成份，light（輕）對反於重（heavy)，它的意義像是簡單（easy)、輕易（effortless)、敏捷（nimble)，海氏特別指出了光的向度等同於世界的鏡子遊戲，他稱此爲 ringing〔註 52〕。

作爲一個歷史上的美學文獻——《語、語言、思想》奠立了存在主義美學之里程碑，海德格的美學特點，在於提出了美與「道」（存有）的關連，使美的範疇溯源到存在的始源——aletheia，誠如英譯者所說：海德格的語言就是詩，而《詩、語言、思想》的文本，更是貫串了他一生思考的：詩、語言、思想的美妙組合。

六、在人生的路上被喚醒——傾聽存有之道說

《走向語言之途》〔註 53〕是海氏晚期主要關於語言的論著，本書包括他下列之論著：

1. 語言（Die Sprache）1951
2. 詩歌中的語言（Die Sprache Im Gedicht）1953
3. 從一次關於語言的對話而來 1953～1954
（Aus Einem Gesprache von Der Sprache）
4. 語言的本質　1957（Das Wesen Der Sprache）
5. 詞語 1958（Das Wort）
6. 走向語言之途　1959（Der Weg Zur Sprache）

是書囊括了他從 1951～1959 年中關於語言之著述，可視爲海氏晚期的代表作品，也可以看到海氏晚期語言思想之最後歸趨。

早在 1926 年的《B&T》中，海氏便已探討到了語言問題，在《B&T》第 34 節中，海氏對〝語言〞的理解是：

「把言談道說出來即成爲語言。因爲在〝語言〞這一言詞整體性中，言談自有它〝世界性〞存在，於是，言詞整體性就成爲在世的存在者，像手頭的東西那樣擺在面前。」〔註 54〕

〔註 52〕PLT xxii。

〔註 53〕《Unterwegs Zur Sprache》Martin Heidegger Neske 1959，以下簡稱 UZS.
中譯爲《走向語言之途》，海德格著、孫周興譯，時報出版社，台北，1997.6。

〔註 54〕「Die Hinausgesprochenheit der Rede ist die Sprache. Diese Wort-ganzheit, als in welcher die Rede ein eigenes〝weltiches〞Sein hat, wird so als innerweltlich Seiendes wie ein Zuhandenes vorfindlich」《Sein Und Zeit》Martin Heidegger Max Niemeyer Verlag Tubingen，1984，P161。
另請參中譯本《存在與時間》Martin Heidegger 陳嘉欣、王慶節譯，唐山出版社，台北，民 78，P20」

語言，是 Dasein 的存在特徵，即是 Logos（Rede 言談）〔註 55〕Logos 包括了詮釋（interpretation）及論斷（asseertion），並爲二者的基礎，在意義中我們收集和整理語言〔註 56〕。文本揭露了原初的意義，在詞語（words）中被說出，原初的理論在文本意義中被開顯，〝字〞（words）並非承載意義的事物，意義與做爲文本，在理解中被掌握，是「語詞」，使得它們成爲可能理解的，logos 的意義，就是在在物的知性整理：

「logos 是在世存有者知性之整理，整理出意義，故 logos 就是一種整理。」

語言，也包含著聆聽：「言談本身包含一種生存論的可能性——聽（「Die Rede ist die bedeutungs maβige Gliederung der befindlichen Verstandlichkeit des In-der-Welt-Seins」）諦聽，就是一種言說，在諦聽中，聽到了存有最原初的語言，那就是詩，也就是道和自然。

最眞實的語言，其實就是沈默（「Dasselbe existenziale Fundament hat eine andere wesenhafte Moglichkeit des Redens，Das Schweigen」）沈默不是無聲，無聲意味著死寂，只有在聲音中，才有眞實的寧靜。鳥的鳴唱、花的開放、風地線條、夜空中星光底璀燦，在最廣遠的意義上，都是其自身的一種言說（沈默）方式。

《存有與時間》中，海德格是使用〝現象學〞、〝存有論〞的方式來思考語言，但隨著他思想的進展，他的「語言觀」也跟著改變，其實海氏的語言本身並不太容易瞭解，因他使用大量希臘文來闡述他那種「原創性」的哲學思想，但他對希臘文的使用，往往不是單純的字源學（打個比喻來說，有點類似中國的倉頡造字）；外加上他拆解德文字根，重組並鑄造新義；他的思想

〔註 55〕《舊約聖經》認爲，Logos 是道：「太初有道，道與上帝同在」，道作爲一種語言，是道成肉身的。約翰福音中的上帝可與海氏的存有作比較，logos 則可拿海氏的語來來比較，Dasein 則可用世界比較。

〔註 56〕「存在於世的知性，做爲心境的知性（intelligibility），用 logo（語言）來解釋自己」。

「The intelligibility of Being-in-the-world-an intelligibility which goes with a mood，express itself as logos」〈Poetry and language in Heidegger〉Walter Biemel《On Heidegger and Language》edit Joseph.J.Kocklmans Northwestern Univ.1972，P66.

「Rede ist die Artikulation der Verstandlichkeit Sie liegt daher der Auslegung und Aussage shon zugrunde. Das in der Auslegung, ursprunglicher mithin schon in der Rede Artikulierbare nannten wir den Sinn」，SZP161.

雖源於西字方形上學，但後來卻走上「超克形上學」（overcome Metaphysic）之路，從 1926 到 1960，海氏也經歷了自身思考的轉向（Kehre、the turn），使我們在處理他語言問題，不得不注意到海氏特殊的語言使用。

海氏稱語言的本質為「來自語言經驗的收獲」，這並不意謂我們對語言經驗的參與，而是「嚐試與語言發生關連」，對反於科學的語言與哲學知識，我們可以說，海氏在思考的方式下接近語言，但這並不意謂著強制形上學轉入語言此一頻道中，而是引導我們去朝向語言的經驗，就像《往向語言之途》中的解釋：從事件中去思考語言，即：開顯語言。

對語言的經驗，意指著語言之可被討論，語言即是「存有之屋」：熟悉它、整理它而非捕捉它，詩人的地位不僅因他有語言的特權。

在「詩人的使命為何？」中，困乏的時代意指存有的抽離，而此種抽離宣稱了存有新的可能臨在，形上學的歷史即遺忘了存有的歷史，而這樣的時代（遺忘了存有）的時代，在海氏的思想中被超克，存有的缺如首度被帶來思想之前，海德格意欲回到希臘早期的思想家，思想的源頭雖已十分久遠，但至今仍然存活。

在海德格思考之路上去傾聽語言所說的：「語言必用它自身的方式描述自身，即是將其本質顯給我們」，如果我們持續去傾聽，我們使可以獲得此種語言思想的經驗〔註 57〕。

說（Saying）有兩種型態——詩（poetizing）與思（thought），「字詞」（words）的定義端賴於詩人與思想家如何的使用，所以，當我們對 George Trakle 的詩作出詮釋之際，我們首要掌握的是：其間的思想要素，在基礎（proximity）中的存有分離（departure），在詩與思當中，我們定居於語言，「居住」做為人決定性之本質乃為〝進入於人類存在的領域〞（into the region of our being human），人不知其本質而為科技宰制，並稱此為進步，人茫然於自身所在之處境。

在詩的領域中，字詞無字（no word can be found for the word itself），但字詞可在思想中發生嗎？字詞（the word）並非事物，如果我們在事物中尋找它，

〔註 57〕「此種準備性的存有經驗能夠捕捉詩與思，讓存有在基礎性中被設立。」
「The preparation for such an experience is being able to catch sight of the proximity of poetizing and thought, even being able to settle in this proximity.」Water Bimel Ibid，P86.

我們永遠無法發現它，所以海德格用如此的方式來解釋它：「字詞所關涉的，與其說〝它是〞，無寧說是〝它給出〞」〔註58〕

「給出」必須理解成「手前存在」，其意爲「贈予」，所贈出的即是存有，思與詩的基礎在於「nearness」(親近)，語言做爲存有之安宅，是一種「親近」，但這種「親近」至今仍被遮蔽。

語言「說」(saying、sage)，「說」意味著：「讓它顯現，讓它在遮蔽中變成爲清晰」，對海氏而言，語言的本質即是存有的語言(the essence of language：the language of Being，Das wesen der Sprache：die Sprache Des Wesens)

語言連繫著四重四方的世界，這世界並非僅是圍繞在我們四周的存在物，做爲說者的我們，關連著人與語言：

「字詞……敞開來成爲天地的範域」
自深沈中湧現出崇高的力量
使二者互爲連繫
讓天地成爲世界的領域。」

「說」(Saying)和「親近」駐居於語言之內——顯現成爲〝相似〞(the same 、das selbe)〔註59〕語言，作爲原初的思想之源，使得彼此對反的「四重四方」聚集。語言說，語言在其自身的言說中，道說出其自身(即言語)。道，作爲這樣的一種語言，即道說其自身的語言，其實是無道之道。

道是在自然(nature)中〝說〞的：如樹林中枝葉的低語，雲彩遞嬗的呢喃，光影的變化、水流的宣洩、在在都顯示著語言。

眞正的語說也就是眞實地思想，思想做爲一種言說，將自身帶來「大道、大道底緣構發生」(Ereignis)之前，思想語言在道中上顯現，那就是詩：

「我於是哀傷地學會了棄絕
語詞破碎處、無物存有」

〔註58〕Water Bimel Ibid，P88。

〔註59〕Water Bimel Ibid，P90.
「Nearness and saying as that which lets appear are what continuously abide from language-they are the same(das Selbe)」

第四章　《老子》與海德格

一、《老子》的「道」與海德格存有論之比較

這是一個東西方融通的時代，也是一個地球村的時代，廣泛的對話與溝通，正藉著不同的型態，在不同的時間、不同的地點，熱切地談論著，思想的交流、觀念互相地輝映，映照著宇宙亙古長明的夜空，我們欣然發現：古現代、東西方兩顆耀眼的慧星，正以極大的光速緩緩地趨近〔註 1〕，當海德格獨行在 Todtnauberg 黑森林的路途（way、weg），也聆聽到老子「道」的歌聲。

晚期的海德格，從其對科技文明的批判中，走上了一條本源、開顯（reveal）的思想途徑，對比於老子，其在春秋末葉，對人文封限的反省，意欲回到大自然質樸的人心，海氏與老子的途徑是相通的〔註 2〕，但在進行思想匯通的探討之前，也不要遺忘了中西文化之間的巨大差異，海德格是從語言（晚期則爲詩）的觀點，來建構其哲學系統，他所站立的時空點是一個第一、二世界大戰混亂、人類唯智是尚，一個虛無困乏的時代，海氏的任務，就是要人從

〔註 1〕「二百多年來，我們一次又一次和西方發生愉快或不愉快的接觸，感到西方文明力量的不同凡響……我們國家的現代歷程是從家園出走的流浪記，是西方文明牽引的結果，沒有這種牽引，也就不存在我們國家的所謂現代和現代化……」〈海德格與中國哲學界的文本積澱〉，陳春文，西北師大學報 2000 年 1 月，第 40 卷第 1 期。

〔註 2〕「無論是道家對人文封限的反省與回歸自然大化的理想，或海德格對科技理性過度膨脹的批判與回歸本眞天地神人之思，我們從今日人類所面對的困境與災禍去反省，兩者都能導引我們打開一條思想上開闊的路……」〈晚期海德格與道家思想之比較〉，李燕蕙，南華大學第三屆比較哲學學術研討會，92 年 4 月。

思考或概念的羅網中抽離，回到無思之思或詩意地棲居（poetical dwelling）；但老子的時代，是一個春秋末葉、中國先秦的上古時代，思想正綻露出曙光，但道不行早矣，老子並無所謂當代西方的哲學系統或語言觀點，也無意於所說，甚至沒有架構系統的企圖或想法，老子只在一個思想的不經意之處、歷史的交相輝映中，留下了道的蹤跡及其學說的雪泥鴻爪；從時間來做考察，最早的老子版本《郭店竹簡》距今約 2300 年左右（即西元前 4 世紀中期至 3 世紀初），這個時代相當於希臘的柏拉圖（BC427-BC347）時期，所以海德格在《時間與存有》中所說的：要回復希臘原初思想、開顯柏拉圖以來即被遮蔽的形上學傳統，這樣的本源，豈不就是東方的《老子》之作嗎？從比較的觀點來看，海德格曾在其書齋中題下了老子的 2 句名言：「孰能濁以止？靜之徐清？孰能安以久？動之徐生？」看來海德格不僅只有希臘之旅，他對《老子》的道論早就心嚮往之了；從義理思想方面做考察，老子的無爲思想其實就是一大自然，而這樣的自然，正是西洋哲學繞行了二千五百年，開顯了作爲無蔽的眞理（aletheia），回到希臘思想的本源——存有（Sein）之後，才能領略的，更直接地說，在道家的時代，形上學還不成系統，老子針對的尚非海德格身處的工業化、科技化的當代文明：亦即完全對象化的客體表象世界，老子的時代離開本源並不太久，所以在研究海德格與老子思想之比較時，實不宜把道家時代還不曾有的形上學框架硬套在老子身上，同時也不能忽視人類文明的軌跡，即西方知識論架構的理性思惟的必然性和必要性，如此一來才能擷長補短、互取優點，科技之思（即西方概念思考及知識論）不能一概加以抹殺，但對科技之思的本質的掌握，卻是一條存有之眞的開顯道路：

> 「科技並不危險……毋寧說其本質是一種神秘，科技的本質，做爲存有必然開顯（遮蔽）命運，才是一種危機」〔註 3〕

這也就是爲什麼必須在形上學的比較之後，再做老子和海氏美學方面的匯通，因爲只有藝術才能跨越時空，展現語言和思想的本眞、實然，道家的觀點有助於我們瞭解海德格哲學的眞實內涵，另一方面，海德格的哲學也有助老子哲學走入現代、與形上對話，老子的道正是連接海氏的思路，走出西洋文明之侷限的一條羊腸小徑。〔註 4〕

〔註 3〕QCP28。

〔註 4〕關於這方面，實得自讀完成中英先生所撰的〈從禪悟的觀點論海德格、道元與慧能〉之後的感想。

如同緒論第四節的〈海氏與老子思想的接觸〉中所敘述的，1935年左右，海氏的思想轉向，與他在1942年代左右的《老子》翻譯實大有關係，這同時也意味著東西思想交接之可能性：

> 「海德格本人不能閱讀中文原典，因此他當時只能依賴 Victor von Strauss 與 Richard Wilhelm 之德譯本……第一句以現代漢語來翻譯，是〝凡是可以言說之意義，都不是恒常的意義〞，透過 Willhelm 這一詮釋性翻譯，老子之語對於一直放孜放於追尋〝存有底意義〞的海德格來說，簡直是當頭棒喝！」〔註5〕

道家豐富的修身養性的方法和實踐的進路正可以彌補海德格哲學論述的抽象、空泛；例如，海氏強調人的「屬已自我」（authentic），認爲人的存在結構：預期決斷（anticipation resolutioln）可以使隱蔽在世之內的 Dasein 明白自己是「向於死」的存有（Being-coming-toward-death），但海氏所使用的方式是一種「現象學的描述」（phenomenology description），對海氏而言，人永遠無法擺脫「存在——於世」這樣的在世結構，因此對於「本眞——非本眞」（authentic-inauthentic），海德格只用「原初」和（primordial）以及「次生」（derive）的狀態來描寫，除了揭露和展示之外，他其實是沒有任何價值的判斷或是倫理的準則意涵在內，相較之下，道家的價值意味及倫理實踐的功夫理路卻清楚有力得多了，道家不僅講的是一個道體的形上學或基本的存有論（fundmental ontology），道家的目的，都是要透過一種「無爲」的生活態度來達到一個「無爲而無不爲」的生命境界，即是，道家的特質與責任仍是立足於我們現實的現世，在實踐的進路上強調：觀復、致虛守靜，在功夫的修養上則是沖虛玄德、抱樸守一……，相信熟稔於中國哲學的人都能瞭解，中國哲學的特質即是這種倫理的要求、生命實踐地進路。這種介於西方詮釋現象學的反省理路，正是中國哲學有進於當代西方哲學之處，這也就是爲什麼老子的思想可以使得西方的本體論，回到眞實的世界以及具體而超越內在的人心人性。

以下將從二方面來說明老子與海德格的思想的比較、匯通，一方面從其思想內涵的切入點，即道（存有）作爲二大思想家的基礎來比較其形上學，第二部份則以上述的內容爲方法來比較基本存有論與道體形上學，並做兩大

〔註5〕「道家之〝自然〞與海德格之〝Er-eignis〞」，陳榮灼，鵝湖月刊道家哲學研討會，民93，抽印本，P3。

思想之融通、調合。

（一）存有區分——道與萬物

對於一個像海德格這樣的思想家，其畢生所要解決的問題，就是「存有爲何」〔註6〕，存有問題具有本體論之優先性（The Ontological Priority of the Question of Being），因存有是先於一切探究的，任何探究如欲成立，必是立足在「主——客觀」（Subject-object）的形式底下，但只有在「存有」此一最基本的範疇底下，這種主客二分的形式方爲可能，如果吾人要追問「存有爲何？」，則必須要回到這個被詢問的問題本身。

從亞里斯多德以來，「有」（Being、Sein）就被視爲存在首出的概念，而爲哲學研究的基礎，但對海氏：實體概念、範疇化底思考方式，均是對「存有」（Being、Sein）的遮蔽，思考的淪爲概念（Concept、Begriffen）、因此存有對象化了、世界變成爲一種圖式（Schema）〔註7〕：

> 「我們不能知道存有（Being、Sein）的意義，甚至當我們問〝存有爲何〞之際，我們常用〝是〞（is、〝在〞）的方式，而將它概念化地界定爲存有之所〝是〞，我們甚至於不知此詞的界域，而只是捕捉並固置了存有的意涵。」〔註8〕

存有（Being）不是任何思考的範疇或吾人思考的對象，因爲只要一落入概念，存有就成爲一個能被對象化客體的存在事物（beings），而非存有（Being、Sein）〔註9〕：

> 「當存有（Being）朝向存在（entities）而成爲存在——這樣的先在是一個謎，使得我們仍處於不能瞭解存有爲何的一種黑暗中，而這也將證明我們爲何要提出此一問題的一種準則。」〔註10〕

〔註6〕只是早期的重點擺在〝存有的意義〞，而晚期的重點則擺在〝存有的眞理〞請參宋祖良著：〈海德格：當代西方的哥白尼〉《哲學雜誌第五期》1993年6月。

〔註7〕請參「世紀圖像化的時代」〈The Age of The World Picture〉QC，P115～P154。

〔註8〕「We do not know what Being means. But even if we ask, what is Being?We keep within an understanding of the 〝is〞, though we are unable to fix conceptionally what that is signifies.We do not even know the horizon in terms of which that meaning is to be grasped and fixed.」，B&T，P25。

〔註9〕在B&T中，海德格區分三種不同的存在者，那就是手前存在（p.a.h）及手存在（r.t.h）及在世存有（Dasein）。

〔註10〕「It makes manifest that in any way of comporting oneself towards entities as entities－even in any Being towards entities as entities－there lies a priori an

存有既不落在世界中的任何物中，存有也不指謂任一存在概念，存有從一開始便是區分（從存在者抽離指向一個不在世界中的存有：無），存有區分便成爲海氏最重要的理論基礎：

「海氏嘗以存有區分來作爲傳統西方形上學的分判……相對地，老子也使用〝道與萬物〞來做區分……」〔註11〕

對比於海氏，老子所言的道是首出庶物，具有一個不可言說、不可指稱、無名無始，而爲萬物之母的根本源頭，道爲宇宙的本根、萬有之源：

「有物混成，先天地生，寂兮寥兮，獨立而不改，周行而不殆，可以爲天下母」（老子25章）

老子的道遍在於宇宙萬物，卻爲萬物之本源，道爲始、爲母，萬物爲屬、爲子：

「天下有始，以爲天下母，既得其母，以知其子，既知其子，復得其母。」（老子52章）

同樣地，道無所不在，道不僅生化萬物而且養育萬物，故老子曰：「道生之，德畜之，物形之，勢成之，是以萬物莫不尊道而貴德。」

道無爲無名，不在世界之中卻又無處不在，老子所描述的道地特性，與海氏在界定存有時所使用的「無化」：存在（beings）經歷著「無」而開顯了「存有」（Being），有著奇妙的相似性；海德格和道家都指出了所有認識和概念的局限性，對於本源、大道的掌握，逾越過世界或概念思考的有限性，而直指這世界的始源或思考的根本，這個根源在道家那裏就是「道」，在海德格那裡就是「存有」，這個本源之道不是任何一個「物」或是「存在者」，它不是實體或概念：

「海德格存有學詮釋下的無（道），顯然它本身即是一生生不息的開顯過程，而這就充分地彰顯了道家存有論的意義，也就是由此而進一步談及：道是萬物的根源……存有之道就其本身是無形無相而言，絕不可用具體存有物的方式來把捉它，這個道和物之間的差異，就是存有區分別要澄清的……」〔註12〕

---

enigma. The very fact that we already live in an understanding of Being and that the meaning of Being is still veiled in darkness proves that it is necessary in principle to raise this question again.」，B&T，P25。

〔註11〕〈道家之「自然」與海德格之「Er-eignis」〉，陳榮灼，鵝湖月刊道家哲學研討會，民93，抽印本。

〔註12〕〈從牟宗三到海德格的《老子》形上學詮釋之轉進〉，賴錫三，中正大學海德

但道（Sein）作爲萬物（存在者）的根源，如何讓萬物存在？海德格的解釋是：它是存有「帶來之前」（bring-forth），存有讓其「自在」（let be），他在《眞理的本質》中稱此一觀念爲自由（freedom），在《藝術作品的根源》中稱其爲本質、自性（wesen、nature），或更根本地說，存有的自我展露、呈顯爲一大「奧秘」（Myth），這也就是海氏所說的「自然」（nature）、「自生」（physis）；相同地，老子也不斷地使用「不禁其源」、「不塞其性」、「道不違自然、乃得其性」、「天地任自然」來做道體之描述：

> 「Ereignis 本身就是一種道的大化流行，它在其自已的自身運動之中（Sich ereignen），它是〝自已如此〞的；這其實也正是道家自然的眞正意涵，在這無生之生、無始之始處，道自生自長的、無爲無名。」〔註 13〕

晚期的海德格使用「大道」（Ereignis）來表達無隱蔽開顯之眞理，他宣稱「大道」是「存有底稽式」（Wesung des Seins），而此種「無隱蔽」地大道，在某種意義底下是「道法自然」的，即道家最喜言的自然：

> 「天法地、地法道、道法自然」（《老子》25 章）
>
> 「道沖而用之或不盈，淵兮似萬物之宗。」（《老子》4 章）
>
> 「道之尊，德之貴，夫莫之命而常自然。」（《老子》51 章）

Ereignis 本身就是一種道的大化流行，它在其自身的運動當中（sich ereignen），它是「自已如此」的〔註 14〕，這其實也正是道家「自然」的眞正意涵，在這無生之生、無始之始處，道自生自長、無爲無名，故王弼注解〝自然〞爲：「無稱之言、窮極之辭」，當海氏以林中的「道路」（weg、way）來表述其思想之途，而老子也以「道」（Tao）爲萬有之本根。

對熟悉海德格哲學的人而言，能夠在老子哲學的「道」、「自生」、「自然」中輕易地找到海德格哲學中所言的「邏各斯」（logos）、poiesis 以及 Ereignis〔註 15〕。

格與中國哲學研討會，93 年 11 月，P21。

〔註 13〕〈道家之自然與海德格之 Ereignis〉，陳榮灼，前揭書，P6。

〔註 14〕「時間和存有都是 Ereignis 中成其自已（Zeit und Sein ereignet im Erieignis）」，《Zur Sache des Denken》，Tuebingen：Niemeyer，1976，P23。

〔註 15〕「For those who are familiar with Heidegger's philosopgy, it is not difficult to recognize that there is a correspondence between 〝Tao〞、〝prodution〞、 and 〝Nature〞 in the Taoist sense and 〝logos〞、〝poiesis〞、and 〝Ereignis〞（physis） in the Heideggerian sense……」《Heidegger and Chinese Philosophy》，Chan

海氏與老子所要回返的均爲無名的大道原初，即是在一切概念名言之前的純粹、本源，因此，無論海氏與老子都習用「大道」一詞〔註 16〕，而此種「大道」，是一種「帶來之前」（bring-forth）的「自然」；它自萬物的始源中冒出（physis），在寂靜中開顯，呈露（reveal）其自身就是這樣一種既開顯又遮蔽的過程，這就是老子所言的自然：

「夫莫之命而常自然」

「人法地、地法天、天法道、道法自然」

海氏或老子都希望人能擺脫人類的機巧、機智以及科技文明所帶來的扭曲及離異（departure），在純然眞實的道路上、在人心質樸自然的大道裏，找到無蔽的眞理：

> 「海德格和老子的思想都包含著對人生存在的深切關懷。無論是對道還是對生成的追問，其實質都是對人類精神家園的追問。他們都以其敏銳的目光審視著人類文明，深感文明背後潛伏著巨大的危機，以其不同的智慧尋找著同一條道路，即如何擺脫危機，走向詩意地居住，返回人的本眞生存狀態。」〔註 17〕

老子的〝道〞與海氏的〝存有〞使我們看見了中西哲學令人驚訝的相似性，更確信在思想的源頭與生命價值的深度上，具有無限對語與溝通的可能契機。

（二）虛無與無（〝Nothing〞 and 〝Non-being〞）

西洋哲學均以「有」(Being) 作爲首出〔註 18〕，但海氏卻是一個特重「無」(Nothing、Nicht) 的哲學家，對海氏而言，「無」使得一切存在成爲可能，海氏對「無」的重視，也可以顯示出他異於傳統西方形上學家的思想特徵；在中國道家，老子的思想也是特重「無」的，老子常以反面、消極的方式來論述天地運行的法則及事物的常理常則，例如：「柔弱勝剛強」、「堅強者死之

Wing-Cheuk，雙葉出版社，台北，75 年。

〔註 16〕「海德格〝道〞的原義是道路，道路是產生出一切道路的道路……從〝存有〞（Sein）到〝生成〞（Ereignis），從〝語言〞（Sprache）到〝道説〞（Sage），標誌著後期海德格非形上學之思的日臻成熟，同時也標誌著他與老子在主導詞上實現了匯通……」，〈海德格爾與老子思想的核心問題〉，王凱，武漢大學學報，第 54 卷第 4 期，2001 年 7 月，P422。

〔註 17〕〈海德格爾與老子思想的核心問題〉，王凱，武漢大學學報，第 54 卷第 4 期，2001 年 7 月，P424。

〔註 18〕請參黑格爾的《小邏輯》，張世英譯，里仁出版社，但海氏畢生所關注的哲學主題仍是存有爲何，關於此，我們將在第六章中再作處理。

徒，柔弱者生之徒」，無論對於海氏或老子，他們均視形上本體是一無名無相、無爲無執的大道或存有（Sein），就生命地事實，他們均強調返本復初、死生一如，就存在地根源：萬物生於有，有生於無〔註 19〕。

海氏強調存有（Being、Sein）並非存在於任何一具體可指的事物或現象，因爲我們不能以任何認知或感覺的方式去設想或捕捉它，道，無所不在，但也不存在於任何事物，「存有」的起始，便是一種區分，「存有」將其自然「存在化」（ontic）而成小寫存在（beings、seiend）的過程，他稱之爲「存有區分」（ontological difference）或「無之無化」（Das Nichten des Nichts），這種「無之無化」才是海氏眞實想要探究並希望加以描述的。

海氏是一位特別重視「無」的思想家，但他所重視的並非是做爲「零」的「無」此一範疇，而是襯托了存有光源的黑暗——Nothing、Nicht，更倡言在思想背後，形上舞台背景中，「無」所具備的豐富性、完整性及神秘性，就像佛學所言的「一念無明法性心」、「從無住本立一切法」（Nothing without ground、Abgrund），「無」引導著海氏走向了希臘文明的源頭（柏拉圖、亞里斯多德以前），回到了巴曼尼得斯的「思有同一」。

在「何謂形上學」一書中，人經歷空無的憂懼（anxiety），而開顯做爲「無」（Nothing、Nichts）的存有：

> 「在憂懼，使得無做爲一種原初敞開的朗然黑夜中，存在（being），做爲一種存在，就不是虛無，但〝就不是無〞，必須用更爲明確的方式去加以掌握……這種無之無化的本質，首度將 Dasein 帶往存有之前。」〔註 20〕

憂懼，做爲存在通往「無」（即是大寫存有）的門檻，是 Dasein 的存在特徵，是 Dasein 在詢問、Dasein 在思考，只有 Dasein 才能追問「存有爲何」，因此存有論（Ontology）的問題，一開始即是架構在此「存在層」（ontic）探

〔註 19〕「道家和海德格在探尋道和存有問題上，所走的是一條相似的路，即把人的認識從對象思維中，從心物對立中，從執著於現成存在者的模式中解脱出來，去尋求更基礎的東西……」
〈道家的〝藏天下于天下〞和海德格的〝在世界之中〞〉，那薇，《哲學研究》2003 年第 9 期，北京，社會科學院哲學系，P73。

〔註 20〕「In the clear night of the nothing of anxiety the original openness of beings as such arises:that they are beings and not nothing. But this〝and not nothing〞 we add in our talk is not some kind of apprehend clarification......The essence of the originally nihilating nothing lies in this, that it brings Dasein for the first time before. beings as such」〈What is Metaphysics〉，BW，P105。

問之可能性上，是 Dasein 在建構著此一朝向存有之可能性，即將其自身關連到存有身上。〔註 21〕

老子也是一名提倡「無」的哲學家，老子特重無，同時，「無」也顯發了中國人形上的智慧：

「假定有人問，老子所講的無是什麼意義的無，應如何答覆？這就需要對中國文化生命和所發出的智慧，有相當的理解才行。」〔註 22〕

無，做爲形上的本體，乃是「無名，天地之始」，無爲無名、無相無執的：「無是簡單化地總持說法，他直接提出的原點是〝無爲〞，〝無爲〞對著〝有爲〞而發……〝無爲〞再普遍化，抽象而提鍊成〝無〞……」〔註 23〕，老子強調「不生之生」的自然，故「有」來源於「無」，但「無」又不可以「有」訓，「無」不是「有」，即說它不是任何被限定的「有」，「無」因此不是「在」亦非「不在」，而是處於「在」與「不在」之間的一種不被限定，即是「無限」：包含了內容最豐富、範圍最大的「有」。

無論老子或海德格均從形上的本根，掌握住了「無」，無不是有，同時，「無」也是使得一切存在成爲可能的「存有」，「無」從形上學歷史之始源、本體論的根源中，正面而積極地肯定了「有」，因此當海德格說：「爲何是有而非無？」(「Why there is something rather than Nothing?」) 的時候，老子卻言：「天下萬物生於有，有生於無」；當海德格說：「無的無化」之際，老子卻更積極實踐地要講生命和價值的「無爲無執」，而老子的「無」除了形上的本體的根據，更多了一份功夫實踐的意義：即無爲。

（三）「本源」與歸根復命

「返本復初」對東西方思想而言，都是一種永恒的鄉愁、人類心靈的原初渴念及宇宙生命的回歸，因此，海德格與老子也以生命事實、存在現象與認識眞理之不同面相來探討這種「恢復」（retrieve）與「歸根」，他們使用著不同的理論詮釋及思想進路，以下我們會將針對此點再做說明，但在這裏所需要強調的是，雖然老子與海德格的方法及訓練是不同的，但他們都具有著相同的歸趨與旨趣。〔註 24〕

〔註 21〕請參 BTP32 第二段及英譯者註二的部份。

〔註 22〕《中國哲學十九講》，牟宗三著，學生書局，台北，民 72，P87。

〔註 23〕《中國哲學十九講》，牟宗三著，學生書局，P91。

〔註 24〕「海德格和老子思想都包含著對人生存的深切關懷，無論是對道還是對生成老子與海氏就是要人（一切理論系統、生存生命）回到其最初之始源，但海氏使用西方分解及現象詮釋的進路（較著重於認識或存有論），而老子則要回到生命的本眞與大道相符，從宇宙的生生來安立人的價值生命（在此無有認識或存在論，也無有分解或現象詮釋），不過，我們所著重的是二大思想家的其學問的內在意義，亦即思想上的「同」、「合」的部份，而且關於老子和海氏在理論結構及背景方法的差異，吾人已在前一、二節中做過說明，在此就茲不贅述了。

老子的「歸根復命」，見於第16章：

「夫物芸芸，各復歸其根，歸根曰靜，靜曰復命，復命曰常，知常曰明。」

老子要人從紛紜的現象背後去做追溯，找到生命及其存在的本源大道，這是老子深刻的人生智慧並蘊涵了無盡的宇宙奧秘：

「在老子看來，夫物芸芸，各復歸其根，這意味著人們將眞實地、如其所是地認識到，萬物雖紛紜不同，但歸根結底都統一在同一本源，按〝各復歸其根〞不是指萬物再次返回其出發點的道或本體，而是強調我們必須認識到萬物與道之間的聯繫，以認識本源爲主，明白萬有本身之統一性和聯繫性爲準，眞正的知識是對宇宙整體的領悟，若未能觀復返本，則人間所得之知識亦不過是枝枝葉紛紜的分別智而已。」〔註25〕

而海氏的本源（origin），亦從現象的背後往上推，從隱蔽、沈溺於世的Dasein身上開顯存有，判明此種存有區分，而如實顯現現象的本質：「回到事物本身」（Zur Sache Selbst、 Back to thing themselves），「現象」（phenomenon）的原義即是：「在自身顯示其自身（show itself in itself）」，掌握現象的本質方式，即是「存有」（Being）之「原初」（origin）：

「存有及其結構在現象模式作爲客體現象的此種模式下相遇，作爲吾人分析的這種離異的觀點（point of departure），需要一種適洽的方式，不多不少地去朝向現象，通過這條道路去開顯它（covering it up），這種掌握和解釋現象的方式，就是原初和直觀（〝original〞 and

---

的追問，其實質都是對人類精神家園的追問……」，〈海德格爾與老子思想的核心問題〉，王凱，武漢大學學報，第54卷第4期，2001年7月，P422。

〔註25〕魏元珪老師：《老子思想體系探索》，新文豐出版社，民85，P454。

〝intuitive〞)」〔註 26〕

這種現象和生命的「原初」：無別（海氏以直覺來掌握）的理解及呈現，海德格名之爲「存在的了悟」(existential understand)，而老子則稱之爲「明」——知常曰明：

「常道是觀復的目的，復命是觀復的手段，必如是方能由萬物芸芸而復歸其根，俾能達到眞到〝明〞的境地。」〔註 27〕

而「了悟」(understanding)，即是理解存在，「了悟」是「寓世存有者」(Dasein)的存在特性，「了悟」不同於認識或知道，認識或知道是一種明白，但「了悟」卻是理解人生在世的存在結構，即明白人之所以爲人，例如：人必投擲於此世……故「原初」即意味著打開、揭示，從被遮蔽的狀態中顯現，海氏的「原初了悟」，可以說是一種「本眞」的狀態（authenticity），不過這種本眞是一種本然（nature）或是「原初」(origin)，海氏並沒有做價値之分判，而只是認爲：Dasein 必然存在且必然存在於世（Being-in）；窺諸於老子，當其在論述「常明」之際，無疑地，是加入了吉凶禍福的色彩，所以他說：「知常曰明，不知常妄作凶」，同時也說：「福兮，禍之所倚，禍兮，福之所伏。」這是他們理論立足點不同，以及切入視域（Horizon）之差異。

事實上，「本源」或「歸根復命」，作爲一種生命存在的理解，有其形上的意義和本體論的眞理，人從生到死的過程何嘗不是這樣子的歸根復命或歸返本源，無論老子和海德格都正面地面對此一存在的必然、人類之終局，死亡是無的呼喚，是使人面對人最眞實、本眞底自我存在：

「大曰逝，逝曰遠，遠曰返」(《老子》25 章)

「作爲存在的潛在，Dasein 無法逃離（outstrip）死的可能，死亡是 Dasein 作爲絕對不可能地可能性，死亡開顯了人自身（ownmost）之可能，它（與世界）毫無關連，且無法逃避。」〔註 28〕

〔註 26〕「The way in which Being and its structures are encountered in mode of phenomenon is one which first of all be wrested from the objects of phenomenology. Thus the very point of departure [Ausgang] for our analysis requires that it be secured by the proper method, just as much as does our access [Zugang] to the phenomenon, or our passage [Durchang] through whatever is prevalently covering it up. The idea of grasping and explicating phenomena in a way which is 〝original〞 and 〝intuitive〞 is directly opposed to the naivet's of haphazard, 〝immediate〞, and unreflective 〝beholding〞 [〝Schauen〞]」(BTP61)。

〔註 27〕魏元珪老師：《老子思想體系探索》，新文豐出版社，民 85，P454。

〔註 28〕「As potentiality-for Being, Dasein cannot outstrip the possibility of death. Death

回到道的大化、回返自然的本源，眞理即是一種開顯（reveal），雖然哲人已遠、思想家已歿，他們的語言和思想，卻在不同的視域和不同的時空背景，深深地啓示著我們，並賦予文本一種「常恒」和「光亮」（light、Lichtung）的永恒意涵。

二、基本存有論與道體形上學：《老子》的道與海德格存有之統一與融和

（一）道（存有）做為萬有的基礎

道（存有）做爲形上本根，是認識之眞及存在價値，道作爲萬有的基礎，更是宇宙和諧、善美的根源。

道（存有）雖無形象、不可捉摸、但卻是最眞實的存在，老子曰：「道之爲物，惟惚惟恍，恍兮惚兮，其中有象，恍兮惚兮，其中有物。」（《老子》21 章），對老子而言，道具有優先性〔註 29〕，道究竟是何種意義？從我們在第一章〈老子道論〉的疏解中，道具備了如下的特性：道是萬有之根源、內在於時空卻又超越時空、爲宇宙萬有之秩序與規律之本、是生命的法則與指導原則，簡略而概括地言之，我們可將道的涵義，簡示如下：

1. 道内在於天地萬物之中，卻超越天地萬物而爲萬化的根源：「道生一，一生二，二生三，三生萬物」（《老子》42 章）

   道非感覺所能驗知：「視之不足見、聽之不足聞、用之不足既」（《老子》35 章）

   道在時空中卻超越一切時空之相：「道沖而用之或不盈，淵兮似萬物之宗」（《老子》4 章）

   道超越一切名言概念：「道可道，非常道」（《老子》1 章）

2. 道爲宇宙萬有之秩序與規律之本，道的生化作用，以反爲動，以弱爲用，綿綿不絕、生生不息、淵兮似萬物之宗：「有物混成、先天地生、寂兮寥兮、獨立而不改、周行而不殆。」（《老子》25 章）

---

is the possibility of the absolute impossibility of Dasein. Thus death reveals itself as that possibility which is one's ownmost, which is non-relational, and which is not to be outstripped」BTP294。

〔註 29〕「雖然，目前在考據上，有所謂法家傳本、道家傳本的區分，但無論如何，道與德均是老子道德的核心概念，而且在理論層次上，道更具有優先性。」，《老子哲學之詮釋與重建》，袁保新，文津出版社，台北，民 80，P16。

道是一切萬事萬物活動的規律，天地萬物皆生於道：「道生之，德畜之，物形之，勢成之」（《老子》51 章）

3. 道是生命的法則與指導原則，是人生最高的價價歸趨：

「失道而後德，失德而後仁，失仁而後義，失義而後禮。」（《老子》38 章）

「大道廢，有仁義」（《老子》18 章）

道所成就的人格，是理想中的聖人化境，道乃人格修養的法則：

「人法地、地法天、天法道、道法自然」（《老子》25 章）

「聖人為而不恃，功成而不居」（《老子》77 章）

「道」對於老子而言，是萬有的基礎，相對於海德格所提出的「存有」，從開始便是形上的根本（一個久被遺忘的問題），「存有論」（Ontology）問題存在化（ontic）了，「存有」成為最空洞的概念：

「希臘思想最原本的貢獻乃在於一種基礎性……朝向著存有去做詮釋，但一種獨創的發展，使得關於存有意義的問題，不僅成為多餘而且是完全被忽視的，存有成為最空洞的概念。」〔註 30〕

海德格將「存有」置於歷史的起源來加以探討，使得被遮蔽的形上學回到其原初的根本，開顯其作為「存在之眞」（aletheia）的「存有」；《存有與時間》的首頁，海德格便點出了本書最主要的意旨，事實上，這也是海氏畢生思考所關注的問題：

「很明顯地，長久以來你對自已使用〝存在〞（being）此詞語，必然知（aware）其為何義……」

「我們是〝我們的時間〞此一問題的答案，同時也是存在（being）究竟為何的眞正意義……。」〔註 31〕

在《存有與時間》一書中，海氏所要面臨、解決的，有如下三個問題：

a.人如何理解存有？

（How is it at all possible for man to understand Being?）

b.他理解存有是在何種視域底下？

（From what horizon does he understand Being?）

c.存有的意義為何？

〔註 30〕BT，P21。

〔註 31〕BT，P488。

（What does Being means?）

這三種問題，可被歸屬成同一個問題，那就是：「存有的意義爲何？」(「Was heist Sein?」、「What is called Being?」)，對海氏而言，存有並非是一種實體或可被指稱的概念：

> 「存在是海氏翻譯柏氏的 δν 用動詞(sein, to be)……此種現時的〝存在〞（seiend）必須與非限定之〝存有〞（Sein）加以區分，我們的翻譯存有者（seiend）不是用非限定的 to be、或是用作爲動名詞的 being……」〔註 32〕

我們可用一種十分簡略地概括方式，將存有描述如下：

1. 存有是形上的根源，具有本體論上的優先性

「此一問題已久被遺忘，雖然它被我們的時代視之爲〝形而上學〞……本體論的詮釋必須先行回答及證立存有此一問題。」〔註 33〕

存有是最基本（fundamental）、最深（deepest）、最寬（widest）的一個問題，存有（Being）是存在（beings）的首出要項，非任何存在者所能把握，亦非感覺經驗的對象：

> 「存有是最普遍的範疇……存有是不可定義的，而這種不可定義乃是源於它是最高的普遍性，……存有不是任何一種存在物……存有是自明的。」〔註 34〕

存有的意義即是存在的時間敞域，對於存有之詮釋，即是時間（temporality），存有即是時間地超越敞域：

> 「Dasein〝存在——本體論〞結構之全體其基礎在於時間，存有〝遷移〞（ecstasis、Ekstase）〔註 35〕」

〔註 32〕BT，P488。

〔註 33〕「this question has today been forgotten although our time considers itself progressive in again affirming 〝metaphysics〞...That ontology in turn can only be interpreted adequately under the guidance of the question of Being which has been clarified and answered beforehand」，BW，P42。

〔註 34〕「First, it has been maintained that Being is the most universal concept...It has been maintain secondly that the concept of Being is indefinable. This is deduced from its supreme universality...Being cannot indeed be conceived as an entity...Being is of all concepts the one that is self-evident...」，BT，P22～23。

〔註 35〕遷移的德文原義爲〝站在外面〞（standing outside），希臘的字源爲某物之移動（removal）或置換（displacement），用於心境（states of mind）則稱之爲 ecstatic，Heidegger 常將其本源意義謹記在心，但他也察覺到 ecstasis 與存在（existence）

2. 海氏對存有的思考，是從「無」開始的，所以他在〈何謂形上學？〉中說：「爲何是有而非無？」（Why there is something rather than Nothing?）在哲學史上，海氏是一位特重「無」的哲學家。

存有是存在（beings）的奠基和基礎，存有從一開始便是一種區分（即存在區分）：

「存有建構著〝存有是什麼〞的這樣一種探詢，存有即意謂著存在的存有……存有總是奠基在〝那是〞（thatness）及〝是什麼〞（whatness）像實在（reality）、及手事物（being at hand of things）、有效（validity）及存在（existence），存有總是〝在那〞（there is）」〔註 36〕

「存有——至少是某一種類之存在——總是存在於忙碌的本體論或形上學中，什麼事形上學，形上學就是對存有的遺忘以及對存在地詮釋，即意謂著對〝無〞本質地忽視。」〔註 37〕

3. 存有（Being）是人存最根本（本質性）的問題，即存有是人存及世界之本源，人存在世，對於存有總是有著一種模糊的理解，惟有 Dasein 方能追問「存有」爲何：

「人尋問存有與世界上的其他事物，他總是——無論多麼模糊的方式——知道他自已是在世的存在，海氏稱此一存有的探問者或 Dasein，他們多少總是對於存有具備著一些理解。《存有與時間》是對 Dasein 的分析，即人的存在，同時也是對存有意義地探究之作。」〔註 38〕

意義的相關；在此是使用蔣年豐先生的翻譯：遷移。

「The exstential-ontological constitution of Dasein's totality is grounded in temporality. Hence the ecstatical projection of Being must be made possible by some primordial way in which ecstatical temporality temporalizes.」，BT，P329。

〔註 36〕「Insofar as Being constitutes what is asked about, and insofar as Being means the Being of beings...Being is found in 〝thatness〞 and 〝whatness〞，reality、the being at hand of things、subsistence、validity、existence, and in the 〝there is〞」，BW，P47。

〔註 37〕「But Being-at least one kind of being-has always been the business of ontology or metaphysis. What is metaphysic?Metaphysics is interpretation of beings and forgetfulness of Being and that means neglect of the essence of the Nihil」，BW，P91。

〔註 38〕「Man questions his own Being and that of other things in the world. He is always-in no matter how vague a way-aware of his being in the world. Heidegger called the Being of this questioner who already has some understanding of Being

從以上我們所列的老子之道與海德格存有的對比當中，我們可以發現老子與海氏均承認道（存有）是萬有的基礎、非感覺經驗的對象、不落於時間現象，而他們均是從「道」、「存有」：即其根本（本質）來做思考的，因此，老子言「反」、「復」，而海德格則稱「無」或「非有」（non-being），海氏所使用的方法爲「現象學之描述」，而老子則要回到現實具體的人生之上，將道視爲人生最高的價値歸趣。

老子說：「道可道，非常道」，海氏亦言：「存有是語言之屋」，在歷史的旅途和時間的敞域中，言說進入道與存有，存有臨在〔註 39〕；當我們重新再對文本作出詮解和發現之際，無疑地，吾人是進入此一「詮釋循環圈」中，在歷史的境域交融裏，聆聽那不可聆聽的、等待那無法等待的：「道」與「存有」，作爲思想家的老子與哲學家的海德格，從他們言說的沉默中，終於進入了那不可言說與無法詮解的大道——歷史的進程與時間無盡的旅途中，或許眞理本身就像海氏所言一般，是一種不斷「遮蔽——開顯」的歷程，而道，也像老子所吟唱的：一曲無言的大道，然而，我們難道是在聆聽老子或解讀海德格嗎？我們所聆聽或解讀的，毋寧就是那一首無與倫比、無法解釋的生命之歌吧：

「青草等待
泉水出湧
微風　駐足
靜默地祝福」

「Meadows wait
Springs well
Winds dwell
Blessing muses」〔註 40〕

---

in general 〝existence〞 or Dasein:Being and Time is the analysis of Dasein, human existence, within the framework of the question of the meaning of Being in general」（BW，P19）。

〔註 39〕「思想地界域是臨在之存有，朝向著存有這種臨在，存有被派往思想，存有作爲思想的命運，但命運在其自身的歷史當中，歷史在思想家的言說中進入語言」

「Thinking as such is bound to the advent of Being, to Being as advent. Being has already been dispatched to thinking. Being is as the destiny of thinking. But destiny is in itself historical. Its history has already come to language in the saying of thinkers」，BW，P264.

〔註 40〕PLT，P14。

（二）道（存有）作為萬有美的根源

海德格在一篇扼要的論文：〈美學史的六種基本發展〉〈Six Basic Developments in the History of Aesthetics〉（1936）中解釋：美學這個字眼可用〝邏輯〞（logic）與〝倫理〞（ethics）來理解，但要瞭解美學這一個字，我們仍可增添一個定義項，那就是 episteme（知識）：logike episteme 即意謂著「邏輯的知識」，做爲思想的判斷形式，是形式的論域及思想的規則，Ethike episteme 意指倫理（ethos）之知，做爲決定人行爲指導原則的內在教條，它指出了人的行爲是有跡可尋的，而 Aisthetike episteme 意指如何決定人的感覺和感情的行爲知識〔註 41〕。

西方的思想知識爲「眞」所決定、人的行爲被「善」所決定、而人的感情亦被「美」所決定，所以眞、善、美分別爲邏輯、倫理與美學所統轄；美是心靈處於美此種狀態的一門學問，美關涉人的心靈感覺狀態，美因常存於某種〝好的藝術作品〞，故而美學也常被思考爲〝好的藝術作品〞標準之解釋與定義，藝術作品來源於某種情感而且召喚著關於某種情感，美學在「好的藝術」（fine arts）底下，被定義爲美好，作品就被視爲此種美的承載者；美被驅使於關涉作者或觀者的某種的心靈（感情），在此種方式下，藝術作品的地位可說是「主體中的客體」（〝object〞 for a 〝subject〞），而此種主客關連，是美學的主要建構，就是感情；作爲客體的作品，被視人的〝生活經驗〞（lived experience）之反映，在西方，美學這種「主體——客體」二分的形式，持續了數個世紀之久，藝術正在死亡，藝術的死亡緩慢而持續著〔註 42〕，只有少數的人注意及此，海氏便是具備了此種眞知灼見的少數西方思想家之一，對海氏而言，美或藝術並非如此的感覺經驗，當我們在追問藝術作品的本質之際，我們並非在問藝術創造之活動、亦非作品的作者，而毋寧是在問藝術作品之「本源」（origin）：

> 「藝術來源於藝術作品，而藝術作品如其爲吾人所知，必來源於藝術之本質。」〔註 43〕
>
> 「藝術的本質即是眞理（aletheia）自行設置入作品」〔註 44〕

美，做爲藝術的本源，關連於存有（即眞理、aletheia）的非隱蔽，藝術

〔註 41〕《Heidegger on Art and Art works》Joseph，J.Kockelmans，Martinus Nijhoff Publishers，1985，P3。

〔註 42〕《Heidegger On Art and Art works》，Ibid，P80。

〔註 43〕PLT，P18。

〔註 44〕PLT，P36。

作品支撐了一個世界或開顯了一個世界：

> 「藝術作品源於〝世界——大地〞的爭鬥，且分受了此一創造，它將藝術作品置於其中（使其呈現）」
>
> 「支撐一個世界與設置大地是作品本然之本質的二大特徵，它們是作爲作品之統一性，且相互歸屬。」〔註45〕

雖然海氏並未正面回答出：「美是什麼」這樣的一個問題，而只是語重心長地指出：在科技的時代，藝術如何可能，然而，他都讓我們正視了美這個謎：

> 「前述的反省是關於藝術這個謎題，而此一謎底也就是這個謎面，對於解答這個謎題，我們仍然差得很遠，我們的任務就是要注視著這個謎」〔註46〕

順著海氏理論系統架構下來的，是藝術作品做爲眞理，此一最基礎性和本質性的根源，但對於藝術的內容和內涵、藝術創造的或活動、作品及作者，他似乎是認爲沒有價値且不太重要，但我們又該如何檢證海氏的理論不會是一種隱蔽？如何保證海氏的藝術作品本源的後面不會再有一更根本之根源（在此有無窮後退的問題）？從後設的解釋學眼光，美不僅是存有之眞，更是歷史與文化的情境交融？藝術，其實就算不是存有之開顯或眞理的自行置入，其實對於一般平凡的大眾，這樣就已經足夠，因爲凡俗的人，所需要的也只是一種世俗的心靈寄托、一種美的饗宴罷了。

囿限於西方形上學及思惟的傳統，海氏既無力也無意解決這個謎，所以也就像《Holzweg》的德文註釋者 Friedrich-Wilhelm von Herrmann 所言：「在此的任務，需要等待一個更有創造力的思想家」〔註47〕

然而，「他」又是誰呢？〔註48〕

〔註45〕PLT，P48。

〔註46〕PLT，P79。

〔註47〕「yet von Herrmann suggests that here, too, there is a task waiting for a creative thinker」〈Heidegger On Art and Art works〉，Ibid，P82。

〔註48〕讓我們回到本論文的第二章〈老子的道與美〉中再做一次鳥瞰：當我們論到老子之道時，我們知道，「道」是一切生命價値與人生至美，道即是最高的藝術本源，在宇宙的極高天和生命的究極處，美圓現了道的和諧、自在與完滿，道的境界是一種寧靜和空靈，對老子而言：「道之爲道，斯美矣，美之爲美，斯道矣。」

「老子從道出發，爲現實人生的審美活動推出了生生不息，機趣盎然的生存從老子的道論出發，經過莊子全幅藝術精神地開展，發展到了魏晉時期對於「美感經驗」地純粹追求，以老子爲始點的道家美學開出了中國藝術最輝煌燦爛的一頁，老子的道貫注於中國的詩、書、繪畫，在創作的表現上以道爲主體，在精神上達於「天人合一」、「物我同體」，打通主客、融合人我（作者——觀者及批評者），道的生命力具體表現爲藝術的生命力；道的存在方式，作爲美的規定性，自在自爲地呈現（美底無規定性），道匯歸了眞、善和美。〔註 49〕

老子的道體美學不僅補足了西洋做爲「倫理——邏輯」之知的經驗美感之不足，同時也將抽象而缺乏具體內涵的存有論，上天下地開展成「道——氣——象」之顯現，既恍惚而又眞實、既具體而又抽象地，奠立在中國人「天地與我並生、萬物與我合一」自然的人生觀中。

當然，對海氏而言，當他關心地注視著這一個謎，用他現象的詮釋理論及存有論的描述方法展開藝術，他其本上已然是超越了藝術的「是什麼」以及「美的眞實內涵」此一問題，但對 Von Hermann 這種的詮釋家及無數眞正的創作者（不管是畫家、音樂家、建築師、街頭的流浪藝人……）是絕對無法滿足於海氏這種「超越」而「本體論」的回答，藝術的創作需要實際的美感經驗，藝術的鑑賞需要成立客觀而普遍的美感判斷，藝術的教育更需要美的傳遞……。

而老子的道論美學即具體而微地指出了這樣既抽象而又實在、既形上又形下的藝術及美的思辨道路：「道」不僅是在抽象、形上的惟惚惟恍之中，「道」更可以具體下落地成爲藝術家心目中的山水、丘壑，道也可以是畫家的想像、作者的筆墨丹青、觀者（讀者）內在的感情和思想，中國藝術的進程，提供出了海氏存有論美學一個最眞實的內涵及一條更深邃、寬廣的道路。

（三）道與存有之融合與統一

從以上我們所作的疏解，形上的融匯及美的貫通，海氏本體理論的眞和美、道家的道與自然，在其本源上是一致的，海德格的「存有」與老子之「道」，其

本體……以個體對道的整體性特徵的體悟，感受，作爲大美那種極難言說和理析的神秘意蘊……」〈道與美的本體〉，馬國柱、林紅霞，哲學研究，2000.6.29，P15。

〔註 49〕請參〈莊子的審美意義：道與美的共生與統一〉，石曉寧，求是學刊，1997 年第 3 期，P68～P69。

在思想的內涵以及方法論底建構，都有著高度地相似和「同質性」，而這種的相同，正是當代中國哲學、西洋本體理論進行溝通、對話之所不可缺少的環節。

當代西洋哲學的困境是：天堂有路走不通，物質無門進不去，只能失落於人地存在之中：

「西方哲學，溯自亞里斯多德以來，皆是以概念爲主，以探索〝現象〞與〝本體〞間的關係……人們越來越清楚地認識到，所謂〝知識形上學〞根本弊端，只是用不同的方式去解釋抽象世界，其結果卻陷在概念性的文字魔障中。」〔註 50〕

相同的，中國的絕境亦是：「中國的現代始於 19 世紀中西文化大規模的對壘與衝突，始於中國文化在這次對壘與衝突中絕對性的失敗之後……」〔註 51〕

二十一世紀如欲邁向人類生存康莊大道途，惟有敞開胸懷、擴大全人類的視域，我們所能做的工作即是在中西思想的原本的基礎上再行融合、調解：

「面臨 21 世紀，哲學必須深刻地反省，在文明發展的極限中，如何去爲人類的生存和發展把脈，更在科技文明與生命科學所帶來的全球問題，以及市場經濟壟斷的危機中，如何將人從物化和深刻的矛盾中救拔出來」〔註 52〕

道與存有指出了這個終極問題，那就是人存於世間的意義：

「對於中國人來講，西方人經過兩千多年來的摸索而終於在海德格這裏得到〝終極不離人的世間境域〞的見地是一個基本識度……中國古文化的特性就在於能反省到……最眞切的天意只能體現在飽滿的人世生存型態中……只有海德格充份緣構境域化的人性觀、自由觀和宗教觀才能與它〝接得上話〞」〔註 53〕

而這樣人存終極問題，使得海氏與老子都在著作中討論「天」或「天空」（sky），天對老子而言是：「天之道，其猶張弓歟？」（《老子》77 章）、「天下有道，卻走馬以糞；天下無道，則戎馬生於郊。」（《老子》46 章），天有其道，而這樣的道，不一定是應世而昌、有德有守的「天道」；而海德格天空則隸屬於世界與大地，是存有，聚集了天、地、人、神於世界與大地，而此四重四

〔註 50〕〈周易生命哲學與生存論〉，魏元珪老師，第三屆哲學與中西文化研討會。
〔註 51〕《中國現代代與知識份子》，金耀基，時報出版社，民 66 年，P1。
〔註 52〕前揭書，P4。
〔註 53〕《海德格爾思想與中國天道》，張祥龍著，北京，生活讀書新知三聯書店，1997，P353。

方彼此相關且相屬，如同鏡子一般顯示自身與彼方，天、地、人、神是彼此共在的。

對「天」注視的關懷，同樣地，也顯示出兩大思想家他們在對「語言」處理的相同思路上：

「道可道，非常道」(《老子》1 章)

「語言，是存有之屋」(海德格)

關於老子和海氏在論到「道」(存有) 與語言這方面的文章，還有關於他們在分析語言的文本之部份，其實已多到無法枚舉，而我們所要說的是，語言或道說，透過老子和海德格，將道與存有關連至一不可言論、解釋的終極視域，這使我們在討論老子和海德格之際，所得到的極端豐富和深邃地內在體驗：一種寂靜的聆聽和一種等待。

太史公曾曰：「天下一致而百慮，殊途而同歸」，在《新約聖經》約翰福音的一章一節，便早已指點出了這西方存有與東方之道的必然融合統一，那就是：「太初有道」〔註 54〕，道的無爲無名，存有的始出本源，在太初的本源，宇宙和洪荒太始，即已如此，在此，似乎已經進入一宗教的語默無言及止觀境界，不必待言。

〔註 54〕請參約翰福音。
這歷史存有、道底時間之源，有無匯歸、眞美同源，語言思想如光之流出，運行在水的淵面，這光，是語言？是世界？是神？一切萬有共其根源。

第五章　海德格的存有論中的藝術觀

藝術作品來源於何處？我們在什麼地方發現那驚心動魄、石破天驚的美？誠如海德格在〈藝術作品的根源〉之結語所云：「前述的反省（指〈藝術作品之根源〉此文）是關於藝術之謎，而這個謎也就是藝術」〔註1〕。

作爲美的藝術，其本質的根源，即是其根源的本質：作爲藝術的美本身，不可能是異乎美之他物，這是海德格在〈藝術作品的本質〉中對藝術作品一番本質性的詮釋，〈藝術作品的根源〉一方面是海氏最重要的美學論著，另方面，也可代表他夫子自「道」的藝術體驗，海德格將傳統的美學領域，收攝於他的基本存有論來探討，也就是將美視之爲眞，他所要詢問的不是美的本質，或任何一種屬於美感的範疇（亦即美 beautiful、美觀 beauty），他所要詢問的問題是「何謂藝術作品的本源」？

當吾人設定了藝術作爲藝術作品的本質性根源即是藝術根源的本質之際〔註2〕，吾人可說此一藝術的本質是根源性的，即藝術作品有其本質性的根源，如同海氏所言：「藝術存在只存在於藝術的根源之中」〔註3〕。

這是海氏定義下之藝術，那麼藝術作品是什麼？藝術與藝術作品之間存在何種關係呢？作爲藝術作品的此種存在與「存有」有何關係呢？藝術作品，作爲一種存有物，存在於何處呢？或者，藝術作爲藝術，只定居（dwell）於藝術作品之內嗎？存有物，不管它是什麼，是件藝術作品嗎？又如海氏所言，藝術基本上是「道」的自然呈現、是存有之眞的揭露，那麼做爲此一不落言

〔註1〕PLT，P79.

〔註2〕「藝術來源於藝術作品，而藝術作品如爲吾人所知，必來源於藝術之本質」，PLT，P18。

〔註3〕PLT，P17.

詮、不著名相、無跡可尋之「道」又如何作用於具體有形的存有物（beings）中？在其中，眞理如何自然呈現？「道」怎樣無言運作？

底下，我們就進入海氏的文本，一探藝術本源的的迷宮。

一、藝術作品的存有學區分：本源的藝術與藝術的本源

當我們問：「藝術是如何發生的？」我們相信藝術不僅只是一個概念，從藝術作品中，可推演出藝術的具體內容，相反的，在藝術的本質中，我們才能眞實瞭解藝術作品，因此，藝術關涉於藝術的作品，追問藝術作品的發生即是回溯其本源，但如果我們很單純的，只就藝術作品來源於某物（比方說藝術家、靈感、天才的想像……），或是從諸般的形式原則抽繹出某一觀念，就說它是藝術的本源，這將是一種含渾不清。〔註 4〕

不僅從作品到藝術的一循環，同樣地，從藝術到作品亦是一種循環，海氏的作法是從每一分離的步驟中，嘗試著從此一循環再導出下一循環〔註 5〕，也因此，我們再度回到我們最原初的設定裏：「藝術的本質性根源即是藝術根源的本質性」〔註 6〕

對海氏而言，本源（origin）意指事物之來源，事物之是其所是（what it is）

〔註 4〕PLT，P18.

〔註 5〕「並非從藝術到作品或從作品到藝術這個重要步驗，而是所有分離的步驟、嘗試的個別步驟，均是在此循環圈內的循環。」，PLT，P18。

〔註 6〕PLT，P18.

及如其所是（as it is），就其作爲某物之所是，我們稱其爲〝本質〞（essence），關於藝術作品之本源所要問的，即是其本質之源，對德文而言，本源（Ursprung）原義是根本（origin）、來源（source）、開端（beginning）、原因（cause）、開始（inception），後來才發展成爲原本（aboriginal）、元始（primitive）、本源（original）；而本質意味著停駐（to stay）、居住（dwell）、持續（to last、edure）、發生（happen、Come-to-pass），海氏是使用 waren 來解釋 wesen，對海氏而言 Ursprung 即是 wesen 之源，而 wesen 則保存 Ursprung 的意義，在海氏的使用方式下，發生（Ursprung）即意謂著居住（dwell）：眞理的居留。

藝術是什麼，海德格說，藝術來源於藝術作品，另一方面，藝術作品分受了藝術的本質，藝術作品的本源是藝術，但什麼是藝術？藝術在藝術作品之內，很明顯地，我們是在一個循環之內打轉，但須指出：此一循環是無可避免的，藝術的本質必須保存於作品之中，而在對藝術作品探究之前，必須先行掌握藝術的本質，此種循環的特性，來源於人的存在屬性，即理解（understanding）（按：海氏在此斷指的是現象學的詮釋循環圈，我們在第三章時已做過說明，在此茲不贅述）。〔註7〕

黑格爾也曾利用過類似的循環，去解釋美學何以並非是嚴格的哲學或眞正的科學（not truly〝scientific〞），《哲學百科全書》（Encyclopedia）中，哲學家必須對藝術作品的原因給予一個證明，但此種證明來源於藝術對（絕對）精神的最終分析，而非來源於知性的要素，美學如果是一門眞正的學問，那只能展開於精神的自我發展中。〔註8〕

〔註7〕一開始，海德格使用一種較爲通俗、平易近人的方式來解釋「藝術作品的本源」：
1.藝術家是作品的本源。
2.作品是藝術的本源。
3.藝術是作品與藝術家的本源。
就像海氏的註釋家 Von Herrmann 所說的，海氏所使用的方法是詮釋現象學，即關於存有之眞（truth of Being）的本體論（ontology），他使用詮釋現象學的方法去解釋藝術作品的始源，即藝術作品中存有的發生。「From a purely methodical point of view we can say the same for Heidegger's reflections on the origin for the work of art, In the art lectures Heidegger consistently uses the hermeneutico-phenomenological method in an effort to interpret the essence of the art work from the perspective of the coming-to-pass of the truth of Being。」《Heidegger On Art And Art Works》P99。

〔註8〕Hegel 認爲，認知是科學的（Scientific）的，而科學也是認知的，科學並不滿足於片斷狹隘的認識，作爲此科學認知是全體的，而在每一部份的全體中，

就像黑格爾一般，海德格的美學亦爲其哲學之主題，他也探討藝術作品的發生；也像黑格爾，海德格對藝術的探討開始於藝術作品，而非經驗主義、理性主義所慣常使用的方式（經驗主義者往往會陷入於心理學當中而不自覺，使得美淪爲抽象觀念，而與藝術作品毫不相關）。

但海氏與黑氏的循環仍有極大的差異，海氏的詮釋循環不同於思辯循環，在黑格爾的循環中，有時間的順序和精神的進程，一層一層地往上升上去，黑格爾的循環隱函著全體性（totalization），眞理即是全體，循環隱含而完整與同一的可能，對黑格爾而言，差異（difference）絕非終極；在「詮釋循環圈」中，存在的特性即是理解（understand），理解著人存於世的事實，而這樣的理解就是一種存在，它可以是隱蔽於世的理解：歧義（ambiguity），但也可以是一種眞實的理解:瞭解人是向於死的存在,而其中的眞理,便是Dasein的遮蔽與開顯，眞即是非眞（因爲遮蔽與開顯是存有的一體二面），存有一開始便是一種區分。

這是海氏異乎傳統的藝術理論（遊戲說、直覺說、表現說……）之處，也可以說是他的藝術理論更甚於黑格爾（絕對說）、尼采（權力意志）、柏拉圖（模仿說）的獨到之處。

（一）藝術作品及其物性

《藝術作品的本源》是一篇十分難懂而艱深的文章，所以難，因其是在討論藝的始源一此一無解之謎，更何況本文這樣的謎題又架構於海氏存有論的思想背景之上，使得本文更加難懂，法蘭克福日報（Frankfurt Argemeine Zeitung）稱本篇爲：「一個被棄的地圖」，海氏的註釋家 Von Hermann 將此篇文章視爲海氏系統美學之論著，可視爲海氏美學體系的奠基之作。

根據英譯者的序言，本篇有幾處地方值得注意：

1. 海德格並不將藝術的源頭很粗淺地歸之於作者或藝術家，海德格將藝術之源相關於眞理（aletheia）或無遮蔽，所以他說：「藝術作品支撐了一個世界或開顯了一個世界」（Art work set up the world）、「眞理自行設置入作品」（Truth set itself into work）。
2. 傳統對藝術理論的說明，大多分成「形式——質料」兩方面

即認知之環節中，認識能「提出」、「揚棄」和「自我保存」，而往向著「全知」——絕對知識，也因此，部份即是全體。

（matter-form），海德格在此視之爲世界與大地，因此藝術之重點，並不擺置在傳統與藝術內容的解析或對形式之說明，作者的地位並不重要，而毋寧是一眞理之保留者。

3. 藝術作品源於〝世界——大地〞之相映，且分受了此一創造，它將藝術作品「映現出來」（bring-forth）置於光中，置於其之源頭，藝術作品反映了存有，使黑暗中的事物彼此爭妍、向光生長，作爲語言的藝術以及思想的存有之屋，而沐於光中。

作品有其物性的向度，就算那些以象徵來解釋藝術作品的美學家，也無法否認藝術作品中的事物因素〔註 9〕：建築中有石、雕刻中有木、畫中有色彩、文學作品的素材、音樂中的聲調，這些物的特性是不可以移走的。

〈藝術作品本源〉首先所要回答的是：藝術作品如何是藝術作品？或藝術作品是什麼呢？藝術作品是一個物，事物之成其爲事物，即事物之所是，我們稱其爲本質或本性（nature），作爲某物之源即是其本然之性的始源，藝術作品的本源即是其本性（nature）的源頭，通常在說藝術作品的源頭之際，人們都會認爲起源於藝術家的創作，然而是作品，使得藝術家成爲藝術之主，同樣地，是藝術家，使得藝術成爲藝術之源，不管藝術家或藝術作品，我們都可以說，藝術是藝術家和作品之源。〔註 10〕

分析藝術，必須自藝術作品開始，而什麼是藝術作品呢？

藝術作品也是一種物，但卻是一特殊的存在物。〔註 11〕

〔註 9〕「In other words, most aesthetic theories give some kind of symbolic interpretation of art works and claim that in each work of art there is something else over and above the thingly feature of art work.」《Heidegger On Art works》Joseph. J. Kockelmans Martinus Nijhoff Publishers，1985，P110.

〔註 10〕PLT，P17 關於此，會在本章的第 3 節、第 4 節：藝術作品做爲被保留者加以說明。

〔註 11〕關於物，海氏在〈藝術作品的本源〉中區分了三種不同的物性，這三種物不包括藝術作品在內，但可以得出藝術作品作爲物的特性：

a.純粹事物（mere thing）

例如：一塊石頭，它具備了硬、重、擴延、鈍、圓……，等特性，路上的石頭被稱之爲物，就像泥土在田地中、一個瓶子，就像路旁的噴泉、在瓶中的牛奶，如果我們稱雲在天空中、薊草在田野中均是事物的話，則秋日微風中的樹葉、林中的老鷹，就更是事物了。（PLT，P18）。

b.傳統的「物」的特徵，海氏區分二種特性：

有用的（usefulness）和「形式——質料」，「有用」通常都是一種生產製作的過程，將物品做成一件器具，例如：一雙鞋子、器具可說是半個事物，它有事物對於此物的結構，傳統哲學建構事物的本質像是：實體與屬性、感性雜多之統一、形式與質料的統一，西洋傳統對於物性之詮釋，淪喪了希臘初期的意義，而成爲一種〝固化〞(fixed)，海氏認爲傳統的方式是將存有論的 Being 固化在 ontic 的 being 上（存在者的存有被定於存在者上），海氏說明事物乃爲物性的承載者，統一了感性雜多，就像形式與質料，物從其物性中朝向於作品、器具、事物，故而這三種事物是三種不同的物性思考模式，但它們都是「存有一般」（beings in general）的特性〔註 12〕。

美學的觀點，從一開始，就被這種小寫存在的詮釋方式所宰制，但此種習以爲常的方式，是一種「非本質地」觀點（亦即實體與屬性、形式與質料……）〔註 13〕，海德格對於物的物性之討論，使我們進入了一個全新的事物存有（thing-Being of the thing）的領域。

藝術作品是一個物，那麼，它又是以何種方式存在？或它具備了何種特

的特性，然而比這還要更多一些，它同時也是一半的藝術作品，雖然作爲藝術作品，它們不完全，器具介於作品與事物之間，具備了一種可以數算次序的特徵。

「形式——質料」(The thing is formed matter)：很普遍地運用於藝術理論即美學當中，「形式——質料」爲物性特徵亦爲藝術作品的藝術特徵。

形式與質料的區分是一種習用的概念性圖式，在許多不同的形式底下，被運用於藝術理論與美學，如果形式關連於理性，而質料關連於非理性，且理性被視之爲邏輯的，而非理性被視之爲非邏輯，而此種主客觀連就被視之爲「形式——質料」這一對概念。

c.器具（Equipment）

用具是在「存有與時間」中被稱爲及手、手前的存有物，在「工具網」(contex) 中，吾人的存在（即 Dasein）遭逢並使用著「在世之內」的種種及手、手前存在物，在此發現了物與物之間的距離，或 Dasein 與物之間關係，例如用手在牆上釘一幅畫，在吾人的使用中開顯了牆上的畫、手中的釘錘、牆壁和釘錘之間的「距離」，乃至其間的「空間」性。

〔註 12〕PLT，P23 然而，也是由於「存在一般」(beings in general) 這樣長久而爲人所熟悉的思想型態，束縛了對「存有」(Being) 的反思，將存有之思，限定在直接經驗之內，西方思想上，存有被思考成爲存在（being，即小寫之存有）——一種「固化」的方式。而此一方式，開始於希臘字轉變成爲羅馬的拉丁思想之際，使得 Hupokeimenon 成爲 subiectum，hupostasis 成爲 substanitia，sumbekos 成爲 accidens，羅馬思想對於希臘字元並沒有很相應的對應，因爲沒有相同的經歷，西方無根的思想來源於此種翻譯。

〔註 13〕PLT，P27 Heidegger 並未否認「形式——質料」這一概念，它們被運用於許多不同的途徑，而做爲現代藝術理論（特別是美學）的基本範疇圖式，但海氏認爲，「形式——質料」的基礎並不完備，在「形式——質料」背後有一更基礎之本源，「形式——質料」的區分是一種習用性的概念性圖式。

性，使它自身與器具、純然物或是與質料因（四因）區別開來？

藝術作品中的物梵谷：瓶 1885

（二）從器具到藝術作品

藝術作品是一個器具嗎？從器具到藝術作品經歷了何種轉變？為了什麼同樣是物的作品可以是一個作品？而作為器具卻是一個器具？海氏舉出了一幅梵谷的作品：農夫之鞋來代表。

在梵谷的名畫〝農夫之鞋〞中，一雙意想得到的普通鞋子，站立在空無一物的背景當中，我們不知道這雙鞋子被置於何方，或是這雙鞋子是屬於誰的，但附著於其上的泥土，卻暗示著鞋的主人，走過了漫長的泥徑：

「從鞋子破舊的黑色裂口間，顯現著工作者的疲憊痕跡，鞋子的沉重，是冷風中農夫蹣跚地穿過散佈整齊的田梗時，毅力的凝聚，鞋面沾著潮溼厚重的泥土，鞋底滑過夜晚降臨的寂靜小路，鞋中震動著土地的沉默召喚，成熟穀粒的沉靜賜予，以及陰冷荒野下無以名狀的自我：土地的拒絕，無言的焦慮、與欲望相對立無以名之的喜悅，死亡的迫切顫慄滲透了這雙鞋……」〔註 14〕

〔註 14〕PLT，P34.

鞋，作爲器具，其目的是保護人足，鞋子的形式、質料依賴於鞋子的用途（usefulness、serviceablility）來決定，鞋子的目的決定了鞋子的形式和質料，同時鞋子也是農夫的生存工具，經歷著農夫日常生活的點點滴滴；在梵谷所描繪的農鞋底層，卻是農夫長久的勞作與辛勤的耕耘，穀粒的豐實與泥土的沉穩，一個無言寂靜的大地，和一雙由農鞋（大地）所撐開的生活世界。

一雙厚重的鞋、一件藝術作品、一個世界。

梵谷的畫作：鞋

農夫的鞋也具有一種可用性，但這種可用性，顯示了器具本質的豐富，所以我們稱其爲「可信賴的」(reliability、Verlasslichkeit)，而這種海氏所言「可信賴的」，其實就是藝術作品所以異乎器具的基本性格。

從另外一個觀點，這個作品是一個描述，描述了農鞋這個生活器具，也描述了穿著農鞋的農夫生活的世界，這幅作品，不單單只是梵谷的畫作，而是一雙鞋子選擇地、被召喚成爲〝畫作〞而被描繪出來〔註 15〕。

在一篇名爲〈靜物做爲對象——海德格與梵谷〉(〈The Still Life as a Personal Object-A note on Heidegger and Van Gogh〉)，作者 Meyer Schapiro 認爲海氏不當地使用了梵谷這幅名畫，雖然海德格對這幅畫已經十分熟悉，甚至能夠記得清楚它每個細節，但海德格的理解仍與梵谷不同；在梵谷一生中，曾畫過八幅以鞋子爲主題的畫作，但畫作中只有三幅是有缺口的，但這些鞋子均是藝術家本人的鞋子，而非海氏所描寫的〝農夫之鞋〞，其中二幅分別繪於 1886～1887，梵谷旅居巴黎的時期，另一幅則繪於：1888，在 Arles。

Schapiro 曾去信海德格詢問此畫，1965 年的 5（May）月 6 日海氏回信，答說 1930 年 3 月（March）在阿姆斯特丹（Amsterdam）的展覽會上，他曾親眼看見這幅畫作，故而這雙鞋應爲梵谷編號 No.250 的作品，但無論如何，這雙鞋應該是畫家本人的，屬於那個時代都市及城市的人所穿著的鞋子，所以 Schapiro 批評海德格：

「他（指 Heidegger)，哲學家欺騙了他自己，他保留了梵谷畫作的印象，然後讓它與農夫土地相關，這其實不是畫作中的呈示，而是基於海氏對土地與原初熱情的社會瀏覽，他的確是想像了很多事而且也將其投入其中。」〔註 16〕。

從 Schapiro 的觀點，海氏忽視了藝術家（指梵谷）在作品中的呈現，梵谷的作品指出了梵谷這位偉大畫家的偉大心靈，一雙鞋，對於穿著它的人並非是藝術作品，唯有透過梵谷這位偉大畫家之手，方始成就了不朽的藝術傑作。

〔註 15〕「In other words， what is being 〝described〞 here is not an actual pair of farmer's shoe， nor the shoes painted by Van Gogh， but some pair of shoes， that have been 〝evoked〞 by the chosen example and by the painting（s）that are employed to facilitate the 〝description〞」《Heidegger On Art and Art Works》，P128.

〔註 16〕《Heidegger On Art and Art Works》，P129.

但對海德格而言，Schapiro 藝術及哲學美學的立場，均爲不可驗證及不可接受的預設，事實上，Schapiro 也忽略了海氏理論的重要面向，因爲海氏的重點不在報告這雙鞋是誰的，而是器具性，器具做爲作品的存在特性，海德格的〝描述〞和 Schapiro 對海氏的理解其實是不同方向，海氏說：「鞋子站立在一個空無一物的背景」中，海氏並無意〝描述〞這雙鞋子，雖然海氏描繪了許多農夫和這雙鞋子的細部，但他的目的不在報導，此畫的爭論不在鞋子屬於農夫或農婦，而是藉著此畫，將器具的「存有」：即藝術作品中的眞理顯示出來，Schapiro 所站立的觀點，就是海氏在〈藝術作品本源〉中所反對的那種僵化了的〝藝術〞觀點（即從藝術家到藝術作品而至藝術），Schapiro 認爲海氏的解釋源於〝對原初以及大地的熱情〞、〝哲學家大腦中建構的想像〞，但海氏的解釋與其說是一種熱情，毋寧說是一種〝原初的心境〞（primordial moodness、Befindlichkeit），這是一種非理論性的經驗，這種的心境和理解，都來源於存在的感受，這樣的感受來源於存有之眞，也是生命最具體的本眞。

平情而論，對 Schapiro 而言，農鞋的畫作指出梵谷這位偉大藝術家的巨大心靈；但海氏並非如是觀，對海氏而言，農鞋開顯了一個眞理的世界，而這個世界顯現出了人類存在的根本——土地和荒野、喜悅和焦慮、欲望和死亡……透過農鞋，藝術作品道說出了其自身（即農鞋存有）的眞理，至於作者是誰，是畢沙羅、塞尚、梵谷、更高……這幅作品位於藝術史何種階段，應該歸屬古典、印象現代化或後現代？海德格認爲這都不重要，重要的是，透過農鞋，藝術作品道說出了其自身（即農鞋存有）的眞理，這是 Schapiro 和海德格爭論的焦點，也是當代美學家和存在主義者的巨大分歧點。

（三）真理設置於作品

農夫簡簡單單地穿著這雙鞋子，早上穿上、晚上脫下，日復一日、年復一年（套句中國人所常說的話，那就是：百姓日用而不知），他也許模糊地知道這雙鞋子的存在，但卻未能反省或意識及此，是信賴（reliability、verlasslichkeit）使得農夫可以回應著世界與大地的沉默召喚，對他而言，世界與大地僅關連著他的使用，是「reliability」，讓世界對大地自由的作出安全與毅力的保障。

器具來源於某些資料作成爲某種形式的生產過程，當器具損壞時，它的器具性也就跟著消失了，器具來源於有用性，但是在作爲「形式——質料」的器具性背後，有一更根本的根源。

梵谷自畫相

梵谷的畫作，開顯了鞋這雙器具的存有，而非僅描述著一位偉大的作家畫出了美妙的作品，靠近此一作品，在此畫的道說中，我們似乎離開了我們所熟悉的世界，作品中發生了一些什麼？作品又是什麼？對海氏而言，作品

呈顯了這雙鞋子的開顯，將它置入於眞理，故希臘文稱此爲〝無遮蔽〞（non-concealment、aletheia），作品開顯了存在之是其所是及如其所是，眞理在作品之內發生，即：眞理設置入作品〔註 17〕。

作品站立了出來，立於存有之光中，作品的本質是：眞理設置其自身於作品的存有當中（the setting itself into the work of the truth of the beings），但直到目前爲止，藝術仍被宣稱爲美或美觀，而非眞理〔註 18〕，所以我們要將藝術與精神的精緻藝術（fine Art）分開，藝術自身不是美，我們稱藝術爲美，因爲藝術產生了美，眞理保留了這種作爲邏輯與美的美學〔註 19〕。

二、藝術作品與眞理

（一）藝術作品的特性

藝術作品的本源是藝術，另一方面，藝術在作品中運作，對海氏而言，我們必須要問作品中存有運作的方式？藝術作品有其事物性的特徵，解釋一般事物特性的方式不適用於作品，因爲這些概念無法掌握作品的存有（the thing Being of thing）：

> 「作品的事物特性是無可否認的，如果我們承認作品的存在，且視爲作品的本質方式，如此一來，決定作品的眞實道路，將不是從事物到作品，而是從作品到事物。」〔註 20〕

是作品朝向我們嗎？而我們如何能獲取作品的本質呢？

「我們尚未抵達作品，要進入作品，必須將它與其他事物的關係完全移走，讓它完全站立出來，藝術家的特殊，就是朝向著此一方向，作品在藝術家手中獲得純粹的解放〔註 21〕。」

藝術家的傾向作爲藝術作品之目的，亦包含在此方向之中，藝術家釋放了作品，它們能純粹地站立出來成爲它自己，從海德格的觀點，偉大的藝術即屬此類〈偉大的藝術 great art 包涵了詩、建築、梵谷的畫作，這些都可以

〔註 17〕《Heidegger On Art and Art Works》，P134.

〔註 18〕PLT，P36.

〔註 19〕「Truth is always reserved for logic and beauty for aesthetics」《Heidegger On Art and Art Works》，P134.

〔註 20〕PLT，P39.

〔註 21〕PLT，P39.

視之為海氏所定義的藝術領域，但除了這些種類，海氏對其他藝術領域如音樂、雕刻、舞蹈都沒有分析〉，相較於這種偉大的藝術，藝術家就顯得微不足道起來，在藝術生產的過程中，藝術家就像是一條道路，穿越此條道路而產生藝術作品。〔註 22〕

作品高懸於展覽會館或是美術館，但海德格問：它（藝術作品）是其自身？還是一種商品？藝術作品無可避免地會引起人們的欣賞和把玩，於是就出現了許多代辦機構，專司鑑賞和批評，便於藝術品的買賣和研究，成立藝術史的系統、興建博物館，然而，我們眞的與藝術作品相遇了嗎？

希臘的雕刻以及索福克利斯（Sophocles）的戲劇，不是因其之高品質、不是因其給予人的強烈印象、不是因其保存的完整、不是某派某種的詮釋……，而是——作品就是其自身，當我們來到 Paestum 的 Poseidon 神殿，當我們來到龐貝古城之前的方場、這個作品存在過的世界已然崩塌和毀滅，這些作品已不復從前，但當我們與其相遇，它們站立著，就像它們曾經之所是，在一個傳統和保留（convervation）的領域，作品從它們的「已是」中站立了出來，面對我們，雖然藝術商業化了，使得藝術作品淪為客體，但藝術作品的特立獨行及光輝耀目卻很難被掩蓋。

但問題或許是：在何種關係中，作品可以站立出來？從海氏的觀點，作品在開放中呈顯，即眞理設置入作品，因此我們必須要探究作品中的眞理問題。

海德格選擇了一個希臘神廟來闡述他的：「眞理設置入作品」，這就是 Neptune （Poseidon）的巴塞農（Paestum）神殿，Paestum 原為 Poseidonia，建立於位在義大利Lucania的古希臘城，在Salerno東南20英哩及拿坡里Naples南方 30 英哩，在 Sale（Silarus）河口南方數英哩，當 Lucanian 人征服它之際，它就被改名為 Paestum，羅馬人統治時代，它最名的就是那二季盛開的玫瑰，這城市佔地廣闊，包含了三座保存完善的神殿，北方的神殿乃獻祭給 Ceres 之神，她是邱比特（Jupiter）的妹妹，也是農藝（agriculture）之神；另一座建立於西元前 600 年，它是獻給雅典娜的；南方有座 Hera 神殿，獻祭給 Neptune（海神）〔註 23〕。

一間希臘神廟，描繪著無（portyays nothing），神廟簡單地站立在山谷之間，建築圍繞著神的形象，敞開的廊柱使祂從隱蔽中站立於神聖的光環之內，

〔註 22〕《Heidegger On Art and Art Works》，P139.
〔註 23〕《Heidegger On Art and Art Works》，P141.

藉著神廟，上帝呈現，上帝呈現自身在廣袤與無限的神聖光圈之中，神廟及其光圈，它並非消失而進入無限，是神廟此一作品，首度使得以它為中心、圍繞著它周圍的事物，像是生死、災難祈福、勝利恥辱、永久或衰頹，這種種人類生存之片斷，成爲統一，它所轄治的廣袤，開放了做爲人類歷史（如同經典一般）之存有命運。〔註 24〕

早期的希臘文稱此種在自身中的發生爲「自然」(physis)，在此一光亮（自身照亮其自身）的敞域中，人以其（physis）爲基礎而居住其上，我們稱此種基礎爲大地，大地就是那升起和冒出之際，卻退回躲藏起來的力量，當事物在冒生之際，大地就是退回去而躲藏。〔註 25〕

Pastum 神殿

作爲神廟，它站立在那裏，朝向著天空開放，同時也躲藏著，讓大地成爲大地——作爲其本然之基礎(native ground)，當神殿做爲作品站立於岩石之上，

〔註 24〕PLT，P41.
〔註 25〕PLT，P42.

首度給予事物可供人瀏覽之形貌，這種注視是一個開放，使得作品成爲作品；神並未逃離，神的形象在神殿中被設立，這並非僅只是使會死之人發現神的形貌，而毋寧是說，它讓神前來呈現並居住於此，索福克利斯的悲劇，描述了一些舊神與新神之間的戰爭，這些作品來源自希臘，但卻轉化爲人們的神話，這個悲劇存留至今，仍然在爲著這個戰爭是神聖或人寰、是偉大還是渺小、是勇敢還是怯懦、是高貴還是瑣碎、是主抑是奴，爭執不休，就像赫拉克利圖斯的斷簡 B53：「戰爭是萬事萬物之父、之主，在神際與人間，或爲奴、或爲自由。」

傾圮的 Pastum 神殿

（二）藝術作品支撐了一個世界（境界）

當作品收集而放置在展覽會場，我們總是說那是〝設立〞（set up），但那種設立，本質也與建築、雕像、節日慶典中演出的悲劇不同，此種設置在某種意義上而言是「奉獻」與「祈福」，奉獻意味著奉爲神聖，「設立」，即是將作品設置爲神的神聖敞域、神聖地顯現，祈福屬於此種奉獻，且將榮耀與光輝歸屬於神，卓越與光輝並非在神旁或神之後二種屬性，而是某種顯著更甚於卓越，而使神顯現。〔註 26〕

海德格舉出希臘神殿之例，是爲了顯示出藝術作品能使大地及世界顯現，但如果海氏所選擇的例子是一個地圖或是靜物那又會如何？海氏的回答可能會是：對藝術品的討論必須限制在〝偉大藝術〞（great art）之列，在偉大的藝術中，藝術作品分析到了最後，總是呈現整個世界給人，而這個世界直接地與人們實際存在的生命相關，在古典的希臘、在中世紀乃至文藝復興和印象主義，這世界包涵了教堂與神，如果我們將藝術限制在〝偉大藝術〞此一層面，則不可能以靜物或地圖爲例，世界包含了神所逸去的蹤跡，而這種蹤跡也顯示了神之缺如。

Great Art

拾穗：一首恬靜的牧歌，是米勒對大自然純樸之禮讚，在天、地、人、神的四重四方之內，自然詮釋存有。

〔註 26〕 PLT，P43.

（三）設置與打開一個世界〔註 27〕

藝術作品的存有包含了一些什麼？爲了要解釋「世界——大地」的特性，我們必先思考藝術作品做爲展覽物，當我們說藝術作品被收集而展示出來，我們稱此爲〝設置〞(set up)，它的德文 aufstellen，意指舉起(erect)、裝置(install)、做成（make)、陳列（expose)、樹立（establish)、舉出（bring forward）……，它也可以意指放置某物在某一位置，這個字有二種不同的使用方式，一爲〝存在的〞（ontic)，意指作品的展覽，另一爲〝存有論的〞（ontological)，意即打開（一個世界)，設置可指畫作在博物館的展覽，同時也可以是教堂的建立、雕像的豎立、交響曲或戲劇的表現，但畫作的展示的確不同於建築的構造，或是節日中戲劇的演出，後者的設立意謂著〝敞開〞(erect、errichten)，而〝敞開〞在某種意義底下隱含著〝奉獻〞（dedication）與祈福（prase)，對海氏而言，設置並不單純地意指放置，而是奉獻——淨化成聖。

設置意味著敞開而入於神聖之域，神被召喚，進入此一開放中，顯現並居住於其間，潔淨之祈福意味著將此榮耀敬獻給神，進入於神的光輝之中。

敞開（er-rect、er-richten）意著提供一指導之權衡，在存有（Being）之中指出一個正確的方向，是存有，設置了一個世界，作品的存有開放了一個世界，讓其（藝術）居住和保存其中。

世界世界化了（The world worlds)，使得可感覺與可觸摸的存有成爲實在，使我們相信我們是在家的，世界從未曾是一個站立在我們對面可視的客體，世界在這條以我們（Dasein）爲主體的生死、祝福與詛咒的道路上，引領我們走向存有（Being)，世界相關於存有，石頭沒有世界，植物、動物也沒有世界，它們僅屬於我們的周遭環境（circustance)，人擁有世界是因其居住於存有的敞域之中，藝術作品打開了一個世界並保留了這樣的一種空間，即：世界之開放性。

從 Joseph.J.Kockelmas 的觀點，海德格在〈藝術作品本源〉中所處理的世

〔註 27〕「世界」對海氏而言，並非僅爲一種物理的空間意涵，而是存在於世：在世之內，周遭世界（worldhood）的世界存有論結構，作爲世界的現象，即是存有；在海氏的使用中，世界(worldliness)即是〝人的世界〞(man of the world)，在他的定義下，此一做爲人的世界有 weltmassigkeit（world character）種種的區別，相應於此，乃爲吾人對世界現象所做之區分，世界即是做爲「人手」所能處理、捕捉（present-at-hand）的在世存有，而此做爲人手的能處理、捕捉之世界觀，即意謂著可被範疇概念化把捉之世界，最具體地言之，此種可被把握的世界即是自然（Thing of Nature)，世界「實體化」了，這也是傳統一向看待世界的方式。

界概念，與他早期在《根據的本質》（The Essence of Reason、Von Wesen des Grundes）所抱持的世界態度並無不同，早期世界就是被人們給出與描繪的所有現象意義之總合，這種〝存有論式的整理〞〔註28〕在〈藝術作品的本源〉中也同樣看得見，但海氏又在這裏增加了「世界管轄了萬物」的概念，則爲前期之所無〔註29〕。

底下我們將會更詳細地闡明海德格在〈藝術作品本源〉中的世界概念，在此滋不贅述了。

藝術作品的世界
塞尚——靜物

〔註28〕Dasein 在其存在週遭遭逢著存在物（entities）與自然事物，而此存在物建構了一個「科學之眞」的世界，但此一數理之眞的世界並未抵達〝世界之現象〞，對世界的描繪並非僅止於存在於世亦非僅是「存有論底解釋」（Interpretation of Being），世界並非僅是一個外在的客觀世界，亦非僅是 Dasein 主觀所建構的世界，而是合主客、內外——圍繞於 Dasein 週遭的生活世界（the worldhood of the world as such）：
「周遭世界是一存有論之範疇，同時亦爲一種建構一個存在於世的結構」
「周遭世界是一存在（Thus worldhood itself is an existentiale），海氏從存在性上來分析世界，這是一個活生生而具體豐富的生活世界。
根據世界此一詞語來作分析，可有以下四層意義：
1.世界是一存在之範疇，及作爲存在於世之整體，呈現爲一可爲人手所掌握的「在世存有」之結構。
2.世界的功能在其存有論之意涵，它指出存有其自身豐富之多樣性。
3.世界是 Dasein 所遭逢的世界，即作爲 Dasein 存於斯、長於斯的生活世界。
4.世界是遭逢世界之存有論之存在範疇。

〔註29〕《Heidegger On Art and Art work》，P148.

（四）世界與大地之統一

作品具備了某些材料（例如：石頭、木、顏色、聲調、語言……），設立（setting forth）之際，我們說它是被製造、生產，海氏使用 herstellen 來指製造某事物，這字意謂著放置在這裏或那裏：設置（to set up）、生產（produce）、製造（make）、影響（effect），作品需要設置（setting up、Aufstellen），即淨化和祈福的打開，所以 herstellen（setting-forth）也是作品之存有特性，作品顯示出了此種製造（making、setting-forth）。

在作品之內的存在，我們能說它是質料嗎？在器具的使用性（useful）與伺服性（serviceablility）中，器具的質料消失了，當刀能砍得動時無人會想到刀柄，質料就在器具的器具性中消失了，當作品打開一個世界：質料在此，就像石頭的重量、色彩的明暗、聲調以及命名。

作品，就其呈現而言，就是一種「之前——設立」（setting-forth），就是一種製作。

當作品意欲設立自身之際，它退了回來，大地升起，大地就是這種「回到——之前」（come-forth）與躲藏（shelters），大地（作品）的本身移入世界的開放中，並且停駐於此，作品讓大地成爲大地，大地的本質是一種自我隔絕（self-secluding），大地的設置意謂著將其（作品）帶入敞開的自我隔絕。

晚期海德格，使用「天、地、人、神」這「四重四方」（Fourthfold）來描述世界，這時他較爲關心事物與世界之關連，視之爲世界的內在結構，大地不再與世界鬥爭，而是世界的四個領域之一；在晚期的「四重四方」中，大地對反於天空（heaven），而發現其內在於「天空——大地」永恆而持續的戰爭，早在〈藝術作品本源〉中，海氏用此來解釋「自然」（physis）的概念。

海德格跟隨著賀德林與厄克哈特（Minster Eckhart）以降德國神秘主義的傳承，用「世界——大地」，來作爲「天、地、人、神」四重四方的結構，大地的特徵就是：大地做爲人的居所，有著花的盛放和累累的結實，散佈著岩石和水，無數的動、植物棲居，在其之上是與之永恆戰鬥的天空，他用「世界——大地」來取代「形式——質料」。

「世界——大地」的競妍（鬥爭）是一種「自然」（physis），而「自然」來源於希臘思想，意指著存有的發生（emergent）、居住（abiding）與顯現（presence），physis 接近於 aletheia（眞理）、logos（理則）、dike（正義）。

大地昇起了世界，而世界則根植於大地，藝術作品發生於存有之眞，作爲「開顯——隱蔽」的原初鬥爭〔註30〕。

〝支撐一個世界〞與〝設立大地〞（setting-up of a world and the setting-forth of the earth）作爲二種本質特性，統一在藝術作品的存有之中，世界作爲開顯和無遮蔽，而大地則作爲躲藏及遮蔽，世界與大地本質相異但從未曾分離：

「世界作爲自我敞開，開放爲一條簡單的大道，本質地爲歷史人的命運所決定，大地則是自發地〝來到——之前〞且爲自我隔絕的躲藏和隱蔽，世界和大地，不異於對方，但卻無法分開。」〔註31〕

世界與大地的鬥爭並非是不和諧與毀滅，鬥爭是比眞理更爲屬己（authenticity）的本質，作品的存有就包含於「世界——大地」的競妍（鬥爭）之中。

畫家筆下的世界初始：米開朗基羅「亞當的誕生」

〔註30〕除了「世界——大地」的鬥爭之外，海氏在晚期也開放了第三種的鬥爭：天空（heaven）與世界（earth）。

〔註31〕PLT，P48.

（五）真理在藝術作品中的發生

眞理意謂著眞理的本質，希臘的原文是 aletheia，即存在的無遮蔽，但到了今天，眞理已成爲一種事實之符應與一致性的知識；事物、人、禮物、祭祀、動物、植物、器具、作品可以是無蔽的存在，這是一種特殊的方式：站立於存有的光中，攀越過存有命運的面紗，成爲神（god）與神氣（godlead）之間的命定（ordained）〔註 32〕。

眞理的本質作爲無隱蔽，穿越過此種否定（否定並非意指排斥錯誤而是否定此種符應與一致性的知識，另一方面即是指眞理否定、遮蔽其自身），但當眞理完成其自身之際，它就不再是其自身了，因爲這種否定：這種雙重遮蔽的形態，眞理，就其本質的「隱蔽——開顯」，它就是非眞。

大地不僅爲單純地遮蔽，更甚地說，它就是這種遮蔽，世界與大地總是處在一種競妍（鬥爭）的狀態，大地必須穿過世界，世界亦根植於大地，眞理亦在此種「開顯——隱蔽」的原初鬥爭之間發生。

作品點燃了光（光在此是一種比喻，眾所週知，海氏通常都是以它來比喻眞理〔註 33〕）：這種作品中的光照就是美，美即是眞理在無隱蔽中的發生（Beauty is one way in which truth occurs as unconcealedness）。

創作指向了作品之思，作品的本質在此指向了眞理的發生。

藝術作品中的眞理：米勒「晚禱」

〔註 32〕PLT，P52～53.

〔註 33〕「Light of this kind joins its shining to and into the work」PLT，P56.

（六）對於真理與藝術作品的反思

由以上的說明，吾人可以瞭解，眞理是藝術所開顯的生活或存有世界：「在藝術作品中，眞理自行設置（truth set itself to work），藝術即是「置入（setting）作品」，這裡所言的「自行設置」、「置入」（set up）即是開顯（cover up），同時也是解蔽（revealing）。

然而如此一來，吾人或許會問：我們如何知道何者是好的藝術？壞的藝術？如此分判藝術作品的等級階層、高下優劣？

海氏不談藝術作品的實用性價值，美感經驗與審美判斷，相對於藝術作品本源，這些都爲「第二序」（secondary）或「派生」（derive）的。

海氏以「存有之眞」、「眞理撐起了一個世界」來理解藝術，但窺諸於當代許多藝術：如達達主義、超寫實主義、後現代……其所標舉的是反藝術的藝術、無表現的表現……其所欲呈現的是一個分崩離析的世界、沒有結構的結構，荒謬是其特徵、虛無是其內涵，那麼以海氏定義下的藝術理論，是否能適用此類的作品呢？又窺諸一些想像力豐富的作品，例如李賀筆下所描寫的荒誕如夢魘般的鬼魅世界，後現代作品如馬奎斯小說中的時空並置以及多重敘述，其所創造的根本是一個反世界的世界，那麼，海氏的藝術理論又如何解釋這些藝術作品呢？

或許我們可以這樣回答：海氏的藝術理論會不會、要不要承認此類的藝術作品是藝術作品？或就算它們是藝術作品，它們會是或眞是足以彰顯眞理嗎？

也如同我們前述所述的，海氏對藝術的討論侷限在「great Art」的範圍領域之內，「great Art」乃與人實在的生命相關（不知道他是不是也認爲達達或後現代作品也算是 Great Art），但能理解的是：就像眞理本身會開顯其自身一般，眞理本身也會隱蔽其自身，因此，在藝術作品之內令人感覺愉悅的和諧、光明、秩序、純淨……我們均可認爲是眞理的彰顯處，而另一方面，藝術作品所展現出的渾沌、荒謬、悖理、虛無……吾人也可視之爲眞理的隱蔽，而作品越是開放其自身，則作品越能彰顯了存有之眞，則作品的美感也就越強烈：

「作品越是本質地開放其自身，就越能明亮這個作爲惟一性的事實……作品越是本質地衝入一開放領域，則作品越是孤立而新異……」〔註 34〕

〔註 34〕PLT，P191.

「作品越有固定的形象，則越是能純淨地站立出來，切斷與人存有的關連……就在作品衝入此開放領域之際並切斷與存有者之關連，作品也賦予自身一極致的外在形貌……」〔註35〕

對於作品的等級，和某些作品所呈現的非合理性角度，我們均可以視爲眞理不同之開放程度，而由於眞理的掩蔽其自身，故而才有種種的「錯誤」（error）及「迷惑」（bewilder）產生。這就是誤解之所以可能和鑑賞所以產生偏差的緣故。

達利的畫作所呈現出的夢魅世界　達利——內戰的預感

三、眞理與藝術

（一）藝術的生產與作品的開放（Openness）

海氏在〈藝作作品的本源〉最開始的部份曾說：「藝術是作品和藝術家的本源」，本源在此被瞭解爲本質之源，而什麼是藝術呢？我們曾藉審查作品，

〔註35〕PLT，P191.

而發現在作品之內運作的本質，作品的眞實存有做爲眞理的顯現，被作品所決定，這種〝眞理的呈顯〞，我們曾用「世界——大地」的競妍（鬥爭）方式去瞭解。

作品顯示了眞理，但作品的內容又是什麼？作品的事物性最先出現，雖然我們謹愼地探問，但我們仍無法發現那在作品運作（work）、興立（effected）、製作（make）背後，那實際存在的「作品存有」（Work-Being）。

從海德格的觀點，作品能在其生產的過程中被掌握（grasped），這使我們承認，我們必須從藝術家的活動，以抵達藝術作品之本源，換言之，藝術作品不單單只能由藝術作品的存有來決定，所以我們必先稍微離開藝術而去檢視藝術家的生產。

海德格相信藝術生產就是一種「帶往——前來」（bring-forth），但有許多不同的藝能（crafts）其實並不生產作品，從手工的製作與工廠製作的對比即可看出，我們必須要問，那種做爲藝術作品特性的「帶往——前來」如何與工匠生產區別開來？藝術的生產與器具生產有時很難區隔，就像雕刻家與陶匠、木匠與畫家之間的區別一樣，偉大的藝術家其技藝往往也越加精湛，他們不斷地從以往的技術中再作更新，希臘人稱某人精熟於某藝，稱之爲 techne（這字同時適用藝術與技術），technites 也可同時用來指稱藝術家與技藝家。

希臘的 techne 一方面可指藝術家的生產，另一方面亦可指工匠的生產，techne 並非意指藝術或是技術，也非今日所稱的科技（technical），techne 並非意味著某種實踐方面的成就，而毋寧說是某種知識，「知」意謂著去看見，且是最廣義的看見，即把握存在的顯現，希臘的思想視知包涵在 aletheia 之中：即存在之開顯，techne 在希臘的方式底下，是從遮蔽「帶往——前來」而入於「無隱蔽」（non-concealment），Techne 從未意指製作這種行爲。〔註 36〕

希臘將藝術家稱爲 technites，不僅因其技巧嫻熟，而是他將作品做爲「帶來——之前」（bring-to-the-fore、Her-vor-bringen），「帶往——前來」（setting-forth、Herstellen），意指作品入於它所欲呈顯的形式之中，這種作品的發生被稱爲「自然」（physis），希臘稱藝術、技術爲 techne，這意味著工匠與藝術是二種不同方式，但其本質上是相通的。Techne 在希臘文中相關於 tikto，動詞（tikto）的意思就是「帶來——之前」（to bring forth），techne

〔註 36〕PLT，P59.

的本義是使某物如其所是地顯現（to let something appear as what it is, as it self），從希臘早期到柏拉圖、亞理斯多德，techne 被帶往 episteme（知）去作發展，使得它的意義大爲增加，techne 之意就成了〝對於某物十分在行〞（being entirely at home in something）、〝完美地瞭解某事〞（understanding something perfectly）、〝精熟於此〞（being an expert in），它包含著一種開放、開顯，而非製造、製作，techne 就是「帶往——前來」。

藝術作爲作品，不單是〝被製造〞出來，而應是將作品的「存有」（Being）「帶來——之前」，使得它（存有）發生、居留、顯現（presence、phusis）在此一存有之光中；藝術家所以被稱之爲 technites 並非做爲製作者而被稱呼，而是他（藝術家）將藝術性與裝備之裝備性，做爲藝術作品的特性，而呈現於藝術作品的光中。

接著海氏要去探討藝術生產的本質過程，雖然工藝的生產相似於藝術的生產，但這兩種生產都必須被作品的存有所決定，所以海德格現在的工作，就是要去界定藝術作品的「存有」。

如同前述，眞理顯現在作品之中，如果我們要定義藝術的生產是眞理在作品之中的發生與顯現，則眞理是如何顯現而產生藝術作品？

開放的開放性就是眞理，它的內容就是：做爲一種開放，在敞開中，設立其自身〔註 37〕。

在附記（Addendum）的部份，海德格說：很難對這種〝建立〞（establishing）、〝自我建立〞（self-establishing）的眞理決做出解釋，在〈關於科技問題〉一文中，〝建立〞意謂著〝完成〞（to complete）和〝組織〞，〝設立〞在此意謂著眞理〝衝入〞（impulse）作品之中，眞理就在此〝衝入〞之中顯現了出來；當我們將作品視之爲眞理，則它不是一種文化成就、不是一種精神顯現，而是作爲一種眞理開顯的道路：〔註 38〕

> 「眞理設置入作品，作品開放後而讓眞理設置其間……相反地，科學並非是存有之眞，而是被開顯之後才發生的眞理……本質的開顯，就是哲學。」〔註 39〕

〔註 37〕「The openness of this Open，that is truth can be what it is namely this openness only it and as long as it establishes itself with its Open」，PLT，P61.

〔註 38〕「Thus the clearing of the openness and the establishment in the open belong together.」《Heidegger On Art And Work》，P173.

〔註 39〕PLT，P173.

（二）真理在作品中的設置

眞理如何設置於作品之中？作品的創作是一種「帶往——前來」（bring-forth），眞理顯現於作品當中，但作品的生產包含了一些什麼呢？這必須從二方面來做討論：

1. 無遮蔽的顯現：在作品的〝橫撐豎架〞（Gestalt）中被固定。

2. 藝術的生產是一種投射，站立出來而成爲作品。

在眞理〝設置〞（establish）這個動詞中，海德格使用〝sich richten〞來取代〝sich einrichten〞，故而有一種〝某物被送出〞（sich in etwas schicken fugen）及〝認領〞（sich zurechtfinden）之意，眞理在「世界——大地」之對立、光亮與遮蔽的鬥爭中產生，當世界開放其自身，人類的歷史決定了關於勝敗、祝福與詛咒、主或奴的存有命運，這沉沒的世界顯示了尚待決定的缺如與權衡，同時也將那躲藏著的權衡與決斷開顯出來：

> 「在鬥爭中，世界與大地獲致其同一性，世界敞開，臣服於人作爲成毀、祝福和詛咒、主或奴的歷史命運，這世界已然黃昏，猶豫和失度帶出了黃昏中漸沒的世界，開顯著那隱藏的權衡並當機而力斷。」〔註40〕

當世界敞開之際，大地也同時昇起，大地顯示出它負荷並承載了萬事萬物：在它的法則中，拯救並躲藏，這是一種持續的阻隔（secluding）力量，世界需要大地的審愼和權衡，在其之道路中釋放出所有的存在，另一方面，大地承載且領受著：使得事物保存在其隱蔽之中，圍繞著它的律則。

世界和大地的競妍（鬥爭）不是一個裂縫（fissure、Riss），而毋寧說是一種親暱，使得對立的雙方彼此相屬；裂縫，做爲它們在基礎上的根基，裂縫已然敞開、如同一個草稿（outline、Auf-riss），描繪出了存有敞域的輪廓（features），使得相互的對立進入於統一的綱要（Umriss）中。這裡的 Riss 可視爲一神秘的記號或特殊用字：「Der Riss is incised or inscribed as a rune or letter」，海氏使用 Riss 不同的變化型態，來解釋開敞（open）與世界和大地的關係：Abriss（草圖）、Aufriss（圖樣、梗概）、Umriss（輪廓、綱要）、Grundriss（大綱），裂縫，做爲其「返回自身」即是大地，裂縫即是在開放敞域中的先行設置，在躲藏與隔絕中升起而開放其自身；「世界——大地」的競妍（鬥爭）進入於裂縫中，歸返於

〔註40〕PLT，P63.

大地，成爲被固定而被決的：〝橫撐豎架〞（Gestalt），藝術生產即意味著：眞理在一個靜止的方式下被固定於〝橫撐豎架〞〔註 41〕，作品的創造意味著：眞理在形相之中的安置（「truth’s being fixed in place the figure」〔註 42〕）

〝橫撐豎架〞意味著〝設置〞（setting）與〝形塑〞（framing、Ge-stell），使得作品顯現，被「帶往——前來」（sets itself forth）且「之前——設立」（set itself up），Gestalt 並非某種形式，Gestalt 的結構是一種設置的過程，即大地的 bring-forth 及世界的 bring-up，固定（fixed）意指〝被描繪〞（outlined）、〝帶入描繪〞（brought into the outline）、〝界限〞（admitted into the boundary），在希臘文的使用中，界限不是某種區塊，而是先行設立，進入於光輝之中。

〝橫撐豎架〞（Ge-stell、framework）可定義如下：「將〝帶來之前〞的集合在一起」（「the gathering of the bringing-forth」），在此方式下，Ge-stell 可用 morphe、形象（figure）、Gestalt 來理解：

「在此所稱的形相（figure）、橫撐的豎架，被思考爲一種特別的放置（particular placing Stellen），即作品的骨架，當其設置或前置之際，作品發生。」〔註 43〕

在〈關於科技問題〉〈The Question Concering Techonology〉一文中，Gestalt 也是現代科技的本質，〈關於科技問題〉一文中的 Gestalt 異乎〈藝術作品本源〉中的 Gestalt，但前後時期的 Gestalt 都相關於存有之命運（destiny of Being），做爲藝術及現代科技的本源——存有的命運（destiny of Being）不是任何哲學的趨勢，毋寧是一條將會思考的人帶往思想的道路。

藝術的生產是作品不可或缺的要素，所以海氏的分析到此爲止，必須朝著藝術的生產者：即作者這個方向前進（雖然他在此方面的敘述十分的簡略）；創作者扮演著一個（眞理）保留者（preservers）的角色，但海氏的理論並未如經驗主義一般，對於創作的歷程、作者的心理觀點進行解析，但也不像康德，以超驗分析的基礎，來做心理學式地反省，天才說未被注意，品味判斷亦然，海氏不像席勒，視藝術的動力來源於某種〝精力的過剩〞（surplus energy）的遊戲，海氏的藝術理論，受到尼采與黑格爾較多的影響。

海德格並不認爲藝術是一種情緒的表現或天才的創作，藝術不是一種視覺（vision）或直覺（intuition），而是眞理設置於作品，如同我們所知的，

〔註 41〕《Heidegger On Art And Work》，P175.

〔註 42〕PLT，P64.

〔註 43〕PLT，P64.

Gestalt 並非形式主義者所說的形式（器具的生產乃質料符合形式），而可被使用，對比於其他物品的生產，藝術的生產製造表現爲：作品的存有投射入於作品，藝術的生產，必須切斷種種附屬於作品的價值，作品做爲作品，才是作品的眞實，當作品越是敞開其自身，作品的惟一性，越使得作品能明亮地站立出來：

> 「作品的創作並非意謂著藝術家的靈感之作，藝術作品實爲非常之作。創作意謂著靈光乍現之際的瞬間敞開，作品衝出去而成爲作品。藝術作品越是有固定的形象，則越是能純淨地站立出來，切斷與人或存在者的關連，就在作品衝入此一開放領域並切斷與存在者的關連，作品也賦予其自身一極致的外在形貌。」〔註44〕

作品的被製作，顯示出了作品之中的某種運作過程（作品的眞實性），作品的被造顯示出了作品的存有固定於「世界——大地」的鬥爭中，作爲橫撐的豎架：作品的存有敞開，投射出去而站立了出來。

「這世界已然黃昏，猶豫和失度帶出了黃昏中漸沒的世界。」——海德格

〔註44〕PLT，P66.

（三）藝術作品與藝術家：藝術作品做為保留

當藝術作品做爲被保留，站立出來成爲一個作品，當它越是切斷一切與人的關連，則它的惟一性，越是能明亮地閃耀著；作品的創造意指作品的存在衝入於存有之眞開放的領域中，作品越是開放它自身的存在，它越是能帶人遠離一般日常的生活；作品轉換了我們那習以爲常世界和大地的關連性，從日常的平常中獲得更新，這種使作品成爲作品的方式，海氏稱之爲作品的〝作品在眞理中的駐居〞（preservation of Being）。

在此海氏使用名詞〝die Bewahrung〞（保存），它的動詞 bewahren，不是形容詞 wahr 眞理的意義，Bewahren 與 wahren 同屬於名詞 die wahre（意指注意、關心、留意、保護），現在已經很少使用了，die wahre 的動詞 wahrnehmen（接受），動詞〝bewahren〞意指〝去關心〞、〝置於某人的保護之下〞，〝die Bewahrung〞意指〝保存〞（preservation），另一方面，它的形容詞 wahr（ture）與名詞 wahrheit（眞理）相關於拉丁字 Verns（與恩惠、親切、友善同一字根），保留一個作品即是保護，讓眞理（無隱蔽）進入於作品而發生（come-to-presence、Be-wahrung），作品越是能開放其自身，便越能帶領我們遠離日常一般的生活，遠離〝墮落〞（fallen）與〝非本眞〞（inauthentic）的狀態，藝術具備了一種重要的方式：它指出了 Dasein 往向眞實自我的過程。〔註 45〕

藝術作品如何做爲被保留？藝術作品不可能沒有創作，同樣地，藝術作品也不可能沒有保留它的人（指作者），就因它不能缺少製作它的人（但我們不擬討論藝術家和他的經驗），同樣地，藝術作品做爲存在者，也不能沒有保留者（當然，我們的目地也不是討論鑑賞及其經驗），如果作者沒有找到意欲保存它的人、如果作者沒有能遇上能夠回應作品存有之眞的人，則作品需要被保留；做爲作品，它始終必須與〝保留者〞（preserver）發生關連，但在某種特殊的時間點上，它必須等待它的保留者，訴請懇求著「他」，將其帶入於存有之光中，雖然有些作品已沈沒或遺忘，但它並非是一個無，而毋寧說，它仍被保存〔註 46〕。

作留作品，就其嚴格意義來說，就是站立在作品敞開的顯現之中，這樣的站立隱涵著某種知的形式，但這種〝知〞並非表象的累積亦非資料的堆積，這種〝知〞（knowledge）是一種意志（willing），這種〝知〞和〝意〞，海氏在

〔註 45〕《Heidegger On Art and Art Work》，P181

〔註 46〕PLT，P67.

B&T 中稱其爲「關懷」（concern）與「決斷」（resoluteness），保留作品即是使他在做爲關懷與決斷開顯的敞域中站立出來，〝知〞就是一種及手的照料，〝意〞則爲主體（Subject）之決斷，使人開顯而向於存有之眞，主體（Subject）的目的在成就其自身的這種自我表現的活動，因此，〝意志〞（willing）意味著揭露和開顯這超越的自我決斷，入於作品，〝知〞即是眞理設置入作品的一種站立。

海德格和妻子

（四）保留（preservation）與藝術作品的經驗

雖然海氏對藝術作品的反省已近尾聲，但我們幾乎沒有聽海氏提起過關於藝術的經驗，而這樣的經驗是〝保留者〞的經驗，雖然海氏也曾觸及這方面的課題，但他卻把這樣的議題束之高閣，雖然他指出了知（關懷 concern）與意（決斷 resoluteness），藝術的表現並非惟一、私已的經驗，但很難以否認：藝術是透過藝術家的體驗而創造作品，或是人們是透過經驗與作品相遇，經驗在美學系統的探究中可視爲方法論的對象，海氏也並不否認這種種對作品研究的合法性，而是反對藝術淪爲藝術史的學問探究。

美感經驗的心理主義很難對海氏產生影響，他們的理論來源於一個次生（derivative）的性質，他們的系統發展建立於一「主——客」（matter-form）的反對之中：即藝術作品的完整性是如何從某種形式到某種材料的這種種過程，這種的理論發展成爲二種不同的主題，第一種主題乃是藝術家原初的創作經驗，做爲題材而形成一種形式；另一主題則爲某人被作品感動而喚起了內在某種相關經驗即鑑賞及品味判斷，這兩種主題對海氏而言，都是建立在有問題的假設（assumptins）之上。

〝保留者〞的知識（knowledge）同時也是一種意願（willing），它並不剝奪作品的獨立性，而且也並不把它降爲一種經驗的刺激品，保留作品並不是將人還原爲原初的經驗，而是使得眞理入於作品之中。

做爲〝保留〞本質的知與意（concern and resoluteness、關懷決斷）與藝術的鑑賞無關，這種知與意乃站立於世界——大地鬥爭的岩縫中，而且命定地入於此一岩縫〔註47〕。

保留作品的方式不外乎讓作品決定其存有，但這可以發生在不同程度的〝知與意〞中，在不同的範域，而有不同程度的恒久性與透明度，作品陳列於美術館中，在熟悉地、鑑賞的範圍中，小心翼翼地保存它，這是藝術的商業價值，並不能保証它們是眞實地被保留，與我們所說的〝保留者〞無關，藝術的展現乃爲眞理在藝術作品中的保留。

（五）作品中物的特性

在本節中，海氏又回到之前所討論過的問題：什麼是作品的特性？器具和物雖然總是出現在人們的日常生活中，但這樣的器具性需要再做進一步的

〔註47〕《Heidegger On Art and Art Work》，P183.

反省，否則人們將對藝術作品的存有論基本一無所知。

如果用古早傳統的方式來掌握作品的物性特徵，則我們對作品的眞理仍是盲目的，決定事物的事物性不是考量事物的屬性是否完備、也不是它們的感覺與料是否能夠統一、或是用「形式——質料」（matter-form）的方式來看待它，這些方式均是從器具中派生出來的方式，作爲物性有意義的詮釋，就是將物性歸屬於大地。

雖然無法用作品的物性特徵來定義作品的作品性，但物的特性卻提供出了一條向於作品存有的道路，早先決定事物特性的方式，是將存在視爲一整體，但這種理解對藝術作品本質或器具本質是不完整的，這種的方式，對眞理的呈現是完全盲目的。

三種傳統對物的解釋均不完整，故我們需將事物的物性特徵歸於大地，Albrecht Durer 將眞理的藝術（truth art）置於其本質之中，繪畫的設計乃是畫筆繪畫於畫板之上，因此，駐居（wresting）就是將存裂縫（fissure）抽出（draws out）而描繪，就像我們之前提過的，藝術躲藏在其本質中，而惟有通過作品，藝術方始呈現，因爲藝術本然的定居，只能居在藝術作品之中。

然而，藝術只能定居在藝術作品中的；除了藝術作品之外，它是否還會定居在其他存有者身上，譬如：藝術家或藝術技巧？器具？純然物？

我們必先排除純然物、器具或者其他存有物，因爲藝術如果也存在於它們當中，那我們就得把它們歸入「藝術作品」的行列了，既然我們不稱它們爲藝術作品，表示它們也不會包括了藝術在其中，自然我們也不用再考慮藝術是否會定居在它們當中，然而，藝術是否會定居藝術家或藝術技巧之中呢？

藝術當然也內在於藝術家當中，但「藝術居於藝術家」嗎？一個藝術家之所以被稱爲藝術家，在於他創作了藝術作品，使得藝術定居在藝術作品中，且透過作品而定居在他身上，但如果他不再創作作品了，或許他可以做爲一個人而「定居」在大地上，但這定居不不是以他做爲藝術家的身分來定居；做爲藝術家，他不再創作藝術作品，藝術就不會「定居」在他身上。

藝術技巧是藝術家賴以表現藝術作品的知識和技能，我們可以說藝術作品通過藝術技巧才產生出來。但同樣地，藝術技巧也只有藝術作品完成時，才會顯示出來。用文字描述在書本上的藝術技巧不是眞正的技巧，只是技巧的記載，只是人通過它而得以學習技巧的東西，所以技巧依賴於藝術作品，當藝術作品完成時，藝術定居於藝術作品中，從而也定居於作品顯示的技巧中，技巧附著於作品而分享了藝術的定居，沒有藝術作品，也就沒有藝術的定居，抽離藝術作品而成爲獨立抽象的藝術技巧自身時，藝術固然仍內在於其中，但這技巧自身召喚不了什麼，所以藝術也不會定居在藝術技巧自身中。

結論是：「藝術只定居在藝術作品」中。

道路與權衡／柵欄與言說／在一條孤獨的思路上毫不猶豫的承擔／問題與缺乏／在你孤獨的思路上　　　——海德格

藝術的本質使得我們瞭解到：藝術的根基首度置於一個堅實的基礎上，藝術作品的存有使得藝術作品眞實地運作，而在此一過程中，它不斷地豐富了起來，藝術的保留需要藝術的製造，同時也需要藝術家，藝術即是藝術作品之本源，是藝術，使得作品本質地歸屬於藝術家或保留者，本源，在藝術家的方式和他的本質中。

藝術是什麼？而在何種意義底下，我們說它是本源的？

四、藝術的特質

（一）藝術的最高呈現是詩

在海氏〈藝術作品的本源〉反省之結尾部份，又回到了本文最原初的起始點：藝術作品的本源就是藝術其自身，藝術乃是藝術家與保留者（preserver）的本源，是藝術，使得它以其自身的方式發生並顯現，〝其理設置入作品〞(setting of the truth into the work、das Ine-Werk-setzen der Wahrheit)，眞理的呈顯是作品運作的方式（關於此，海氏的定義十分模糊，而海氏正是意欲著此種模糊），另一方面是〝眞理的設置已使得作品成爲 Gestalt〞，藝術的製造（produced）是在無隱蔽之前的「先行來到」(bring-forth)，它發生於「保留」(preservation)，藝術即是在作品之中眞理的保留，這就是藝術在眞理中的顯現。

藝術設置眞理於作品之內，故而〝眞理在作品中的設置〞亦包含了〝藝術家的藝術創作以及保留者（preserver）在藝術中的保留〞，即藝術的被製造以及眞理在作品中的保留，藝術即是眞理在作品中的發生、顯現；海氏在此還提出了一個新的觀點：眞理做爲存在全體之開顯，眞理的發生同時也是一種〝詩化〞(poetized)，〝所有的藝術其本質均爲詩〞〔註 48〕：

> 「眞理，做爲是其所是地開顯和隱藏，發生於存在之揭露，就像詩人揭露了一首詩，藝術，做爲讓眞理的發生與臨在，其本質爲詩」〔註 49〕

眞理的本質，做爲藝術作品與藝術家之源，就是設置其自身於作品，並使得詩發生、顯現，藝術居住於作品，藝術在此開放性中敞開，而使得事物顯現其非凡的意義，投射（Entwurf、design）入無隱蔽中，而成爲作品，這種無（unbeings）給出（give)、保留（preserve）並保護（portect）著存有（Being）做爲發生的尺度，換言之，作品的存有並不包含在某種效用（effect）中，而無寧是一種無隱蔽的存有作品之中的發生。

詩並非是一種無目的之漫游或隨意的奇想，它同時也不是一種非眞實純粹虛構的幻覺(fancying)，詩，是一種明亮和清澈的投射，即是做爲裂縫 Gestalt 在開放中的投射，「開放」是一種照亮與鳴響（ring out），當人用此種方式來瞭解藝術，瞭解藝術相關於存有之眞，當然也就能夠瞭解做爲想像力本源的

〔註 48〕《Heidegger On Art and Art Work》，P187.
〔註 49〕PLT，P72.

詩與詩化〔註50〕：

「詩，並非是一種無目的之奇想，讓概念任意飛翔到非眞實的幻想之域，詩，在投射中被點亮，設計投出成爲一種意義，揭露無遮蔽性，詩發生於此種敞開之中。」〔註51〕

海氏的詩之理論可分成三點：

1. 詩是所有藝術形式之本質，但並不意味所有的藝術形式均可化約爲詩。
2. 詩是所有藝術形式之本質，此一事實乃建立於語言本質之上；即眞理的興發及無遮蔽。
3. 詩包含了語言與藝術作品之顯現〔註52〕

從此一觀點，我們可以看出海氏與黑格爾藝術範疇之間的相關，詩鄰近於語言，且在藝術上佔據優越的地位，而此種觀點，正是康德反對的。當然，有些人這樣認爲：藝術的本質既然是詩，所有的藝術，包括了建築或音樂，是否在某種程度上可化約爲詩——或更狹窄的意義的詩：詩興（poesy），但海德格認爲，不是所有的藝術形式都可化約成爲詩興，眞理或是詩興不是要使藝術的形式都成爲多餘，詩興僅爲一種眞理投射的模式，〝詩興〞即是一種詩化，海氏隨即附加，較狹義的意義來說，詩是一種文學作品，故而，詩在各種藝術的領域中佔據著重要地位：

「如果藝術其本質爲詩，那麼建築、雕刻、音樂、藝術等必須回到詩意中來，且意味著各種不同的藝術是語言的藝術，但詩意僅是一種眞理投射的光明樣態」〔註53〕

詩關連著海氏晚期的語言觀點，藝術和語言密切相關，即是存有之無遮蔽和語言之間的關連，但在討論之前，我們必須要將語言做爲溝通與表達的工具性意義拿走：

「語言其原初非是對著觀眾，或做爲溝通的書寫工具，語言，使得存有作爲字詞而呈顯，名稱指出了命名來源於它們的存在，言說是一種光的投射，宣稱存有進入其如其所是之敞域。」〔註54〕

如果沒有語言，也就沒有存有的開放，在事物的首度命名（naming）當

〔註50〕《Heidegger On Art and Art Work》，P187.
〔註51〕PLT，P72.
〔註52〕《Heidegger On Art and Art Work》，P188.
〔註53〕PLT，P73.
〔註54〕PLT，P73.

中，語言給予出〝字詞〞（word），使它們顯現，成爲其所是，語言命名著事物的指稱並召喚其入於存有之中，說（saying）就是一種在光亮之中的投射，在存有的敞域中宣說（announced），投射（projection）即意味著投出而入於無遮蔽，同時也是從遮蔽（veil）的混淆（confusion）中抽離（withdraw），語言即是詩，而詩也是一種語言〔註 55〕。

「賀德林回到了他母親家中，發了瘋……極度的光芒把詩人逐進了黑暗之中……但，詩又是最無邪的工作。」德國詩人賀德林

〔註 55〕「Projective saying is inherently poetizing and poetizing is inherently projective saying」、「Projective saying is poetry」PLT，P74.

詩之言說即是說出世界與大地的顯現，詩在距離神最鄰近（nearness）與最遙遠（remoteness）的地方，詩道說出了存有的無遮蔽，語言說：人的世界歷史與做爲保留之大地，〝說〞預備了其爲可說（sayable），同時也將〝不可說〞（unsayable）顯現，〝說〞隸屬於世界歷史，且爲歷史人之成就。

詩是一種思想，藝術的存在形式敞開來說即是本質的詩，思想是語言（詩）親近和封閉之統一，而此一範疇越過了一切現存的藝術。

語言即是詩，語言發生於人做爲開顯的存在，詩，就其原初的意義是「詩興」（Poesy），語言是詩。〔註 56〕

（二）詩的顯現

海氏在此顯示出了詩的本源特性，詩作爲眞理（無遮蔽）的賜予（granting）和基礎（founding），但如果要全面理解他所說的詩之本源特性，其實就必須透過他晚期對詩與思所做的反省。

藝術在詩中定居、顯現，換言之，詩的本質即是無遮蔽眞理的原初設立（institution、das Stiften），詩以一種本源的方式在眞理中居留和顯現，〝設立〞即是〝基礎〞（grounding、grund）與〝贈予〞（bestowing、schenken），當眞理在作品中設置，作品衝入一極致（extraordinary）之域，顯現並使得一切煥然一新，眞理的基礎就是這樣的溢出、天賜、贈予、禮物：

> 「藝術作爲眞理的自行置入作品，那就是詩，藝術的本然是詩，詩的本質，反過來說，就是眞理的基礎，這裏的基礎三重含義：做爲贈予（bestowing）的基礎，做爲根據（grounding）的基礎和做爲開始的基礎。」〔註 57〕

眞理做爲詩之投射而設立其自身，並不是一種空無的空洞，眞理，投出於人，穿越過歷史而被保留，這種穿越或投射均非任意的要求，這種詩之投射開顯了人做爲已然被拋（thrown）的歷史。

對於歷史的人，這就是他的大地，在自我遮蔽的基礎上，集合了所有曾經

〔註 56〕語言保留與保護著詩的本質，這就是「詩興」（Poesy），所有的建築和型態藝術（plastic works of art），均是此言說和命名敞域中的開放，此種開放滲透並指導著藝術的生產活動，但這並非是說所有的藝術形式均是〝眞理設置於其間的〞，藝術在眞理中的設置就是詩，那不僅僅是詩意的製造，而且也是藝術作品中詩意的保留，當我們從習以爲常的日常生活進入於作品的開顯，猛然發現到眞實的藝術，邀請著並驅使作品站立了出來——從存在的眞理中顯現出來。

〔註 57〕PLT，P75.

的已是，人做爲萬事萬物這種〝被拋擲〞——即是〝贈予〞的基礎，從封閉中拔起，藝術的生產就像在泉湧中擢一瓢之水，但這並不是像當代藝術主體主義（modern subjectivism in art）所宣稱的：藝術是天才之作，眞理的基礎建立於此種自由的〝贈予〞之上，作爲一種詩之投射，它並非源於無，而是源於 Dasein 的歷史命運：

> 「藝術是眞理置入於作品：藝術是歷史的，歷史是做爲眞理之創作保存於作品之中，藝術在詩的領域中發生，詩立足於贈予（bestowing）、基礎（grounding）、開始（beginning）之上，藝術奠基而保存，使得眞理躍出，而成爲作品。藝術作品的本源——作爲創造者及保存者的始源，即是人類歷史之經驗，這就是藝術，藝術其本質就是始源，在一種特殊的方式下，眞理進入於存有之中，而成爲歷史」〔註 58〕

〝贈予〞和〝基礎〞是〝開始〞的非中介特徵，而這種〝開始〞的非中介性隱涵著時間的開端：所有的開始中有結束、所有的結束中有結束，〝開始〞亦包涵了這種開顯的豐富極致與日常性的鬥爭，藝術的詩化建立起了眞理鬥爭的第三重意義，存在的整體，建立於開放上，而達到了藝術其歷史本然根基，在西方，做爲這種顯現的基礎是希臘。

存有，在藝術作品內部設立起了可能依循的根基，存有的整體被轉換爲上帝的創造的事物，這是中世紀的思想，而現代，存有更成爲可被數算及操控的客體，但眞實（本然）的藝術〝入於存有的歷史中，而賦予歷史一嶄新的意義〞〔註 59〕。

緊接著〝設立〞三種意義的探討之後，海德格回到了藝術作品的歷史特性中，去顯示作品的時間與眞理，做爲存在的無遮蔽、做爲始源的〝之前〞（leaps forth）與〝一躍〞（leaps up）：藝術指向歷史，歷史就是藝術的生產（artistic production）以及作品在眞理中的保存，藝術呈顯爲詩，它的根本就是：贈予、基礎與開始，這並非意味著作品有一種外在於它的歷史，藝術的意義並不僅只是把存在事物的發生集合在一起而稱之爲歷史，這種不斷發生的改變以及消逝，顯示了歷史圖像（historiography）不同的側面：〝藝術是歷史，其本質的意義即是建構著歷史〞〔註 60〕。

〔註 58〕PLT，P77.

〔註 59〕《Heidegger On Art and Art Work》，P192.

〔註 60〕「Art is historical in the essential sense that it grounds history」《Heidegger On Art

藝術使得眞理入於存在，藝術做爲基礎和保留使得存在之眞躍入作品，藉著此一躍入，使得作品「來到——之前」，事實上，德文的「根源」（original）就是原初的跳躍（primal leap、Ur-Sprung），亦指本源。

藝術是作品的本源，同樣地，亦爲藝術家與保留者之本源，藝術也是人存歷史之根源、眞理發生的道路。海氏並非用抽象、一般性的概念來掌握不同的種類的藝術形式（像建築與詩），他使用〝適當〞（events of appropriation）或〝道〞（Ereignis）來稱呼歷史事件，它對人顯示出不同的存有差異，海氏描寫著〝適當〞與語言在事件中的遊戲，晚期的《Aus Der Erfahrung Des Denkens》，他用幾首詩顯示出了這種語言之離異：藝術是存有論的基本範疇（a basic ontological concept），藝術的歷史性並非指歷史有一種內在的時間，而是 B&T 中所說的時間（temporalness）與時間性（temporality），時間是存有之眞的發生，在〈藝術作品之本源〉中，藝術被描述爲存有之眞理來到與居留。

雖然海氏對傳統美學是採取了一種批判的態度，但他也無法自外於〝藝術哲學〞的傳統，在〈補記〉與〈結語〉中他曾說：此種反省是關於藝術這個謎，但此一反省卻無法解答這個謎，藝術被視爲〝存有〞（Being）的問題，但藝術是什麼（whatness），卻沒有答案，此種方向，並不意味著海氏並不討論藝術的內涵，在短短的〈藝術作品本源〉之中實難對藝術做全面性的瞭解、把握，海氏所採取的步驟，無疑只是一個安全、穩當的第一步。

雖然海氏的「根源性」是「存有論底本質根源」，在此一理路的引導之下，吾人所見的均爲藝術「如何是」藝術作品的根源，但它是什麼？是不是？怎樣如其所是？又怎樣非如其所是？海氏就不再加以討論了；而對於很引起爭議的「作者——作品」的關係，海氏只用了〝眞理的保留者〞就算清楚解釋了，海氏也許不需要別人及讀者的贊同、接受，因爲「存有」自然會臨在，而「眞理」亦將開顯，也因此，並非人朝向思想，而是思想會朝向著人，但吾人要反問一句，既然思想會朝向著人，何以古往今來，卻只有海氏一人寫出「藝術作品的根源」？架構出「基本存有論美學觀」？藝術作品不管會不會撐起一個眞理世界（會不會？或許有一天可能會），我們是否需要一套較爲普遍化的解釋觀點，藉由一種可能地「詮釋——理解」，去逼近那可能永遠解答不了，但卻是越來越清晰，越來越靠近的美學之謎底呢？

---

and Art Work》，P192.

讓我們再回到道家的美學觀點，也就是老子所言的「美之爲美」或「道之爲美」，很顯然的，道家的美雖然也是一種根源的本然或大道，但道家的美學是有其具體內涵的「道——氣——象」，道家卻可以談美感經驗：「滌除玄覽」、「澄懷味象」，乃至藝術創作的「外師造化，中法心源」，關於道家美學有進於海氏存有論美學之處，我們將在本論文第六章再做處理，在此就茲不贅述了。

（三）思與詩

海氏強調語言與存有之間有一種密切的關連，這種的觀點可從其著作《形上學導論》《An Introduction To Metaphysics》中窺其端倪，而在本文中所提到的詩與思，乃是他漫長詩之思路（1935～1957）中的一個片段。

出版於 1953（但寫於 1935）的《形上學導論》，他將存有、語言與眞理關連在一起，而這樣的關連也是詩與思的關連，思想家與詩人均關懷著存有之眞〔註 61〕。

海氏語言的本源是：存有（Being）轉換成爲字詞（word），存有（Being）就是 logos：存有抽離自身顯現而爲存在者，這樣的否定性（negativity）同樣地也顯示在語言中，眞即是非眞，人的言說就是這樣的否定性，言說遮蔽了存有但也開顯了它，這解釋了人爲何總是陷入於非眞的言說，那些能夠抵達語言眞實本質的大師，就是詩人也是思想家。

如果語言呈顯爲存有之開顯，存有進入於言說（logos），人在原初的言說中涵詠了存有之眞，此種原初的語言就是原初的詩。

語言即是存有的發生，即是詩，語言就是詩的原初形式，人們吟咏（poetizes、dichtet）著存有，對海氏而言，思想家所思——詩的語言，開顯了做爲眞實底存在。

〝存有〞關連著偉大的詩人，就像關連於偉大的思想家，哲學鄰近於存在更勝於科學，因此在《Aus Der Erfahrung Des Denkens》中，他說：「吟唱與思想源於詩而且比鄰而居。」(「Singen und Denken sind die nachbarlichen stamme des Dichtens」)

西方最早的思想——先蘇時期，他們的思是〝非科學式〞，他們的思想是眞實的詩，像安納西曼德（Anaximander）、巴曼尼德斯（Parmenides）、赫拉克利圖斯（Heraclitus），海氏說，先蘇時期這種做爲詩的思之統一形式，最早

〔註 61〕《Heidegger On Art and Art Work》，P194.

出現於希臘悲劇中。

《形上學導論》的結論是：詩與思的相鄰、接近，但如何區分二者？海氏在此並沒有明確區分的線索。

在〈藝術作品本源〉中，海氏定義詩是一種眞理原初的設立（institution、Stiften），而〝設立〞如我們之前所提過的，有三種意義：贈送（bestowing、Schenken）、基礎（grounding、Gruden）、開始（beginning、Anfangen），他又附帶說：設立即作品眞實地保存在〝保留〞（preservation）中，詩包含著人類的歷史，人的歷史在詩的基礎中不斷更新。

1936 年《賀德林論詩的本質》(Holderlin and the Essence of Poetry)，詩被稱之爲言詞(words)中的設立，詩中的存在以眞實的方式敞開，命名著神(gods)與事物的本質，詩所運作的領域就是語言，詩的本質透過語言的本質而被瞭解，設立就是「存有」——萬物的本質，詩作爲言說首次將存有帶入開放，而吾人日常可供討論的語言，詩使得語言成爲可能，詩是做爲歷史人原初的語言（「Poetry is the primal language of historical people」〔註 62〕；詩連結著神的符號法則與人的聲音，詩人介於神（gods）與人之間，做爲〝中間〞而逐次決定著：什麼人以及在何處，人可選擇自己的生命，這〝中間〞的領域即是神聖，先有詩和藝術的連接，然後才能派生出於其他形式的藝術。

從海氏的觀點，賀德林是一個最純粹的本質詩人，賀德林的詩，就像思想家所說的思想之途，1937 年在（尼采）的課程中，海氏闡明了所有的哲學思想其本質均爲詩，詩人的作品就像是思想家的思想，而非哲學。

1935～1939 年間，海氏陸續發表了關於他對賀德林詩「當在一個節日的慶典」(「As When On a Festal Day」)、「歸鄉」、(「Homecoming」) 以及「回憶」（「Re-Collection」）等詩作地詮釋，更解明了詩的本質及詩人的任務。

詩是思想的屬性——〝詩人宣稱神聖，詩人思考存有〞〔註 63〕，詩是存有做爲神聖的歷程，詩人是將存有訊息道說出來的人，詩人在語言中回應並整理出（存有）的訊息。

神聖，指出了存有〝贈予〞的根基——命運（destiny）的送出，在神聖的開顯與遮蔽中，顯示其自身爲神秘（Mystry），詩人回應著存有就是「回憶」（Andenken、re-collection），神聖是最原初的詩，而且將詩人帶入其語言之中，

〔註 62〕《Heidegger On Art and Art Work》，P195.
〔註 63〕「the thinker thinks Being」《Heidegger On Art and Art Work》，P196.

這種的詩沒有一種語言可以刻劃，而且超過任何一種詩的形式，詩人就是大地之子——在地球詩意地棲居，當神聖顯示給詩人，而後者也回應了此種顯示，人的歷史原初地發生於此，詩人建造著人的歷史。

1943 年的〈何謂形上學〉（What is Metaphysic？）海氏在第四版結語的部份解釋了〝純粹思想〞（essential thinking、das wesentliche Denken），詩與思在存有區分的深淵中分離——「思想家宣稱存有，而詩人榮耀神聖」（「For the thinker says Being，whereas the poet names the holy」），詩人與思想家：〝緊鄰棲居在山谷最遠的二邊〞（「who dwell near to one another on mountains farthest apart」），海德格對賀德林詩的思考中得到了詩的特徵：語言、思想以及眞理。〔註 64〕

1946 年的〝亞納西曼德之說〞（〝The Saying of Anaximander〞），海氏從亞納西曼德斷簡思想的研究，進一步地發現本源思想中原初的詩意，存有就是 Physis、aletheia、logos，亞納西曼德的斷簡思想就是詩——對存有的回應與傾聽，道說出了存有之眞的描述（詩）〔註 65〕，藝術家越是思考深沈，越是具備了詩意，詩與思使得思想家和詩人的對話成爲可能。

1947 年（人文主義書簡），海德格寫道：

> 「思想將其自身關連至存有、來自於存有且朝向於存有，這包涵了思想之存有是向於語言的此一事實，語言即是存有之屋。」〔註 66〕

人駐居於語言之屋，存有即是語言之屋，語言關連著詩與思。

海氏從哲學的基礎性來思考：思考的方式就是詩，雖然它仍隱蔽於存有之中，詩人宣說其名爲神聖，思想家掌握存有的方式既是正面亦是負面：神聖，做爲存有之眞的顯現（因爲眞理既是眞亦是非眞）。

1950～1959 六本著作，我們可以明確地掌握海氏所說的語言本質，這六本書中，三本相關於語言，另外都是對詩與思之探討，存有是思想和語言之間的原初關連，在原初的〝說〞（Saying）中顯示予人，人必須嘗試傾聽並眞實地回應，人的語言，就是對於存有發生的回應與歡呼〔註 67〕。

〔註 64〕《Heidegger On Art and Art Work》，P197.

〔註 65〕《Heidegger On Art and Art Work》，P197.

〔註 66〕「Thinking brings this relation to Being solely as something handed over to it from Being Such offering consists in the fact that thinking Being comes to language. Language is the house of Being……In its home man dwells」BWP193.

〔註 67〕《Heidegger On Art and Art Work》，P199.

原初的語言就是人對於〝說〞地歡呼，歡呼出世界與事物、存有與存在，原初的語言以適當的方式稱說事物，對事物場所的最終分析就是世界，去到一個語言在歡呼中命名事物的世界，邀請著關連於人地事物，事物收集起圍繞著它們的種種事物而成爲世界，言說稱說著事物而使它們成爲其所是，事物之是其所是，僅當事物如其所是地承擔起了一個世界。

言說歡呼著事物，同時也宣稱了一個世界，把事物交托給世界，同時也在世界的光輝中保存著事物，世界賜予事物其洽當的存在型態，世界承載著事物，事物與世界是互倚的、彼此滲透，它們越過中點而成爲統一，世界與事物並非在中點內攪和成爲一，這種〝親密〞中仍是有區別的，事物與世界、存在與存有之差異，使它們劈開成爲二者（是〝存有論之差異〞（ontological difference）使原初的統一成爲差異）

這種發生於存有論差異中的分裂，語言做爲存有之說就是 logos，海德格稱其爲語言，語言發生於世界與事物的分裂，分裂產生於人對於存有（Being）的需求，存在的本質向 logos 敞開而成爲分裂（scission），存在敞開至 logos（原初的言說）中，建構著人語言的發生（emerging），人眞實地使用語言，當人是自由之際。

詩與思的關連，在寫於 1957 年的〈語言本質〉中有一種清晰地反省，詩與思緊鄰，但它們仍是說言的兩種不同形式，詩地漫遊顯現在說的吟唱之中，〝思〞之反省就是〝說〞地回憶。

詩與思是有所分歧的，它們的相鄰，被它們〝言說〞中的差異所掩蓋，而它們的歧異也顯示出了它們眞實地相遇，詩與思的相鄰，就像笨拙的步伐走在多雲的歧路上，雖然它們有時是相同的道路。

詩與思彼此相離，雖然它們也許平行而相逢於〝無限〞（in infinity），它們仍然緊鄰，〝相鄰〞（near）與〝道〞（Ereignis）途中的發生，指出了詩與思適合地〝居留〞、〝顯現〞。

詩的相鄰與思想的相鄰是存有之說（saying of Being）的本源，思想被思爲存在於〝原初之說〞的顯現以及居留，語言以存有賜予人，詩與思的相鄰是偶然的，這種相鄰指向了人與「存有」（Being）的鄰近，人相鄰於做爲語言之存有，也就是 logos。

晚期的海德格，語言和思想是重要的課題，〝存有〞（Being）被思爲 logos 以及語言，存有的思考之途隱涵著詩與思的連繫，關於此一論點，在中期（1930

年左右）他將存有整理爲原初的言說（aboriginal saying）。

詩人與思想家對於語言有著特殊的關懷，詩人與思想家承擔了將生命歸入於其所屬之偉大的責任，他們的關懷是相同的，雖然，他們所採用的方式並非同一，但它們以其自身的方式，提供了對存有〝無聲之聲〞地眞實回應，詩人，從〝已是〞（having-been）的光輝中站立了起來，而立於現在，思想家從已說中關懷著那〝不可說〞的，而成其之所是，思想家和詩人，在他們的詩意與思想中，以詩和思想回應了他們所聽到的存有，他們的回應，穿越過原初的言說——存有刻劃著原初的詩，使得願意聆聽之人得以傾聽，詩與思這種緊張的關係，根植於存有與世界之同一。詩與思是存有之詩與存有之思，雖然它們是發生於在那裏的存有者——Dasein，而使得人們注視和傾聽著存有沈默底道說〔註 68〕——傾聽大道底道說。

（四）海德格的理論與當代藝術

在〈藝術作品本源〉的結尾部份，海德格說：此一反省相關於藝術作品之本源，且亦相關於當代藝術，我們追問著藝術的本質，追問著藝術的發生與居留，但現在我們的問題是：爲何我們爲何要著此種道路作探究？很明顯地，我們是沿著一條特殊地道路，我們的目的是要問藝術的眞實本源，而這樣的本源，即是在今日歷史的存有之眞：

> 「我們如此發問著藝術的本質，乃是追問著藝術是否作爲歷史經驗的始源？」〔註 69〕

這種的探究並無法使藝術作品產生，雖然這樣地探究是不可避免的，即使是在我們的時代，對於藝術之降臨，所做的一種準備，準備著藝術所需的空間（space）、研究藝術家創作的方式、保存它們、放置它們於適當的地方，只要在此種方式下，我們方能獲得相關於藝術作品的知識，而這樣的知識是緩慢日增的，但決定它的是著當代的藝術的眞實本源，而非爲一種每個人所熟知的文化現象。

海氏受到了黑格爾、尼采的影響，黑格爾宣稱：眞理是最高的方式，在眞理的完成之前，藝術必須往向於最高精神，就此一觀點，藝術對我們而言是某種的過去式，海氏並不完全贊同黑格爾的說法，他不斷地致力於闡明藝

〔註 68〕《Heidegger On Art and Art Work》，P202.

〔註 69〕PLT，P78.

術在今日所佔據的眞實地位；1960 年他所作的〈附記〉中，海德格說，這個時代已爲科學與科技所宰制，我們所居住的是一個荒蕪地廢墟時代，某些理論家認爲海氏用一種太負面的觀點來解釋當代藝術，但這種的論點是有些歧義的，因爲海氏認藝術對於克服現代形上學的橫撐豎架（Gestell）有一種重要而積極的功能。

海氏有時是使用一種積極（positive）的方式去討論當代藝術的功能，但在其他場合，他總是抱持著一種負面和陰沈的調子，但這種態度其實是源於當代藝術在現今曖昧與不確定的立場，當代是一個存有危機的時代，表現在藝術上，往往是淪喪本源（眞理的遮蔽亦爲一種開顯），遊戲（Play、Der Spiegel），就是藝術所佔據的位置，在科技時代，沒有任何哲學、任何科學、人類的努力可以幫助我們——〝惟有神可以拯救我們〞〔註 70〕。

1967 年的 4 月，海德格系統地以闡明從雅典娜而來的希臘哲學：〈藝術作品之本源〉，他指出了古希臘時代雅典娜所豎立起的西方藝術和科學的始源，這個觀點在歷史中已然消失，它提供了我們一種可以經歷存有（命運）的觀點，所以它雖然在時間上成爲過去，但在存有論基礎上，它仍然顯現現在，這個世界等待著我們，使得我們的思想朝向著它，並開顯它，它的本源來源於存有命運之贈予。

讓我們嚐試去反省藝術的本源——希臘，從希臘的雅典娜：這個作爲科學與藝術的女神，我們學習到了什麼？希臘世界如何影響了當代藝術？是什麼決定了我們對〝藝術本源〞之反思？

雅典娜是宙斯的女兒，荷馬稱她爲 polumetis，意即在多方面可供諮商的人，在奧林比克的宙斯神廟中，她被描繪成製作陶具和器具的女神，即是技藝（technites）之神，techne 是指一種知識，可與哲學家、科學家、藝術家以及手工藝家相遇的知識。

雅典娜同時也是 glaukopis，具有著貓頭鷹般的夜光眼，所以她也被稱爲 skeptomene，可以看得很仔細、很遙遠，這也就是〝自然〞（physis），在〝自然〞（physis）中，「發生」作爲一種〝居留〞（abides），對赫拉克利圖斯而言，Physis 是〝善於躲藏〞、是〝神秘〞（mysterious），所有的藝術源於〝自然〞（physis），但這並不是說藝術是模仿自然。

〔註 70〕「Only a god can still save us」QC，P47 的註 17 部份。
另外請參《The Man And the Thinker》Ibid，P45～P68，The Spiegel Interview 1966.

希臘人相信〝技藝〞（techne）與〝自然〞（physis）是同一回事，它們都包含了存有之眞的顯現與存有論區分，雖然，希臘人並非很明確地思及於此，關連著 Dasein，藝術是「存有」做為神聖（Being as the holy），在古典的希臘，詩人與思想家碰觸到了此一神秘之域，赫拉克利圖斯說：他們（指思想家和詩人）置事物於光閃（lighting flash、tade panta oiakizei keraunos）之中，對於阿奇里斯（Aeschylus）而言，惟有雅典娜能夠擁有開啓火光駐居的房屋之鑰〔註 71〕。

今日，神祉均已逸去，三千年後的今日，我們無法站立在和希臘藝術相同的地位，今日的藝術該如何回應古典的希臘呢？現代的藝術在其形上已不再有界限，它們已爲科學與科技所轄制。

現代的藝術是在科學與科技世界下宰制的藝術，今日藝術所置身的場域，是一科學與科技的世界，那麼，什麼又是〝科學地世界〞（scientific world），用尼采的觀點：19 世紀並非科學勝利，而是科學的方法戰勝了科學，對海氏而言，尼采的判斷到了今天仍然是正確的，這裏的方法並不僅只是爲原則或規則所決定的方法程序，而是指涵蓋了相關領域的理論化（thematization）與投出（projection）的整個過程，在此一方式下，事物必先被觀測、歸納、限制在某個詞項之內，屬於相關之範疇，或有適當的〝眞〞，這種科學理論化的事實，是可被量度與可被經驗，這種的觀點也可被應用於社會，在商業社會中，科學與現代科技已被視之爲主體主義的最高形式，不過，這也指出了現代人所在的眞實位置，同時也是對藝術反省地準備：更深沈地去思考藝術的本源及思想的命定。

在這個商業化的社會中，藝術作品仍然是一個眞實的藝術作品嗎？藝術作品是否意味著將社會的資訊（information）帶給世界，同時也將世界的資訊帶給社會，而這種的世界是一個科學與科技的世界，這種的社會，是一個商業化的社會，藝術不也是商業文化中的一環嗎？同樣地，人的自身不也包括在科學與科技的世界中嗎？人存的方式，決定了存在的運命，將自身的存有（Being）遮蔽了起來，這解釋了人爲何宰制了這個世界同時也淪爲科學以及科技的工具，人站立於現代世界的文明中，是否可以克服此種「橫撐豎架」？

海氏倡言「回轉」（reverse），即是回到雅典娜女神所指出的本源，但並非使意指消極地回到希臘世界，或將思想限制於對希臘思想對之回憶，「回

〔註 71〕《Heidegger On Art and Art Work》Ibid，P205.

轉」意謂著從現代底文明世界後退一步，去思想西洋文化傳統中所未曾思及的，雖然它曾被稱說以及提及，但並不明確且尚未理論化——這作爲眞理顯現的〝自然〞（physis）與〝技藝〞（techne）。

眞理顯現於〝自由〞（free）和〝開放〞（open）之中，〝光〞照亮了此一〝開放〞，〝黑暗〞需要此種〝開放〞，沒有〝開放〞，就不可能有事物空間的位置——給予場所、安放秩序，沒有這種開放，時間也不可能時間化，開放使得時空彼此相屬，釋放它們而成爲自由，這種敞開，希臘稱其爲 aletheia（無遮蔽），光（神秘）指出了此種的無隱及開顯（revealment），無隱同時也就是隱蔽，隱藏的目的是爲了顯示自身，存有的遮蔽及命運的贈予，指出了這未被思及的無蔽，爲何隱藏保存在遮蔽中，被轄制了如此之久？這是否意味著「神秘」就是這種尚未被思想到的〝無蔽〞（non-concealment）？這同時也指出了藝術的本源之域——神聖，藝術對於其自身的遮蔽不永遠是沈默的，人可在一適當的方式下趨近於此種「無蔽」〔註 72〕。

當代的人仍能發現他棲居於世的場所——建築（dwelling）之地——被無隱而遮蔽的聲音所決定，對海氏而言，我們仍無知於此，我們所能知道的是：aletheia，—更爲古老（older）、更爲原初（primordial）、更爲始源（original）地存在：

「雪花在窗外輕輕拂揚
晚禱的鐘聲悠悠鳴響
屋子已準備完好
餐桌上爲眾人擺下了盛筵
只有少量的漫遊者
從幽暗路徑走向大門
金光閃爍的恩惠之樹
吮吸著大地中的寒露
漫遊著靜靜地跨進
痛苦石化了門檻
在澄清光華的映照中
是桌上的麵包和美酒。」〔註 73〕

〔註 72〕Heidegger On Art and Art Work，P208.
〔註 73〕《走向語言之途》，海德格著、孫周興譯，時報出版社，P23。

《藝術作品本源》的德文本封面

第六章　《老子》與海德格美學思想之比較

一、眞與美

（一）真即是美的合法性

從人類的智慧具備知識以來，我們就針對知識的內容及方法，成立了各種不同地學問系統，“眞”成爲一種客觀普遍的知識範疇，最簡單的例子像是：“這是眞的”，放在各種語句而有各種不同的對應關係，產生了不同的效用：符應論、融貫論、實在論，無一不是要人相信”這是眞的“或”那是眞的”（相反的“這是假的”或“那是假的”）。

美，做爲一客觀普遍的事實或價值，同樣地，當我們說“這是美的”或“那是美的”我們也要求聽話的對方，都能同意或欣賞，如果對方不瞭解我們所說，我們就會對我們所定義或感受的美再作解釋，例如：「它很優美」、「很好聽」、「好看」、「感覺舒服」……等等，基本上，美是一種感覺的知識，多多少少相關於倫理之評價，例如：和諧、完善、均衡、自然、協調……人類具備感性功能，故而人類追逐著美，各種不同的美地範疇於焉產生，像：「可愛」、「精緻」、「典雅」、「清麗」、「漂亮」、「秀美」……至乃「滑稽」、「壯美」、「偉大」、「崇高」，對於美，我們似乎早已習以爲常，甚至不再探討它的本質或定義。

當我們感覺一種純粹的自在、美感時，我們常會不由自主地脫口而出：「眞美」，而關於此一語詞，也必然包含了以下二種不同地判斷：

1. 這是美的。

2. 這種美的感覺是眞正的或說眞實的。

綜合以上二種判斷，我們可以得出第三種判斷，即是說這語句的人相信（或承認）他所感覺到的美是眞的，如果他認爲他所感覺到的美不是眞的，則此語句是無意義的，而如果他覺得這種感覺是眞，但並不必然美（或只是稍微有點美），則此語句是一個僞命題，當我們做出「眞美」這一判斷時，我們必然相信或承認，此一眞實的感覺已包涵了美這一要項，反之，「眞美」所以能夠成立，乃因人體驗到的眞正的美，故而在「眞美」的感覺中，必然有二個必然的要素：

一、爲感覺的眞實。

二、爲價值判斷的眞正

只有在第一項符應了第二項，或在第一、二項是相互包融的狀況下，我們才能脫口而出：「眞美！」，我們習以爲常地以爲「眞」關涉於認識，而「美」則屬於感覺或倫理，而將眞與美區分成爲二種不同的事實功能，又有什麼使我們非要以爲（或相信）我們所做的區分是必要且合理的？設若我們從最純粹的直覺現象做爲出發點，當我們做出眞關涉於知識、而美則屬於感覺和倫理的區分之際，在此一區分之前必然會有一根源，所以我們現在的工作就是溯源到此一區分的根據，找到這種無差別的根源（亦即知識必須溯源至存有論的根據）。

不管我們在指涉眞或美，其實我們都是在指涉一個概念系統，而使得此種概念系統得以成立的根據，才是眞與美的眞正本質，而這樣的本質則無所謂系統或是概念，可以說是一種前於系統的概念或是一種非概念，在此無所謂區分、無所謂眞與美。〔註1〕

誠如本論第五章第一節，海德格所說的：

> 「藝術來源於藝術作品，另一方面，藝術作品分受了藝術的本質。但什麼是藝術？藝術在藝術作品之內。」

是什麼使得藝術作品爲眞（即作品呈現出眞理）？而這樣的眞理即是美？眞理對海氏而言並非是一種知識論的眞實，眞理是一種無遮蔽，眞理是光，

〔註1〕請參本論：P40：「宇宙的大有之域，是藝術最完美的極緻，在此，道與美合一，道底無存自適即是美的自然與空靈，在宇宙的極高天和人生地究極理想處，美和道是並存的，在宇宙人生和藝術地始源，我們都能發現此種和諧，自在與完滿，道體現了生命的本質，更達到了藝術的純粹，萬有及生命就是道這位大所地傑作，美展現了道……」

而這樣的光，當它照亮之際，它也成就了一切的「可視」（visible），對於此一眞理之光，海德格是如此論述的：

「作品站立了出來，立於存有之光中，作品的本質是眞理設置其自身於作品的存有當中（the setting itself into the work of the truth of the beings），但直到目前爲止，藝術仍被宣稱爲美或美觀，而非眞理，所以我們要將藝術與精緻藝術分開，藝術自身不是美，我們稱藝術爲美，因爲藝術產生了美，眞理保留了這種作爲邏輯與美的美學。」

海氏從存有論的觀點上說明眞理保留了美（眞即是美），而老子則從萬有的「道」上証成了這種「大美」：

「《老子》一書奠定於其生命哲學、宇宙的宏觀之點，老子哲學是一即眞即善即美的價值體系，故而老子哲學蘊涵著深厚的美學意蘊，藝術型態地生命，實存在老子哲學最後歸趨之所，故而研究老子哲學不能不闡發其自然與無爲地美學觀念。」

（二）從萬有的基礎上論真美同一本源

當我們在欣賞一幅圖畫、聆聽一首偉大的交響樂章之際，相信很多人不能不在心凝形釋、思潮澎湃當下，油然地讚歎：「眞美」，美似乎是無從定義的，它飄忽而來、倏忽而逝，我們不曾刻意尋找，靈感地繆思便已悄悄來到，但有時卻是「木落山盡千涯枯」之後，驀然回首——卻見伊，立在燈火闌珊之處，那眞是山窮山盡、柳暗花明了。

從生命具體存在的事實做爲出發，美和眞同樣都是人類存在地終極關懷，誠如禪宗有名的話頭：「老僧三十年前，見山是山見水是水，三十年後，見山不不是山、見水不是水，而今則又見山是山見水是水。」無論禪師的見山是山或見山不是山，我們都領悟到：那山山水水、人生境界與生活體悟的眞和美，聖經上有言：

「太初有道，道與　神同在，道就是神
這道太初與　神同在
萬物是藉著祂造的；凡被造的，沒有一樣不是藉著祂造的
生命在祂裡頭，這生命就是人的光。」（約翰福音一章一節）

這是基督教所論証的萬有基礎，在宇宙太初，道就是神、眞理與生命、萬物皆由其所造，生命如同光在其中流出，而這樣的生命基礎就是眞善美的

源頭，這是基督教所論証的宇宙太初，相似的理論亦見於海氏的「存有」和老子的「道」：

> 「老子的哲學並非宗教，但卻有著宗教相通的崇高境界：博大眞人的生命精神、體道的人生智慧、眞善美合一之理境……老子……這個至道純粹的人，體現了宇宙大化地流行、生命本然地眞……」〔註2〕

從境界上言，我們知道海氏的「存有」及老子的「大道」，都指向此一生命本然之眞與宇宙大化地基礎，萬物從其而出，這也正是藝術和形上最後地匯聚之處。回到歷史再作考查，莊子〈養生主〉篇中的道與技以及海氏所言的 poesis 有其相通處，海氏說：「藝術與技術同一本源」，而莊子則言：「技進於藝而至於道」，看中國仰韶出土的陶器、觀希臘三千年前的手工技藝，即可以發現如此的歷史明證，初民的智慧凝聚成使用的器具，而這種器具表現出了最原始、質樸的美感。

入於澄明之域

這世界的美好、自然美善就如同光線一般地流洩，看四時地代謝、春花秋月，潮來潮去的遞嬗、人類文明地改變，一代過去一代又來，地卻永遠長存……所有的藝術和形上均指向了這生命地終極之光，「道」與「存有」雖然不落言詮、不流於思辨，可是卻從這條思之大道中，找到了生命和價値的本源，安立了人生的終極關懷。

眞理之光、存有之光，這光輝入於歷史，而成爲藝術的美，這是海氏所言的眞理、詩與語言，也是老子所說的道與美，曠世的思想家及偉大的哲學家將其生命和思考指向了此一超越的領域，照徹了後代的研究路向，光是溫暖的，使向於光生長的事物，如同愛慕智慧的泉湧，而智慧，如同濯足浪花的水流，匯聚入「存有」及「大道」的汪洋大海之內。

二、林中路間的空谷足音

林中有路，林中的道路蜿蜒崎嶇，道路很長，我們甚至於不知道它的出口和入口，偶有人走經的足迹和鳥的鳴響，迴響在寂靜的路面上，同樣地，我們也不知道他們從哪裡來，將往哪裡去，只有沾露的跫音，使得寂靜的道路更顯得寂寥。

〔註 2〕請參本論 P52～P53。

道路是思想的道路，經驗著道路底思想，像是沿途的風景、田邊的野薊、秋草的麥田，行路的艱辛、趕路的匆忙、閒散的愜意，旅人走在這漫長的旅程中，有時輕鬆、有時困蹇，我們不知道他們打哪裡來，將往哪裡去，走著、走著，……這道路終於成爲他生命的一景，像是出發時的喜悅、行走路途的艱辛……道路經驗著生命的旅途，路途也是經驗生命地道途，道路就是生命之路。

詩人和思想家走在思想的道路上，經驗著「大道」地思想，而在此林中之路上相逢——「思想的願景乃是與本質的語言作一符應」，老子與海德格展開了一場超越語言地對談：「歐洲的思想經驗做爲語言的存有，可與亞洲的言說作一對談。」〔註3〕

1974 年，海德格出版了他的詩集：〈思想的經驗〉（Aus Erfahrung des Denkens），晚期的海德格越來越放棄理性思惟的系統方式，而改採詩歌的方式切入，在一首不具標題的詩中，海德格說：

「吟唱與思源於詩，而且比鄰而居
存有在眞理中的駐居」

「Singen und Denken sind die nachbarlich Stamme des Dichtens
Sie entwachsen dem Seyn und reichen in seine Wahrheit」

「Singing and thinking are the stems neighbor to poetry. They grow out of Being and reach into its truth」

海德格將其「語言的本質就是詩」直接付諸於寫詩的行動中，還有什麼能比詩人更能彰顯存有之道？還有什麼能比詩人的思想家更切入「道」〈存有〉的語言？雖然他也曾說過：最危險的思考，即是哲學。

（「Die schlechte und darum wirre Gefahr ist das Philosophieren」、「the bad and thus muddled danger is Philosophy」）

在 1935 年，一篇名之爲〈賀德林論詩的本質〉的文章，海氏用一種異乎尋常的風格來描述詩人的瘋狂：

〔註 3〕「The prospects for a thinking that strives to correspond to the essential being of language remain veiled their vastness. And so I do not yet see whether what I am trying to think as the being of language is also adequate to the nature of East Asian language whether ultimately……the thinking experience can be reached by a being of language that would ensure that Westem European and East Asian saying can enter into dialogue in such a way that there sings something that wells up from a signle source」（A Dialogue on Language between a Japanese and an Inquirer）《On the Way to Language.》

「賀德林回到他母親家中，發了瘋，……極度的光芒把詩人逐進了黑暗之中……但，不管怎樣，詩又是最無邪的工作……正如山谷命定地歸屬於山，所以，那種無邪的外圍也命定地屬於詩。」〔註4〕

詩人的哲學家踽踽孤行地走在林中路，在這條孤寂的道路上：

「道路與權衡
柵欄與言說
毫不猶豫的承擔
問題與匱乏
在一條孤獨的思路上」

詩，即是思想的道路，也是往向存有之眞的路途——語言之路。語言說，不是我們在說著語言，而是語言道說（沈默）：

「道可道，非常道，名可名，非常名」（《老子》1章）

「道之爲物，惟恍惟惚，惚兮恍兮，其中有象，恍兮惚兮，其中有物。」（《老子》21章）

這是西元前三百多年前，老子對道所做的掌握，老子的語言精確地補捉到了在《Aus Erfahrung des Denkens》中，海德格所吟唱的在「存有」（Being、Sein），老子應是海德格獨行在林中之路時的知音吧。

時間，從西元前三、四百年前的楚國陳地，拉回到1947年蜿蜒在Todtnaberg黑森林的小路，春秋末年的禮崩樂壞和第二次世界大戰的戰火，並未摧毀老子對終極大道、小國寡民的追求嚮往，和海氏對「存有」的等待和聆聽；道的歌聲乘載著存有之詩，在時間和語言的深淵處，詩人的月冠桂與哲學家的小徑蜿蜒匯歸，藝術做爲道的本然，實爲「道之爲道，斯美矣。」、「美之爲美，斯道矣。」

（一）做為隱士的哲人與作為詩人的思想家

當最高的形上道體做爲一現象呈現，成爲現實人生價值最終安立之處，吾人必會發現此種形上道體其所打開及所成就的，即是藝術化的世界、藝術化的人生。〔註5〕

〔註4〕〈賀德林論詩的本質〉《存在主義大師——海德格哲學》蔡美麗譯著，環宇出版社，民59.10。

〔註5〕在本論的第二章、第三章，我們均曾對此一道（存有）所奠基的美（藝術）做出說明：「老子的哲學系統，以其“道論”爲首出的概念，故而“道”亦爲

老子的思想是從「觀變思常、萬象無常」爲出發點〔註6〕，在一個戰禍連連、民不潦生、艱苦困厄的世代中，希冀著一個不變恆常的大道，他對人世的哀憫與對生命無常的感嘆，使他在世態炎涼、艱苦混濁的俗世中，哼唱著他的「大道之歌」，這是一個可道不可道、無爲無名、可象不可象的本體世界；老子本無意於藝術與美學，但道做爲存有最終的根據與夫一切價值的本源，卻敞開了一個純善、純美超越的世界（老子本人並未從事實際的藝術創作活動，但《老子》一書是以韻文體寫作，其文本身便充滿了美。）

1936 年，在弗萊堡大學的課堂中，海氏亦嘗謂：「做爲美的藝術，其本質性根源，即是其根源性本質……」〔註7〕

對海氏而言，本源意指自然而然，這種自然而然，是一種開放，也可以說是一種「任其所是」——let be，因此，當面對 1927 年《存有與時間》中他無能解決的問題，或是在〝詮釋現象學理論〞的限制處，存有區分的邊際、連發問都嫌多餘的時候，哲學家的根本解決之道，便是回到藝術的領域、自然的本源之地，來解消方法上的曖昧不定與理論上的緊張僵硬（即是回到詩——「道」的本源之地）。

在〈關於科技問題〉〔註8〕一書中，英譯者 William Lovitt 在導論中嘗言：「海德格的思想受限於其所紮根的西方歷史及西洋思想。」〔註9〕，而海氏自身亦言：「幾乎是毫無準備而迫切的，先決條件是我們與亞洲世界進行對話。」〔註10〕

在最高道體展現爲萬法的匯聚之地，吾人不期然地發現，藝術與存有同一源頭，西方思想家與中國先哲的「其心同，其理同」也，老子與海氏，一開始便在道之本、物之源相遇，而此種做爲大道的根本與夫存有之源，乃爲眾美之始與藝術的起源，但關於藝術美學的言論，海氏推而廣之寫《林中路》

老子美學的中心思想……稱老子的藝術爲美學，不如説老子的藝術就是天地間一大任運自然之“道”吧」。

「海氏的美學就像我們從歷史哲學中得到的理解，是關於顯現、經驗、判斷、和諧等，我們在本書中（指〈藝術作品之本源〉中）所發現的不是美學，而是建構人生基礎思想的詩意。」請參本論的頁 24 及頁 119。

〔註 6〕《中國藝術精神》，前揭書，頁 96。

〔註 7〕請參《詩、語言、思想》中〈藝術作品的本源〉一文。

〔註 8〕《The Question Conceming Technology》，M.Heidegger,William Lovitt 譯，台北，雙葉出版社，1995 以下簡稱 QC。

〔註 9〕Ibid Pxxxviii.

〔註10〕Ibid P158.

這樣的美學經典論著，但老子卻說：「美之爲美，斯惡矣。」

海氏本人在許多正式與非正式、書籍的行文中，均曾援引過道家思想，海氏的弟子如 Otto Poggeler、歐美的學者如 Graham Parkes、Joan Stambaugh、當代學人如 Ping Xu、Chan Chi Hao，均曾系統地探討海德格與道家的關係，順著海氏解決問題的途徑，以及他思考的方向、道路，我們可以越來越發現：亞洲思想（禪、佛學尤其是老莊）與海氏中、晚期思路的銜接之處，以及老莊思想對海德格的深刻影響。

如同海氏在〈流傳的語言和技術的語言〉〔註 11〕中所言：

> 「……在探討這個問題之前，讓我們先來聽一聽一位古代中國的思想家，老子的學生：莊子作品中的一段話（底下援引《莊子》無用之樹）」

海德格曾數次引用道家原文，從這些印引用中，我們可以見到海德格思想和道家奇妙的相似之處，而他們的思想範圍：語言、物、人、眞理、時間……也是相同的，在海德格的眼光中，老子是一位詩人，可將希臘的 logos，銜接至存有論基礎之道，中國的老子就是海氏溯源希臘之際，更爲古老根本的〝原初〞（origin），當然，不僅是時間之早，更是指存有論的根本，關於此，我們已在本論文的第三章中做過處理，在此茲不贅述。

本章承緒以上諸章的脈絡，因此許多已經出現過的概念，可能將在本章再次重覆，形上的比較，我們已在第四章中作過處理，但在藝術理論的方面，仍會將此種比較拿來作爲藝術處理的題材；第一部份是探討二家美學（藝術）思想相近的部份，像是藝術根源的道與存有、藝術創作心靈的自由自在、藝術風格的「明」與「模糊」、審美直觀的「滌除玄覽」與「深觀」……第二部份，則處理他們美學共同題材，像是——境界、時間、人物和語言等。

（二）藝術之為物：萬物與事物

就像海氏在〈藝術作品本源〉中藝術的探討是從藝術作品的分析開始，在本章最先，我們也來分析「藝術之爲物」，即：藝術究竟爲何？

對海氏而言，藝術就是藝術之本然，即本然的藝術（The art of nature is nature of art），而此一本來即是根源（Origin、Ursprung）之本質，即是藝術作

〔註 11〕《Ueber lieferte Sprache und Technische Sprache》,Erker,Herausgegeben von Hermann. 轉引至《海德格思想與中國之天道》張祥龍，北京三聯書店，P443。Heidegger,1985，P5～8.

品的本質性根源，那麼藝術作品是什麼呢——藝術作品是一個物（因其具有物的事物性），但同樣的，藝術作品也不是一個"物"（純然之物），藝術作品釋放（或開顯）了存在，而使得事物進入無隱蔽的眞理，在其中，道無言獨化、眞理自行設置，藝術作品相關於眞理（aletheia）。

物，對老子而言，是形下的，屬現象界，但老子對「物」的最終分析就是「無物」、「無狀」，也就是「恍惚」，老子的「物」是一片宇宙鴻濛地蒼茫、渾沌。

老子與海氏對"物"所作的分析是有其一致性的，他們均同意"物"是現象事物，"物"存在於世界中，老子的物在形下部份，即是文氏的及手、手前存在（器具），但老子的物缺少了海氏"存有論區分"，所以這樣的"物"通過了"氣"和"象"而形成了"道"的一個基礎，老子形容其爲"混而爲一"，是「視之不見」、「聽之不聞」、「搏之不得」的，名之曰「恍惚」，從大道「通而爲一」無別的側面，我們可說"物"通於"道"，道體周、遍、咸在萬事萬物。

先來看看道家是如何描述這個「恍惚之爲物」：

「視乎冥冥，聽乎無聲，
冥冥之中，獨見曉焉，
無聲之中，獨聞和焉，
神之又神而能精焉；
故其與萬物接也，
至無而供其求，
時騁而要其宿，
大小、長短、脩遠。」（莊子《天地》）

本段的敘述，乃自老子的「恍兮惚兮，其中有象」（《老子》21 章）引伸發揮而來，但莊子奇特的想像力，將此未形有無的泰初之際，描繪成恍恍惚惚、若有似無、實存若亡的宇宙圖像，有著無上的妙致和深之又深地玄闊，彷彿是老天闊古、地老天荒，在這樣一個無視無聽、無時無空的絕境當中，獨見曉焉；視之不見、聽之不聞，卻又能聽能聞，而達物之精、神之化，在那麼深的地方，恐怕連時間都要凍僵了吧！可是「至无而供其求」，莊子所描寫的「奇象」，具有超越時空的想像，但具備著深厚的美學意涵。

老子這種若有似無、實存若亡的「物」，就是一具體而微、精緻豐富的極致美麗，雖然老子用「恍惚」——「恍兮惚兮，其中有象；恍兮惚兮，其中有物。窈兮冥兮，其中有精，其精甚眞，其中有信」來稱說。

當然，從道的觀點——萬物莫非道，所以，我們可以更大膽地推進一步，萬物都在道的自然、和諧中——道是最高的藝術本源；當然，海德格也說：「藝術作品支撐了一個世界」或是「存有論歷史與藝術遙相呼應」，但這指的均是藝術作品這個「物」，而非老子所言的萬事與萬物。海氏對藝術的分析，主要是從他對藝術作品的物性詮釋開始，他顚覆了傳統「藝術家——藝術作品——藝術」的發生程序，而從藝術的本質溯源藝術作品，所以當海氏在分析藝術或探討美之際，他立足的均是藝術領域或美的根源性，他所探討的藝術乃屬「偉大藝術」（Great Art）之列，在 Great Art 之外，他不是沒有討論就是視之爲「非本然」；但對老子來說，他並不討論美，也不會單獨地分析藝術作品，但從另一個觀點，老子認爲道具現在萬事萬物，道通過有無、氣而開展，老子的「大象」，雖不能用世間任一物來指涉（「美之爲美，斯惡矣」），然而，「萬物莫非道」，「道」其實就是世間的一大藝術傑作，在道的自然、和諧中：「一花一宇宙、一沙一世界」，從道的大化而言，萬事萬物皆是美的，甚至「道在屎尿」，道的美也涵蓋了「醜陋」、「殘缺」、「奇怪」、「荒謬」……，當老子言「拙」、「老」、（遲緩以及慢）像「大巧若拙」、「大方無隅」、「大器晚成」，「大白若辱」……之際，莊子就談「奇醜」或「殘敗」，大量描寫或刻劃著面貌醜陋、肢體殘缺的人士，如支離疏、兀者王駘、兀者申徒嘉、叔山無趾，哀駘它、支離無唇等……可以說，道家的美學遠遠地超過了海氏的「藝術存有」乃至西洋傳統美感經驗的範疇，大大擴充了美和藝術的範疇，而直指生命自體或大道本身。

對「物」的執迷，在老子的時代，產生了機心機事，而在高度科技文明的社會（如 21 世紀），則發生了危機，老子和海氏的思想，均是針對此種「物化」而來的反省——回到大道的根本，重返自然的家園，這是海氏與老子對科技文明所痛下的針砭以及深沈地呼喚，關於此點，已在本論文的第四章中作過處理，在此茲不贅述。

（三）藝術的表現——虛實和有無

海氏言「存有差異」，即審美的區分——「藝術的本質性根源即藝術根源的本質性」，藝術從何而來？藝術作品是一個存在物，但並非僅是一個物，藝術做爲眞理設置的場域，相關於存有，在〈藝術作品的本源〉中的審美區分，在〈何謂形上學〉中，被稱之爲眞理的無蔽（aletheia）:「在憂懼所開顯的朗然黑夜，存有（beings）首次被帶來其開放性（open）之中……」，有無（即隱顯：遮蔽與開顯）就是海氏哲學中眞理的一體二面。

老子亦言有無的：

「無名，天地之始；有名，萬物之母」(《老子》第 1 章)

「天下萬物生於有，有生於無」(《老子》40 章)

老子的有無表現在藝術精神上的就是虛實,而在繪畫技巧方面的就是留白:

「老子認爲,天地萬物都是"有"和"無"的統一、"虛"和"實"的統一。」〔註 12〕

「空白正是老莊宇宙觀中的虛無……知白當黑，乃源於道家，最早見於老子。」〔註 13〕

海氏喜歡用"空地"或"澄明之域"來表現這種"無蔽"〔註 14〕，從"林中空地"、"光亮"而來的就是光和影的描寫，這是西洋繪畫的擅場——立體的色彩、凹凸的景物，西洋的畫風是從明暗的對比來顯現物象的實景和風景，而此種明暗、對立的方式，來源於這樣的哲學二元論思考模式。

對比於老子的虛實和海氏的有無，我們可見到中西藝術的差異性，從西方藝術此種明暗、光影的二元論的方式到中國藝術虛實、留白之間的滲透、融合，我們可以具體掌握中西洋藝術及其特徵：明暗和光影之間，存在著一種對立和對比（而這種對立和對比通過互補而產生和諧），但虛實、留白之間卻很難稱得上對立，虛滲透了實，實因而襯托了虛，在此純是一片境界之空靈、意境之超越，中國人的智慧不是向存有以顯智測，卻是從超越上達境界；西洋的傳統卻是追求眞理，在藝術上是表現眞實（本質），故而西方傳統定義美即是 Episteme：指倫理和感覺的知識（即美相關於感覺、意志和知識）〔註 15〕

〔註 12〕《中國美學史大綱》前揭書，頁 29。

〔註 13〕本論文第 84 頁。

〔註 14〕「林中空地是一切在場者與不在場的敞開之境……存在的敞開性是一塊空地，而且顯示是處於有著許多難以走出的林中路，不見光亮的森林中間的空地……雖然哲學談論理性之光，但不沒有關切存在的林中空地……」《存在、眞理、語言》張賢根著，武漢大學出版社，2004.12 頁 114。

〔註 15〕「西方哲學是在探究自然、掌握自然眞諦的氣氛中發展起來，它是一種〝外向〞的哲學，爲此，首先就事要逼眞、準確地描繪自然……整個中國藝術本身都帶有幾分飄逸的色彩……中國人在藝術意境中追求解脫……中國的儒道而老莊透過「有無——虛實」所掌握的藝術空靈境界，卻非西洋藝術存有的本質理念所能掌握，中國的繪畫往往是大幅留白、山石潑墨，讓人在具體的形象之外掌握那無盡的想像和意趣，但西洋的作品卻是平塗的色彩，在空白處則以白色的光線來取代，可以說中國的藝術（以繪畫爲代表）是虛，而西洋的藝術（如建築、雕刻、油畫）則是實。虛和實之間，顯露出時空動靜之不同角度，中國的繪畫往往是即動即靜、動即是靜的：

「在這種點線交流律動的形相裏面，立體靜的空間失去意義，它不復是位置物體的間架，畫幅中飛動的物象與空白處處交融，結合成全幅流動虛靈的節奏，空白在中國畫裏不復是包舉萬象、位置萬物的輪廓，而是溶入萬物內部，參加萬象之動的虛空……希臘的畫……可以說是移雕像入於畫面，遠看直如立體雕刻的攝影，立體的圓雕的人體靜坐或站立在透視的建築空間，後來西洋畫法所用油色與毛刷尤適合這種雕塑的描形……」〔註 16〕

因此，雖然，從有無虛實而來的中西藝術表現是不同的，但藝術家對此表現的追求，卻是中西一致的，例如印象派大師塞尚曾說過：

「……繪畫假如其表現光的變化是不夠的，因爲環繞在我們四周的光線，所形成的色彩，只是物體的外表，卻不是它的實質。所以我們必須要更進一步探求物體的實質，才能將自然所蘊藏之神秘的關鍵，予以眞實地揭示出來……」〔註 17〕

中國的大畫法家張璪亦言：「中法心源、外師造化」、「超以象外、得其環中」。

所以我們底下就將進入藝術創作的心靈，來探討藝術家如何透過此種〝心源〞和〝眞實〞，來創作藝術作品、追求美。

（四）藝術創作的心靈——自由與自在（let be）

海氏與老子的存有與道是「無稱之言」、「沈默地存有」，然而，在這個有名的無名、有聲的無聲，做爲一個無法捕捉，介於抽象和具象、寫實及傳神的虛靜之明澈，卻使人感受到一種心凝形釋與萬化冥合，當體一如的至極美感。

釋三家，都是〝內向〞的哲學。」〈中西藝術的比較〉余懷彥著，貴州社會科學 1995 年第五期（第 137 其）P51～P52。

〔註 16〕《美從何處尋》同引上書 P114～P118。

〔註 17〕《塞尚藝術之哲學探測》史作檉，仰哲出版社，頁 15。

這樣的美是一種「自由」和「自然」，海德格稱之爲「let be」——讓在，是超越一切客觀對象，但卻非「空」的「無之有」，此一虛靈狀態，在審美的直觀中，就「無待」。

老子喜言「自由」、「無爲」、「自然」，就像海氏喜言「自由」（freedom）、「無蔽」（aletheia）、自生（physis），在自由的自然，如如地當下，顯示出現象的本質與事物如實的觀照，而在此一忘我的瞬間，事物（客體）、我（主體）顯現出自然的本眞，此時的我非我（忘我）、物非物（無物），而直指現象的本體、審美的無待，而這樣的境界，道家說是「遊」與「逍遙」，海氏則以「共在」（mit-sein）與「忘我」、「遷移」（estatic）來稱說它。

現在來看自由的定義。「遊」是莊子——書中最重要的概念，光是內七篇中就有三篇由「遊」所命名，「遊」亦是莊子美學思想的主軸，根據徐復觀先生的解釋：

> 「說文無遊字，七上游字云："遊"，旌旗之流也……，古文游，段注：引申爲出游、嬉遊，俗字作遊，故旌旗所垂之旒，隨風飄蕩而無所繫縛，引申爲遊戲之遊。」〔註 18〕

傳統的遊戲說認爲：

> 「傳統的遊戲說主張用人的遊戲活動來解釋藝術的起源和審美本性，在康德那裡，遊戲表明爲想像力與知性等心意能力的"自由遊戲"，並由此形成審美判斷。席勒認爲，遊戲衝動比感性衝動和形式衝動這兩種衝動更自由，它是藝術和美的根源，相關於自由的審美狀態。」〔註 19〕

是以藝術的起源即是遊戲，在現代美學之中，遊戲，是一個主要的概念，從康德、席勒、斯賓塞、谷魯斯、維根斯坦到迦德瑪都不能不探討此一概念。

無論是海氏的眞理開放或是道家的「天樂」，自由指出了創造精神上的無所爲而爲、心無所待——無物和無爲，這樣的心之虛靈狀態，使心和物得到一種大解脫的自在與自由，因此，畫者解衣磅礴，旁若無人，藝術作品進入於眞理之中，成爲不朽（immortal），藝術上的自由，使我們超越了有限的形軀、時空、世界和形器，與萬化合冥，天地與我爲一、萬物與我無盡：

「人類這種最高的精神活動、藝術境界與哲理境界，是誕生於一個最自

〔註 18〕《中國藝術精神》徐復觀著，學生書局，P62。
〔註 19〕《存在、眞理、語言》前揭書，P270。

由最充沛的深心自我，這充沛的自我，眞力彌漫，萬象在旁，掉臂遊行，超脫自在……」〔註 20〕

「宋元君畫史」描述的就是一個藝術家酣暢飽滿、毫不矯作的創作神態，而這樣的態度可以說是純任自然、無比率眞〔註 21〕，畫史見到國君受揖不立，回到家中解衣般礴，他的態度和一般唯唯諾諾、趨炎附勢的畫家不同，可見這位畫者的眞性情、眞生命，不因權貴達勢而改變，而顯現了自然與自在的本性，故宋元君稱此君爲「眞畫者」，這位畫家表現出了藝術家的自性與自信，解衣意謂著無拘無束，灑脫顯出旁若無人的自信，而這樣的自性與自信正來源於藝術創作之本質，即：自由與自在。

（五）藝術的風格——「明」與「模糊」（obscurities）

老子不像海德格透過現象分析的詮釋，從藝術作品層層地開展了「世界——大地」、眞理、語言、歷史、存有論，然後達到詮釋最始也是最終的命題：藝術是眞理的開顯，或是「美是永恒之謎」，老子從一開始就承認了這種大道之美，做爲不可言說、不可捕捉的「永恒之謎」（「恍兮惚兮」）。

平情而論，老子對「物」的描述分析，的確是不如海德格（或西洋存有論）精闢而透澈，然而，正因爲老子行文的這種含糊籠統，使得「道」從一開始，便可說是一大藝術化境〔註 22〕：

> 「道家文學以玄爲宗，也具有模糊的特徵。而對於藝術來說，模糊在某種意義上也是一種美。」〔註 23〕

「玄」是老子一書的主色（「玄之又玄，眾妙之門」、「有無玄同」），「玄」代表了老子思想的幽微神秘，「道」的隱晦與深重，從某種意義，「玄」是中國色彩中的主色：

〔註 20〕《美從何處尋》前揭書，P76。

〔註 21〕莊子如此這般地描述：「有一史後至者，儃儃然不趨，受揖不立，因之舍，公使人視之，則解衣般礴羸。君曰：可矣，是眞畫者也」（〈田子方〉）。

〔註 22〕「The situated Subject who is hard-wired to Dao in Lao-Zhuang and Being in Heidegger,.....are on the same boat,the aesthetic one」〈Wu-Wei And the Question of the Other〉Changchi Hao，Fordham University，NY 2001.10.P3.

〔註 23〕「道家文學的模糊性，是由道的特徵決定的，道究竟是個什麼樣子，道家一直沒有用確切的語言加以概括，其中一個重要原因，就是因爲它不是具體的感性存在，而是超出形相之外，很難訴諸人的感性觀照……道的模糊性源於色彩上的幽暗，色彩上的幽暗又源於時間的久遠，因爲，道是宇宙的本原，是最原始的存在物……」《道家與道家文學》李炳海著，麗文文化公司，P45。

「畫者闢天地玄黃之色，泄陰陽造化之機」〔註24〕

另方面，老子喜言「知常曰明」，人生的智慧是一種「知常」的「明」，老子的生命情調就是這樣的恬靜、淡泊、平淡、自然，就像是陶淵明在短籬邊瞥見的黃菊，就像是王維詩作中返景入於森林之青苔，淡、素、樸、拙就是老子調色盤中的主色。

我們曾在第四章老子與海德格形上思想的比較中，做過「道」與「存有」之比較，但這裏還要再重覆的是，在這個可言不可言，可象不可象、眞與非眞、開顯與遮蔽的「存有」與「道」中，我們所得到的是一個朦朧、模糊、極至的大道之美，而這種朦朧、模糊、歧義的道體存有特徵，卻是海德格語言和思惟的風格：

「此種氾溢的模糊，做爲海氏行文的顯著風格，可以說是一種對於其表達空洞之掩飾（即指遮掩空虛）」〔註25〕

海氏的思想色彩，就像他善用的比喻：「光」，眞理之光、無蔽之光，雖然有時不免地晦暗與模糊，就像「冬夜」中，映現在麵包和美酒之上的燭光、像林中之路間的空地。

幽暗即是隱蔽與非眞，而光明即是開顯與眞理，明暗的色彩表現在海氏行文中的模糊（obscurities）與岐義（ambiguities），他善以光來描述眞理，用明暗來比喻存有；詮釋循環，即是在一個邏輯上的非正非反，概念的是此是彼之間的往復循環，灰色、模糊，正是海氏思惟的特性。

明與模糊，就是不斷出現在海氏與老子美學思想中的主旋律。

（六）審美直觀

「滌除玄覽」與〝沈默〞（Silent）與〝現象〞（〝回到事物本身〞、〝Zur Sache Selbst〞），我們從王弼的注解：「見乃謂之象」，以及海德格對現象的詮釋：「讓事物以其自身的方式被看見」，更可得到進一步的佐証。

當吾人在解明一首詩、聆聽一首交響樂、乃至觀賞一幅畫，我們不僅是

〔註24〕《中國繪畫理論》傅抱石著，里仁出版社，P4。

〔註25〕「Here that pervasive obscurity which is so prominent a feature of Heideggers style tends to disguise the vacuousness」請參〈Wu-Wei And the Question of the Other〉：「Philosophical systems are,essentially speaking,aesthetics」
「The situated Subject who is hard-wired to Dao in Lao-Zhuang and Being in Heidegger,……are on the sam boat,the aesthetic one」〈WWu-Wei And the Question of the Other〉Changchi Hao，Fordham University，NY2001.10.P3.

看到我們所看到的、聽到我們所聽到的、思考我們所思及的，透過藝術作品，透過觀賞、創作、鑑賞，我們進入一個作品背後的本質世界，那是一種無以名之、無法言詮的純粹、廣大、和諧，人被存有震懾，奧秘在其中展現，是以，當范寬「谿山行旅」山路的蜿蜒逼近、當「池塘秋晚」如聞其聲的寒鴨齊名，當林布蘭特「夜襲」的燈火輝煌，此時無聲更勝有聲，作品的觀點及作者的意圖退居幕後，道——從其無象的有象、無聲的有聲、無技的超技之中，向吾人言說、開放和示意，這種默契開放以及詮釋，海德格將它稱之爲「存有的詮釋」（詮釋現象學方法論），而老子則以「明」來稱它：

「見小曰明，守柔曰強，用其光，復歸其明，無遺身殃，是謂習常。」（《老子》52 章）

海德格的詮釋現象是透過「純粹觀看」而達到，而「看」（seeing）作爲現象學的原意，即是：「讓某物以在其自身顯示其自身的方式被看見」；這有類於老子的「明」，「明」對老子而言，是指一種內在直觀的智慧，是一種內視之明，兩者同爲一種心的虛靈明靜，心以一種最清明照察的方式歸觀物，故能「應物而不將迎」、「不因物喜，不已己悲」，故老子又云：「滌除玄覽」，而海德格亦說：「先行理解」（pre——understanding）；另一方面「前見」（pre——understanding）從字源上來說是〝Er——augen〞或〝Eiblicken〞，au 的音演變成 ei，而爲爲 Er——eignis（大道），而〝Er——augen〞即是「玄覽」。〔註 26〕

「老子關於如何得道的種種說法，可以歸結爲一句話：〝滌除玄覽〞所謂〝滌除〞是洗垢除塵的意思，也是去爲一切功利私欲的打算，所謂〝玄覽〞是深觀遠照意思」〔註 27〕玄覽是指道的察照，是一種內在直觀與外在對象的心物合一，即是美的直覺、道地觀照。

對海氏而言，先行理解是一種存在結構，就是一種開顯的方式，開顯即是將隱蔽帶入光中，理解並非去認知、去知道，事實上，是一種存有眞實的開顯——呈現：

> 「理解建基於心境（state of mind），心境必有其理解，每一理解必有其心境。」〔註 28〕

〔註 26〕「indeed，〝Mystical Seeing〞（玄覽）in the Taoist sense is quite similar to Heidegger，s Concept of 〝Er——augen〞 or 〝Eiblicken〞」《海德格與中國哲學》陳榮灼，雙葉，P164。

〔註 27〕《中國美學史》李澤厚、劉綱紀主編，里仁出版社，民 75，台北，P236。

〔註 28〕《有與美》，宋定莉，東海大學哲研所碩士論文，民 86，P65。

這樣的「滌除玄覽」或「先行理解」乃是透過存有（Being）與存在物（beings）、道（虛靈）與現象，相互的指涉與觀照，超越一切相對的絕對待，因此，聽無所聽、視而非視、心凝形釋、萬化合冥，在此無言之言、無象之象——「得魚忘筌，得意忘象」：

「視之不足見名曰夷，聽之不足聞名曰希，用之不足既名曰微。」（《老子》14 章）

是以老子及海德格均主張反樸歸眞、同於大道，強調自然自在的解脫與自由：

「危機深處生長著救援的力量。」〔註 29〕（海氏援引里爾克的詩句）

這同於老子所說：

「致虛寂，守靜篤。萬物並作，吾以觀復，夫物芸芸，各復歸其根」（《老子》16 章）

自然之道作爲藝術純粹和極高的造境，它揭示出了中國人「天人合一、物我同體」的和諧思想，即老子所云的：「夫莫之命而常自然」；但道家有進於海氏之處，乃是他們從此——「玄覽」衍生而來的虛靜功夫理論，而這樣的功夫理論奠基於氣韻生動的大道之上，通過「氣」「象」而即功夫即本體、即本體即功夫，海氏作爲此在存在結構的「前見」卻是一存在結構，海氏的「前見」，必要在迦德瑪的《眞理與方法》的歷史效應意識中，方才下落展開成爲境域融合（Fusion of Horizon）中的「視域」。

從老子的「滌除玄覽」以來，排除利害世俗功利考量的審美直觀，就佔據著道家美學舉足輕重地位，但眞正發揚光大，並使其成爲具體的美學理論者，則爲莊子，而審美觀照的第一步，即擺脫實用的功利考慮：

「以審美創造來說，如果創造者不能從利害得失的觀念中超脫出來，他的精神就會受到壓抑，他的創造力就會受到束縛，他便不能得到創造的自由和創造的樂趣。」〔註 30〕

此種審美觀照所發現的主體創作自由與客觀自然事物的一體和諧，即是「以天和天」，以自我無別的心境去發現客觀對象的本質內涵，而在此自由的自然中，得到一種無目的性之合目的性、無規律卻又同於規律之快感及美感：

「美感離不開人類改造世界有目的之實踐活動，但是美感作爲一種心理

〔註 29〕《QC》P42.

〔註 30〕《中國美學史大綱》葉朗著，上海人民出版社，P116。

狀態，卻表現為對於人利害關係的超越，因為美感在實質上是一種創造的喜悅，是由於人的自由得到顯現，人的實踐——創造力量得到肯定，而獲得一種精神上的滿足和愉悅。」〔註31〕

而這種作為無目的之目的之審美直觀——無待與本然，我們將在下一節中再作討論。

（七）審美的目的：無待與「本然」（nature）

「無待」可以視之為以莊子為首出的道家哲學的「存有論區分」（用海氏的哲學術語），不管東西方哲學家，當他們說到「無待」時，就隱涵著「有待」；當他們說到「有待」時，就隱涵著「無待」。

老莊的「無待」用西方哲學語言，可說是「無垠」——無可定義（哲學思考之所對，是一沒有條件的客體，即不需與感性需求產生任何關連，它是無所依待的），「無待」做為道家最重要的審美理論，指出了道家理論的基本特徵：有無共通和物我二忘，現在來看海氏的本然。

海氏用「本然」來解釋藝術作品之本源：即藝術從何而來，如我們在第五章所說的，我們能說其如其所如和是其所是，藝術的本然即是藝術性的本質性根源：「藝術的本質性根源就是藝術根源的本質性」；海氏反對任何將藝術關連於實際效用的藝術理論，他也不談藝術鑑賞或藝術批評；技術和藝術源於一個相同的希臘字：poiesis（自生），對古代的希臘人而言，無所謂藝術、技術的區分，因為，技術就是將存有盡其所能地映現出來〔註32〕。

而審美即是帶入於眞理無遮蔽之中，一如道家的無待是一無可定義之無垠、無限，自然與無待種無利害關心的審美目的，只是，在這個目的之上，海氏不談藝術的創作理論，但道家在藝術創作理論方面，卻有不少精闢的見解。

在「庖丁解牛」的故事當中，我們見到了由技而藝終至於道，所以有神遇而不以目視，解牛數千，而刀刃若新發於硎。

事實上，技術本身就是一種工具之利用，窺諸於古典希臘或中國藝術，我們都可發現藝術起源於手工業或口傳之技藝，以詩經為例，詩起源於里巷歌謠（風）或官庭雅樂（大雅、小雅），做為小市民百姓及達官貴人們朝覲或燕享娛樂之歌曲，而後才發展成《詩經》的文學；從藝術史的流變言，最初

〔註31〕前揭書，P122。

〔註32〕「Thchne belongs to bringing——forth，to poiesis；it is something poietic」QC，P13.

的藝往往並非觀賞的目的，而是在技術流變過程中產生出來的（故而古希臘的技、藝是不分的，這種思想，我們在處理海德格的藝術理論時曾提出說明），匠人之作多以實用的目的爲主，原非觀賞的性質，但技術在其生產製作的過程中，漸漸摒除了其實用的功能，而發揮出了創作之趣味以及無目的性之意義，那時就不僅僅是實用的層面，而是美的生產了，如同《養生主》中庖丁的自述：「臣之所好者道也，進乎技也……」，在十九年的解牛過程當中，庖丁由「所見無非全牛」的單純技術，而發展至「官知止而神遇行」的藝術實踐，最後乃是「莫不中音，合於桑林之舞，乃中經首之會」的天人之際。

從「無待」與「本然」的對比當中，我們可見到若干道家與海德格藝術理論的相同及差異之處：

相同點是：

1. 他們均不從現實的實際效用來討論藝術，二家的藝術理論均可以說是「爲藝術而藝術」：藝術的目的即其自身。
2. 二家的藝術本質均自一最高的根源而來，道家是道，而海氏稱之爲“存有”（Being、. Sein），但道家的“道”是一個有具體內涵的生命化境，是聖人所達至的生命境界——「至人無己、神人無功、聖人無名」，但海氏的“存有”卻是一個“無蔽”（aletheia），是一個存有論歷史之始源（Origin）或根本（ground），而非人生或宇宙的眞實境界。

相異處是：

1. 海氏所討論的藝術外延比道家來得狹窄，對於道家十分重視的藝術創作、藝術技巧、審美經驗、藝術鑑賞……等，海氏均以非「本然」，的目光視之，因爲對海氏而言，藝術並不關涉「美」或美感此一範疇，藝術必須置於他所說的根源。
2. 海氏純就藝術作品來探討藝術，而忽略了迦德瑪所說的「詮釋」的觀點，創作者、欣賞者在藝術領域中扮演著十分重要的角色，並共構了藝術的起源，藝術的“再置”，也必包涵了對〈藝術作品本源〉此一作品的重構和解構（可以有不同解讀的方式與途徑），藝術也可以不單純地只是放置在“根源性”這個角度，而是必須置於一個更大“視域交融”的情境中。
3. 藝術的本然（nature）實已包含了美感經驗此一要素在內，在討論藝術的根源性之際，不可能不牽涉此種經驗，而此種經驗做爲藝術史的主題，不只是一種“派生”（derive）的觀點而已。（藝術根源並不只相關於存有論眞理，必然有其眞實之內容，即不應靜態地去把握此種藝術的根源性）

回到我們在本論第五章所做過的發問：藝術作品會不會、必不必然要“支撐起一個眞理的世界”？我們所見的，均爲海氏所說的眞理（aletheia）如何是藝術作品的根源，但它是什麼？怎樣是其所是？怎樣非其所不是？海氏就不再關心（藝術的標準或是美的傳達是不可能的），至於作者，用一個“眞理的保留者”就算能解釋清楚？因此，我們必須要回到道家美學來再作思考。

無疑地，道家（無論老子或莊子）均立足於海氏所說的歷史本源（指時間上）之中，在這個歷史本源的發生點上，道家所談的藝術本源或本然，可就要比海氏徹底、究竟許多，莊子也談藝術作品，即解牛這個技術，但這個技術並非一個“物”，而是透過庖丁整個生命（解牛此一實踐）來加以完成，因此藝術的完成就是生命的完成，它是有具體內容和眞實經驗在內，且需透過眞實的踐履（而非孤立去談眞理設置或是〝世界——大地〞），道家無須分析地談藝術、技術或是作品、作家，在道的化境中，我們都是創作者、表演者、觀賞者或批評者，在“大道”的舞台劇中——“道”（或說藝術）演出並完成了它自己。

三、道體形上學與藝術存有論

我們用“道體形上學”來總括道家的生命學問，而這樣的生命學問是一種境界形上學〔註 33〕，形上學是西方的概念名詞，對老莊而言，他們並無意成立一套學問系統，更遑論任何體系的建構了，使用這個名詞，基本上只是一種善巧方便，用來安立道家富於超越性的玄理玄智，道家思辯的性格，本屬一種境界地型態，在藝術的觀賞上，是美學的一大境界，而中國藝術以道家爲主流，故而意境也就成爲中國藝術的主要特徵。

我們曾在第五章對海氏藝術理論做過分析，再回到藝術存有論來看海氏藝術理論和他在西洋美學史上的地位，誠如我們之前所做的分析，海德格藝術存有論是將藝術安置於存有論眞理之上，藝術必溯源其根本，回到無蔽之

〔註 33〕「圓教可自兩方面說：1.自玄智之詭辭爲用說……2.自超越心體含攝一切說……道家不經由超越分解以立此體（超越心體），惟是自虛靜工夫上，損之又損，以至無爲……此亦是超越之心境，而唯是自境界言，並不立一實體性之超越心體」《才性與玄理》，牟宗三，學生書局，頁 228。

開顯，西洋傳統向以 Aesthetic Episteme 來看待美，Aesthetic Episteme 是一種論理和美感的經驗，關涉於人的認知、情感、意志，海氏的美學凸顯了藝術的根源，將藝術從人（Dasein）的場域，轉移到存有（Being）之眞，這就是他所說的審美區分，也是海氏藝術存有論異乎傳統美學之處；海氏的偉大處，在於他將美置於存有之上，使得藝術脫離了純粹美感經驗的範疇，進入形上存有的根源，另一方面，海氏的藝術存有論，也將西洋傳統的美學範疇，如：審美直觀、審美判斷、創作鑑賞、藝術批評……打入括弧、存而不論，使得藝術這個根源，成爲一大空洞的無本之源，掛空地來談存有的無遮蔽性，美成爲現實上可望不可及的目標，立於「此在」（Dasein）的「彼岸」，難怪他要大嘆「美，是永恆之謎」了。

在第一個部份，我們曾就藝術的本質、藝術的表現、藝術的創作、藝術的風格、審美直觀、審美目的等來討論老子的道體形上學及海氏的藝術存有論，現在，我們再重新匯總整理一遍其二家的差異性和相同點

1. 從發生的角度

道體形上學，來源於惟惚惟恍之渾沌（道），而此道是道中有物、道中有氣、道中有象，而趨向自然（大象，即無象之象）。

藝術存有論，來源於藝術作品，而開顯了無蔽之眞，在其中：世界和大地鬥爭，天、地、人、神各居其位。

2. 從表現上來說

道體形上學表現在其虛實、動靜，而且是虛中有實、實中有虛、動中有靜、靜中有動，故顯現出相互滲透、彼此融合，而呈現出一大境界——如「羚羊卦角、無跡可尋。」

藝術存有論來源於審美區分，即是存有論無蔽之眞，在其中「存有」開顯（cover up）與遮蔽（disclsed），顯出「明／暗」「本質／實在」「眞實／虛妄」「寫實／模糊」，即二元對立和其間的互補，而表現出“眞理”——讓“實在”（reality）顯現。

3. 從存在的感受上來說

道體現上學顯示出有技中的無技、象中的無象，是由技進乎藝而至於道的一大生命化境。

藝術存有論來自藝術作品的本源，而此一藝術作品分享了“世界——大

地”的爭妍（鬥爭），顯示出了器具背後的生活世界，而沐浴於“眞理”之光中。

底下，我們將進入道體形上學與藝術存有論共通的主要題材：時間、空間、人物、語言，來論老子與海德格藝術理論的相同及差異。

（一）時間——虛無與死亡

時間，是哲學的主題，亦爲藝術的素材。

海氏是一位特重時間，哲學家，從早期的 B&T：Dasein 所開顯的時間向度——遷移、渾化（estatic），Dasein 的存在意義，亦即存有者的本質就是時間，Dasein 的存在結構就是時間性（temporality）〔註 34〕，Dasein 存在進入於存有的歷史性（historical）中，每種本體論（ontological）底闡述都是歷史性（historiological）地詮釋。〔註 35〕

關於老子的時間，我們在第一章中已做過討論，老子的道超越時空而爲一切時空的根據，老子是從生命的高度與廣度消化吸收並超越了時間，道家的生命智慧與歷史聰明，使我們在遞嬗的時空中，找到了大道地「安居」與「棲息」。

對老子和海氏而言，存在均具備著一種超越的時間之相，而這樣的時間

〔註 34〕「在此，吾人來到存有了悟的敞域〈Horizon〉，而惟有藉著此者了悟，方能詮釋存有……」在此，存有了悟的敞域，即指時間的敞域。〝We shall proceed towards the concept of Being by way of an interpretation of a certain special entity,Dasein,in which we shall arrive at the horizon for the understanding of Being and for the possibility of interpreting it……〞，B&T，P63.

〔註 35〕「But this very entity,Dasein,is in itself “historical” ,so that its ownmost ontological elucidation necessarily becomes an “historiological” interpretation……」B&T，P63，對存有問題的探討，因著此二種不同的功能（一爲對 Dasein 存在之基礎分析，另一則爲對存有問題的探求），實則爲同一問題之二種不同面向，而可區分爲二個部分：第一部份　對時間性 Dasein 底詮釋，即時間做爲存有問題此一超越敞域之解明。第二部分　存有論歷史之現象學解消地基本鳥瞰：以時間問題作爲線索。第一部份也可區分爲三部分：1.Dasein 基礎性分析之準備 2.Dasein 與時間性（temporality）3.時間（Time）與存有（Being）。第二部份亦可區分爲以下之三部分：1.康德圖式論主義與時間之論域，時間性問題的預備階段 2.笛卡兒：“我思（cogito sum）的存有論基礎”，中世紀神學（medieval ontological）如何將其導入於“我在”（res cogitans）3.亞里斯多德對時間的討論，作爲與古代區分的現象學之基礎與古代存有論底限制。原始的藍圖和書成之後的內容是有出入的，主要是第一部份的 3，後來有另書 Time and Being 來補足，另外，是第二部份則始終沒有寫出來，但從本書的篇名：Being and Time 看來，海氏的原本計劃，似乎是將時間的場域視之爲存有。

均非「過——現——未」式的鐘錶時間，對存在者而言，時間是一種令人困惑的現象，所有的時間都指向一種時間性，或可說終極時間：那就是「死亡」，一般而言，死亡即是生命的終了，「死亡」使得 Dasein 的時間虛無化了，而使得 Dasein 的時間成爲一種「無時間性」的時間（即他所說的「遷移」）。

海德格筆下的死亡是一種近乎詩意的「死亡」，死是「存在的缺如」，人是「往向死亡的存有」，而老子的死亡呢？

老子對死亡的著墨不多，相關死亡的描述，僅有底下數條：

「谷神不死，是謂玄牝」（《老子》6 章）

「沒身不殆」（《老子》16 章）

「大曰逝，逝曰遠，遠曰反」（《老子》25 章）

這與中國人避諱談死的態度，大致是相同的；莊子對於死，就有了直接的詮釋：

「孰知生死存亡之一體者，吾與之友矣。」

「死生亦大矣，而不得與之變，雖天地覆墜，亦將不與之遺，審乎無假，而不與物遷，命物之化，而守其宗。」

死亡，對道家之徒，彷彿是一種幻術或魔術，打開帷幕，進入時間的三維向度，道家對死亡的態度，與其說是莊嚴神聖，不如說是一種「存有的抽離」：道的反，或用海氏的哲學術語：「虛無」，當我們看見莊子妻死，莊子卻鼓盆而歌，我們不必訝異也無需生氣，因爲，生死也只是一體的兩面，生不足喜，死，亦無須悲，人生，如同一齣短暫的夢幻劇，當我們把喜怒哀樂塗抹其上，生命，就有了五彩繽紛的風景。

死亡和時間，共同構成了中西文學亙古不變的主題與思考內容，此種人生無常與生命短促之嘆，終結爲一個必死的人生與荒謬地存在，在死亡和時間的陰影之下，那是道的寂靜與詩地清涼。

在海德格對喬治．特拉克爾「靈魂之春」的解析中，海氏觸及了死亡和異化：

「在去某地的途中與土生土長的東西背道而馳，異鄉者先行漫遊……」

這個逃亡如「藍色之獸」的人是誰呢？是詩人在逃嗎？還是逝去已久的少年愛利斯？或是做爲追索者的作者海德格，在其搜索（寫作）的過程中，化身爲與詩或詩人相彷彿的「一隻藍色之獸」……藍色之獸懷念著他的路……也就在此林中之路上，異鄉人思索著做爲「精靈之年」的藍芙蓉光芒——那是死亡和精靈的國度，異鄉者的歸鄉之路……，在那裏，寂靜的跫音響徹銀色夜空……

時間和死亡，作爲文學的主題，渲染並滲透了存在此幅巨畫，冰涼透徹，挾帶著濃得化不開鬱情與哀愁，悲哀乎？惟有漸漸走入黃昏的腳步，蜿蜒的歷史和時間的小徑，那迴響在「精靈之年的藍芙蓉光芒」中的，是詩人嗎？是靈魂嗎？還是逝去已久的愛利斯？是老子？是海氏？還是——其實就是我們自己？

而靈魂的輓歌，仍悠悠地在「朦朧的鐘樓裏」、「落葉和古老的石頭中」，哀哀地鳴唱著：

「靈魂，大地的異鄉者
莽莽叢林上，籠照著精靈的藍光，漸趨朦朧
村莊裏，灰暗的鐘聲久久地鳴響
護衛著村莊的和平
在死者白色的眼瞼，桃金娘花靜靜地開放」〔註 36〕

死亡，做爲哲學（或人生）的主題，構成了海氏與道家玄深、晦暗、模糊地思想色彩；雖然，無論沉思或注視，思想家和哲學家均已死去，抒寫死、頌讚死、分析死、知解死，其最終都似乎註定了要死，然而，思想家和哲學家，用時間和生死相搏鬥，以語言來回應虛無深淵，其體無的感通、存在的悲情，就足以使火燄流金、眾神璀燦。〔註 37〕

（二）空間——域和“四極”（fourthfold）

海氏在 B&T 中討論空間（請參 B&T 頁 23），當 Dasein 在 Circumspection 中遭逢並使用及手、手前存在，他和物體之間產生了某種距離、空間，但空間並非是一種單純的量，而是 Dasein 存在於世地建構：「週遭世界是一存有論之範疇，同時亦爲一種建構一個存在於世的結構」〔註 38〕，或者說，空間是一種存在的空間：「我們將空間性歸入此在，故而“空間的存有”此詞會顯示在——存在所能擁有的存有身上」〔註 39〕

〔註 36〕《走向語言之途》，海德格著，孫周興譯，P73。

〔註 37〕《有與美：從存有與時間到詩、語言、思想》，宋定莉，東海大學哲研所碩士論文，民 86，P65。

〔註 38〕另外請參英譯者之附註：「“Welt” as characteristic of Dasein」，B&T，P91。

〔註 39〕「If we attribute spatiality of Dasein, then this “Being is Space” must manifestly

只要 Dasein 是一個“在世”的存在者，他必定“存在”（in）於某個空間之中，除了在《存有與時間》中討論空間與世界之外，海氏也在〈藝術作品的本源〉中討論“四極”和空間，海氏在〈藝術作品本源〉中所論述的空間是從藝術作品的開放來說，在存有領域中，作品自我建立之際所開顯的自由領域域，他稱此爲空間〔註 40〕，再來看他所論述的“四極”，我們之前曾舉 Georg Trakl 的詩作“冬夜”（A Winter Evening）爲例，從此詩中，我們瞭解語言（即詩作）透過詩而召喚出了“四極”的世界：做爲遊子的異鄉人、在寒冷大地上的寒露、神恩賜的麵包美酒、降雪的天空，「天——地——人——神」透過語言的道說，將大道呈顯，“四極”作爲海氏作品中的一個意象，毋寧說是一種朝向：使會死的人舉目向天與地凝視的那種向度，在此的“世界”也非早期存有論化的世界，而是一個境界。

老子也談空間和世界的，只是老子的空間和世界多以「國」或「域」來做指涉：「域中有四大、天大、地大、道大，而人居其一焉。」(《老子》25 章）〔註 41〕，很顯然，老子的“域”也關涉於道、天、地、人，並不僅只是一個物理量化的空間概念。

從老子的“域”和海氏“四極”出發，我們可以知道空間和世界均非一般現象的空間和世界，作爲“域”和“四極”，應該關涉到藝術化的人文境界，而非僅只是一種認識論的對象，因此在解釋“域”和“四極”之際，我們最好是能將它與王國維在《人間詞話》中所說的境界作一對比：

「昨夜西風凋碧樹
獨上高樓，望盡天涯路
衣衫漸瘦終不悔，爲伊消得人憔悴
眾裡尋它千百度
驀然回首
遙見伊人站在燈火闌珊處」

---

be concered in terms of the kind of Being which that entity possesses」，B&T，P138.

〔註 40〕「作品就其爲作品，使空間性（Spaciousness）做成爲空間、“爲做……空間”（To make space for）是指在大開領域中自由的空間性，並在此結構中（自我）建立（establish）……作品做爲作品即建立一個世界……」，BW，P170。

〔註 41〕在此竹簡本的「域」是「國」……，而世本的「人」在帛書甲、乙本及竹簡本均作「王」，所以可能有不同的解釋方法，但基本上我們都可以同意，不管是「域」或是「國」，老子在此都在指涉一種世界和空間的概念。

從中國的繪畫美學來省察，中國藝術的空間感，並不出於物理的量度或眞實的距離，中國的空間感往往是出於藝術家的“心觀”，所以中國的畫家會將一隻鳥畫得很大，把樹枝畫的很小，可以在偌大的絹紙上只留一枝梅或一串枇杷，寥寥數筆，就可以使一條崎嶇蜿蜒的山路躍於紙上：「恣意縱橫掃、峰巒次第成」、「咫尺有萬高之勢」。〔註42〕

相對來說，西洋畫很重視物體的寫實和空間的具體把握，西洋的油畫、建築和雕刻，就是對於這樣的空間感和世界觀的直接描述和把握，但近代以來，大概由於受到了東方和中國藝術的影響；被認爲西方最具創造性的印象派、立體主義和表現主義，漸漸地採用了中國畫家以“心”觀照的空間畫法，而不採用他們傳統的透視或油畫技法：

> 「莫奈從東方，特別是中國藝術中得到了悟性……現代畫之父的保羅・塞尚（1839～1906）同樣採用中國畫的明暗色來表示對空間關係的理解……梵谷不滿意西方摹仿自然，逼眞地再現其形象的傳統藝術……他的畫，從精神、到表現手法都和中國畫有了某種相通的地方……」〔註43〕

在我們討論海氏和老子的「域」及「四極」之際，我們可以西洋畫派的印象和中國畫家的“心觀”法則爲代表，而顯示出中西藝術表現中這種無空間的空間美感。

（三）人物——人與 Dasein

說海德格早期哲學的起始點是 Dasein 應不爲過，就像他在 B&T 第九節中所說的：「我們（即 Dasein）是做爲存在而被分析」（We are ourselves the entities to be analysed），惟有人能追問“存有”的問題，“存有”使得人存在的意義被解明，另一方面，也惟有人能彰顯「存有」（Being）的意義。〔註44〕

〔註42〕請參〈中西藝術的比較〉，余懷彥，貴州社會科學，1995 第五期，頁 53。

〔註43〕〈中西藝術的比較〉，余懷彥，貴州社會科學，1995 第五期，頁 54。

〔註44〕如同海氏所言的：「本書是對久已被遺忘之存有問題之設問。」而 Dasein 使得此探問成爲可能，是「存在」使得此「存有意義」之問題成爲有意義，但另一方面，設若沒有「存有者」（Dasein）的追問，則此「存有意義」的問題也不可能，這種以「部份解釋全體」、「全體解釋部份」的關係，被海氏稱之爲「詮釋循環圈」。Dasein 的提出，使得「存有」的問題，成純特殊和個人化的：「存有的問題是最普遍而空洞的，但同時對每一個特殊的 Dasein 而言，它可以是個人化的……」〝The question of the meaning of Being is the most universal and the emptiest of question，but at the same time it is possible to individualize it

海德格對 Dasein 的分析，側重於時間面相，從他對「本眞」（Authentic）、憂懼（Anxiety）、掛念、（Care）……等存在性的分析，海氏很鮮明地刻劃了「人」這個有限存在者，他們的卑微、偉大、平凡、瑣碎……，B&T 的精彩之處，就在 Dasein 存在的分析上，他鞭僻入裡地描繪了人自身的勞苦、忙碌、憂慮、死亡……人，做爲人，海氏藉著奧古斯丁之口如是問：「什麼會比我更接近我自己。」（St. Augustine Confessionse X16 P69）

相對地，人的地位在老子哲學中並不十分明顯，《老子》全書論人之處只有以下三處：

「故天大、地大、道大、王亦大，域中有四大，而人處其一焉。人法地、地法天、天法道，道法自然。」（《老子》21 章）

「天地相合以降甘露，人莫之令而自均」（《老子》26 章）

「人之生也柔弱，其死也堅強。」（《老子》63 章）

老子的人立於天地之中，天之道亦爲人之道，但「天地之中人爲貴」，若用海氏的語言，沒有了 Dasein 也就沒有了存有的問題，Dasein 在存有的問題上，具有首出性，但老子卻不能說，在道論的問題上，人比其他（ex：萬事萬物）具備優先性，從道家的觀點，萬物與人都是平等的，所以莊子在《齊物論》中說：「物無非彼、物無非是」。

海氏認爲，眞理並不是對於每個人，而是對於強者〔註45〕，而強者在 1935 年的海德格，指的正是德國人，這是海氏從早期希臘赫拉克利圖斯的 polemos 所發現的：「使得某物顯現爲神、他者或人，或爲主或爲奴。」但對老子而言，他說：「堅強者死之徒，柔弱者生之徒」，老子譴責戰爭（「兵者，不祥之器」），譴責一切人爲作用的力，但海氏卻同尼采一般高舉“超人”、“奮鬥”，對於海氏，最高的精神表現就是強者，而強者的精神，即是奮鬥；當老子說「反者，道之動」、「弱者、道之用」時，海德格卻說：「眞理不是對於每人個，而是對於強者。」、「當奮鬥停止、它的本質並未消失，但世界轉向。」（可說當老莊言及簡單樸素、寬柔、無爲……海氏卻強調力、危機、奮鬥、統一……等）

通過藝術的表現，我們也可以發現中國和西洋對「人」不同的角度與定位，中國藝術中的〝人〞大都是融合在背景當中，背景襯托了這個人的存在，而非將他（她）孤立起來，中國藝術中的「人」往往形成藝術或畫幅中的一

very precisely for any particular Dasein……〞，B&T，P63.

〔註45〕〈Wu-Wei And the Question of The Other〉Ibid，P74.

景與畫面相互輝映，並沒有太刻意和著力的描寫。

但西洋的畫風則不是這樣的，西洋畫常以「人」爲主題，畫中的人物和其模特兒必須越逼眞越好，而畫中的人物其血色、骨肉都栩栩如生，西洋的藝術擅長於骨骼、肌肉的速寫以及人物的雕像，所以裸體畫對西洋人而言是一大藝術，連大畫家達文西也曾親手解剖男女屍體三十餘具。

中國人畫人往往只是描寫此人的神韻內在，用簡單的幾筆就能襯托出此人的風骨格調，例如：「道祖士少，風領毛骨，恐後世不復見此人」〔註46〕，由於受到人倫品鑒的影響，中國人在畫人的時候，往往是在描繪此人內在的精神，而非其外在形象的肖象，所以眞正的寫實在中國的人物畫傳統中是罕見的：

> 「中國人畫人，雖然有也以眞人眞事爲題材的，但並是逼眞地去描繪某個人，……更不允許展示裸體男女形體的美。」〔註47〕

相對於此，西洋傳統的人物畫可就栩栩如生得許多，西洋的人物畫，從早期的文藝復興的 Sandro Botticelli 的「維納斯的誕生」(Birth of Venus)、文藝復興中期的提香（Titian）、Giorgione、17 世紀的魯本斯（Peter Paul Rubens）……到後期的印象、立體、現代……，人物，都是被西洋的雕刻和繪畫大量使用的題材，畫中的人物可說逼眞的呼之欲出，觀者幾乎可以碰觸得到他（她）們潮溼或溫熱的身體、呼吸到他（她）們的喘氣、觸摸得到他（她）們的脈搏肌膚，感受到他（她）們體態的壯碩、輕盈、優美，他們面目的美麗、神情的焦慮或舒緩……西洋的人物像是從畫中走了出來。

反觀中國人的人物，尤其是深受到道家美學影響下的人物畫（如羅漢像），即令他們是非寫實的，中國的藝術家們卻是透過醜怪（喜感和荒謬感），以表示此種人物精神上面的巨大美感。莊子以後的藝術家們表現了莊子這種「奇醜之美」，而將此種人物入畫，觀中國畫的「羅漢」，其實就是此類人物具體的縮影，在羅漢凸瘦的筋骨、細瘦如柴的四肢、汎黃的肌膚、奇特的面貌上面，我們似乎看到了人類充滿了受苦、殘疾、貧病……的現實縮影，但人性所綻放的精神光芒，那不是西洋的阿波羅或維納斯得以比擬的（「之後如五代禪日大師貫休之畫，羅漢個個形骨表情醜怪、胡貌梵像，沒有神聖華麗卻簡素獨具出塵的逸趣，傳達了感人而震憾的精神內蘊，成爲逸野派羅漢畫的創始者，即使怪異駭人，

〔註46〕《世說新語卷》，賞譽下第八、引自《中國藝術精神》，P166。
〔註47〕〈中西藝術比較〉同引上文 P52。

後世卻爭相仿效之而不止。後蜀石恪的畫風也是走向粗放野逸，不尊規矩，人物畫作品中也大量歌頌了此類外貌殊怪角色。」〔註48〕）

（四）語言——寂靜與沈默（Silence）

大道（Ereignis）是什麼？道即是萬有的如如，超乎言說，萬有不言，在其作用中，向人顯露出其信息。

《老子》第一章：「道可道，非常道」即是「說不可說的」，在晚期的海德格，大道就是語言而非任何其他事物，1959 年的《往向語言之途》中，海氏說：「如果思想不符應事物，則我們將無法用語言來稱名——語言並非被給出，而是語言自身即是給出，語言就是給予者」，言說，收集並保持著事物，它不陳述自身、不解釋自身、不顯露自身，相反地，它保留在其自身之中，它是完全的沈默。

人屬於大道，人做爲一個傾聽者，而傾聽著此一道說，所有的字詞都有其答案，早期的海德格說：「人說語言」，但晚期的海德格說：「是語言使得我們去說」；Ereignis 與道具有著相似的意義，但道的言說與存有言說之間還是有差異的，對於老子，言說是一種「表層的顯示」：「道可道，非常道，名可名，非常名。」但對海氏，言說卻是一種顯現（reveal）：

「說，即是顯現，使其呈顯，使它被看見以及被聽見。」

眞正的語言，就是沈默。

老子說：「致虛極，守靜篤。」（《老子》16 章）、「聽之不聞名曰希。」

「沈默」和「靜篤」均是要人從有形可感的現象往上溯，追尋至那不可聽、不可感的現象本源——道與存有，而這樣的沈默之聲及無聽之聽，卻是一種亟視亟聽的「大音」，無聲比聲更具備了表現力。

而在《莊子》的哲學著作中，他曾提到了「天籟」，「天籟」是指自然之音，音樂本身的道：

「莊子以虛靜爲體的藝術心靈，一方面顯爲〝獨與天地精神往來〞的超越性，同時即顯爲〝而不傲睨於萬物〞的即自性，所以對每一具體的事態，都在有限中看出其無限性，而於不知不覺地由藝術的人生觀，形成了他藝術的宇宙觀。」〔註49〕

〔註48〕《從莊子解衣般礴談藝術創作美學》，廖文蕙，師大美研所碩士論文，89、1。
〔註49〕《中國藝術精神》，前揭書，P108。

道家的語言和道，海氏的存有與言說，來到了「無狀之狀」的「無象之象」，大道言說著沈默、存有駐居著語言，就像 George Trakle 所吟唱過的詩歌：

「我於是哀傷地學會了棄絕
語言碎裂處，無物棲止」

結論：原天地之美，達萬物之理——《老子》與海德格心靈高處的結合

「穿越前廊的腳步聲
走入回憶底層
於是我說過的話
在我心頭迴響」
——艾略特「四首四重奏」

老子與海德格——超越言說的交談

以上我們分析了海氏的「存有」與老子的「大道」，證立二者之：「道即是美」、「美即是道」，由此思路而來的藝術創作及表現方式：自然自由、「先行理解」與「滌除玄鑑」（覽）、「原初性」以及「歸根復命」……但因時間及學力的限制，分析在此暫時止步，當然，海氏與老子的美學思想其豐富的意含是無法窮盡的。

誠如海氏在〈藝術作品的本源〉中，所言：「藝術是一個謎」，在此解謎的過程中，藝術看似極遠而極近，人：面對著浩瀚的存有與道的崇高，往往如同在海邊掇拾貝殼的孩一般，西諺有云：「如果眞理置於一邊，眞理的追求置於另一邊，則吾人寧取眞理之追求」，我想，對美之探問亦復如此，海德格說這是一條漫長而孤寂的林中之路，（「此一探問建構著路……這同時也是一條思想之路……」），老子亦云：「道可道，非常道」、「可道常非道也」。

對美的詮釋探問、對藝術本源地追求，並不外在於人的生命和道的存有之

外，而這種對美的詮釋、對本源之追求，在其發問的追尋過程中，終於也匯歸至其所欲探詢問的問題，而形成了這波瀾壯闊的美學系統之一部份，我們相信，老子與海德格思想的鄰近實有其眞義和實義，不光只是海氏有生之年對《老子》的翻譯和解讀而已，作爲思想家的海德格，其內心深致地期盼與東方思想進行本然的對話，是出於思想本身的迫切需求，東方文化，正是西洋文明（存有）危機中的拯救力量，而文化的共識溝通和文明的同情理解，正是二十一世紀人類集體的迫切盼望，也是本世紀和平的唯一出路，海氏的思想與老子的道論，就在他們所說的「永恆之謎」，在現時的時空底下、生命的存在裡，在「道之爲道，斯美矣」、「美之爲美，斯道矣」中，何其有幸，看見這藝術生命的最高統會，瞥見了中國藝術最高理想的「天人合一」、「物我同體」與西洋藝術的最高境界：「神人合一」、「眞善美聖」的匯歸統一。

藝術——永恆的形上之夢

詩人艾略特在其名詩「荒原」中，寫盡了西洋文明與當代世界的廢墟景象，在語言的解構、意象的殘破、傳統與非傳統的模糊地帶，艾略特架構起了龐大而怵目驚心的「虛無」、「破碎」，在〈詩人的使命爲何〉中，海氏藉著詩人之口如此道：

> 「在世界的黑暗中，時代陷入了巨大的困乏，甚至不能知曉自己的困乏，不能自知的困乏使得更顯得模糊，而時代乃陷入絕對的困乏之中……」〔註1〕

那在歷史（時間）中興起的，也必在歷史（時間）中消亡，但作爲（存有論）歷史與一切生命存在基礎的「道」與「存有」，卻在眞善美的永恆境界中，點化腐朽成爲神奇、轉化瞬間成爲永恆，藝術——是永恆的形上之夢，更是中西思想的共同語言，是詩人頭頂上的月冠桂亦爲哲學家的小徑，尼采不是這麼說過嗎：「藝術，惟有藝術，使我們能免於死亡。」

迭更斯在《雙城記》的卷首中說：「這是一個最好的時代，也是一個最壞的時代，這是希望的春天，也是絕望的冬天」，沈淪的世代以及無奈的世界，又徒何奈？我們距離希臘的那個年青熱情、旭日初升的理想仍遙遠嗎？我們距離那個「星垂平野闊、月湧大江流」的盛唐生命境界還遙遠嗎？在北宋宮庭畫家筆下，那初日盛綻、嬌豔欲滴的出水芙蓉；在米開朗基羅聖得教堂中，雕刻的力

〔註1〕PLT，P93.

與線條；在梵谷畫作中，色彩熾燃的向日葵；在蘇東坡「寄天地於蜉蝣，渺蒼海之一粟」的慷慨高歌聲中……，藝術，超越了生命、時間、地域、語言……而化爲永恆。

五代梁朝劉勰在其文學批評的名著《文心雕龍》中，起首便指點出了作爲曠代文心、美之宗極的大本〈原道〉：

「夫玄黃色雜，方圓體分，日月疊壁，以垂麗天之象；山川煥綺，以鋪理地之形，此蓋道之文心。仰觀吐曜，俯察含章，高卑定位，故兩儀既生矣，惟人參之，性靈所鍾，是謂三才。」〔註2〕

「道」作爲形上美學的源頭，亦爲萬世的良箴：

「原始不再，人文已成，如何在到處充斥技術的人文世界中，保持一種近原始之屬〝人〞自然之眞實，而成爲一人文世界中之眞實個體，乃一切藝術與哲學之所眞爲……眞正的〝藝術的終極關懷〞在揭示藝術家自己內在的〝眞我〞時，也同時揭示了〝人性〞，揭示了〝大自然〞的奧秘，揭示了不可知宇宙整體的〝神聖性〞……。」〔註3〕

在人生無窮的吊詭、奧秘，人性的自私脆弱，生活的辛勞、瑣碎，生命的絕望痛苦，美、穿透了生老病死，昇華了腐朽殘敗，在痛苦、衰敗、絕望、無助中，盛綻出了朵朵馨香的蓮。

是以梵谷用他最後的畫筆，描繪著金黃赤燃的麥田，在瘋狂前夕，那暗藍鬱結的天空底下，黑色的群鴉預告著不祥的死亡，力般嘶吼的線條，是藝術家至死不渝的熱情；在樸拙的畫風、自然的畫法底下，梵谷的畫宣說著一個眞理，就像他曾描繪過的花瓶、農夫、礦工……，就像他在不同時期所做的自畫像，藝術，透過作品，開啓了一個世界。

在宋代最偉大的山水畫家們身上，我們看見那震懾人心的驚世絕美：颯然的風聲、澎湃的江雪，自然、以其宣說自身的方式，展開其自身，說無可說、道非道，就像是美不是美，而是原天地之美：一片寂寥孤單的原始洪荒，伸向宇宙太空的鴻濛初闢，是以河川的脈動即是詩人的靈思血液，山川的毓秀也是藝術家生命和熱情——驚天動地原也只是寂天寞地。

在這個人心 e 化、世紀末的虛無頹廢、各種精神肉體之痛苦折磨中，老天停擺、上帝在人心中衰退，在這個困乏的時代中，人，甚至連自身的遺忘

〔註 2〕《中國美學史》李澤厚、劉綱紀，谷風出版社，P767。
〔註 3〕《藝術的終極關懷在哪裡》史作檉著，水瓶世紀，P13。

（oblivision）都已忘去，人生，作爲美的終極關懷，藝術反映了它的時代也超越了它的時代；藝術本源的追求，其實，就是對於內在生命與宇宙和諧大道地追求，大道呼喚著，呼喚著我們回到——質樸自然、純粹無別之大化流行中，因此——自然無別之大化流行即是達致萬物之理、原天窮地之"大美"，如同莊子在〈知北遊〉篇中所言的：

> 「天地有大美而不言，四時有明法而不議，萬物有成理而不說，聖人者，原天地之美而達致萬物之理。」

回顧與展望——本論文的反省與限制

哲學必然要跟藝術打交道，然而很不幸的是，藝術往往跑在哲學的前面，所以哲學所面對的，往往都是藝術家們窮其一生追求之後所留下來的糟粕，雖然如此，藝術批評和整理的工作卻是一個亟待完成的工作。

從老子的「道」論出發，在本論文中，我們開展了中國文藝美學以老莊爲主軸的道家美學、海德格的形上學（基本存有論與晚期的大道〝Ereignis〞）、海德格建構於存有論之上的藝術理論；道家的道論與海氏形上學的比較，以及老子與海德格的存有論美學比較。

本論文的發展，主要是承續著海德格本人對道家的研讀和對《老子》的翻譯，經過二十世紀後半期許多專門的學者（包括海氏的弟子及若干亞洲學生：蕭師毅先生、日本學者手冢富雄 Tezuka、美國學者 Graham Parkes……）等共同努力，所形成的學術風潮，在這樣一種方興未艾的學術氣氛之中，要想做一個客觀的旁觀者已甚不易，更遑論是同情的對話與溝通，套句中國人喜歡說的話，不是東風壓倒了西風，就是西風壓倒了東風，所以很明顯地可以看出：本論文所暗示（或說明示）的方向：是將海氏視之爲藝術本源的存有論美學，拉往以道家思想爲主軸的中國道體美學。

海德格的偉大之處，在於他指出了藝術作爲存在，所能達到的形上（本體論）最高境界，這是他有進於黑格爾、尼采、叔本華之處（雖然他還是漠視了柏拉圖、康德、席勒），海氏的不足可說其來有自，西洋美學作爲 Episteme 的知識，使得美不是淪爲替「神」服務的工具，便是擺盪於「眞」（寫實）與「自然」（田園）之間，徘徊於「神——人」、「物——我」，而至印象與後印象，立體與超寫實，乃至「結構——解構」，至於後現代，那更是一片迷離的夢境、精神的疾病，二十一世紀的西方美學，需要尋找一個新的方向。

本論文所做的努力，便是嚐試指出這樣一種可能的方向，作爲海氏哲學系統一大歸趨之美學，引起了多方的誤解與詬病，連研究海氏美學的現代學者 Kockelmans 都說：海氏的藝術理論是暫時、不完整以及模糊的。海氏的藝術存有論並不重視藝術創作的歷程（心理主義）、藝術的傳達及教化功能（社會），而視藝術爲一種人類歷史存有的開顯方式，使得作者淪爲「保留者」，藝術的領域局限在希臘以降的偉大藝術，但在中國藝術的表現中，中國藝術本質是〝澄懷味象〞（藝術品味）、「中法心源、外師造化」（創作理論）、「天人合一、物我同體」（作者——藝術作品——觀者）、「詩言志、歌詠言」（藝術的傳達與教化），因此，藝術作品不僅是眞理的設置與開放（眞與美），更是人（藝術家）參悟了形上本體，使小我生命融入於事物的本質之內，而成爲大道的周流貫徹。

只可惜的是，中國藝術及美學理論往往不是被隱蔽於道統及學統之下（例如宋代、清代的古文運動、孔子及宋明的道論），而缺乏系統的整理與理論化的吸收，不然就是出現在大量的畫譜、筆記法……之中，繁蕪旁雜，有待進一步的爬梳、釐清。

本論文得力於葉朗及李澤厚的《中國美學史》之處甚多，道家美學的部份很多是承徐復觀先生的《中國藝術精神》而來，但對不同版本（如竹簡本、帛本、世本）的美學比較是付之厥如的，在道家應如何重構海氏藝術存有論的部份，由於文獻不足及學力的短淺，無法在短時間內完成，不管本論文這樣的努力與方向是否可行（很可能只是一場徒勞的無功）；但均爲一種可能地開放與嚐試，就像海德格在《時間與存有》中所說的：「所有的理解都是一種可能的詮釋」，在老子與海德格必然、也甚爲奇異的相遇之後，中西方的學者，對東方聖哲的偉大心靈與西存在主義大師的思想同異，開始產生了極大的興趣並懷抱著莫大的盼望：希望這東西方、古現代的思想接觸、關連中，找到人類文明進步的泉源和中西方對話的空間。

很遺憾的是，本論文只能侷限在文獻的消化、整理，不成其爲系統的靈星片段、浮光掠影，中西美學的比較研究，實需要更廣闊、全面性的理解，從既往的傳統文藝美學中爬梳整理成現代美學的觀念，再與西方的藝術理論進行本質的探究，這需要更多跨越時空的對話、理論的敞開以及倫理的實踐，期盼更多原創的心靈與「存在」的前瞻，使得無限的對話與開顯（reveal）成爲可能。

後　記

寫完這篇論文，感覺就好像是在用中國的毛筆畫西洋水彩，或反之，用西洋的水彩來寫中國的書法，研究者所面對的困難，第一來自語言，一些特殊名詞或概念的翻譯，第二則是直接相關的文獻實在太少，蔽陋在所難免，不敢見笑於大方，由於時間的緊迫以及學力之未逮，本論文的研究到此爲止，行文的囉唆與重複、語詞的干隔難通與阻塞，是要請讀者諸君務必見諒的，但無盡延伸的道路，使得探究無窮，也謹以此文，作爲這漫長學思歷程的一個里程碑，期待來日再繼續努力。

做爲一本範圍太過龐大的論文，這樣的題材，似乎已遠遠得超過一本學術論文的負荷量，以及作者現有的能力，這和最原先的設定：用道家美學來補足海氏藝術存有論是有所出入的，寫作的時間前後延續了兩年之久，使得我的注意焦點，從原先的文獻處理轉移到了美學與哲學本有的關連性問題，關於這方面的處理，也必須要承認，論證不足和抒情太過，造成了理論基礎部份的鬆動；無法吸收第一手原典〈德文〉也形成了它先天的不足，只能從大量二手資料來做補充，很不巧地，關於海氏與老子藝術理論的比較，除了一兩篇歐美地區的博士論文〈且多偏於英美文學〉，其他均付之闕如，這使得本論文頭重腳輕、虎頭蛇尾。

當然，藝術理論最重要的還是必須要具體處理藝術作品的分析、藝術概念的發展，並扣緊時代環節來談藝術本質，並從作家與藝術家的本懷來探討藝術，很不幸地，本論文往往迷失在文本的迷宮中，以致繞了老半天，究竟不得其門而入，回想八年前，我立意要做海德格與老子美學比較的那種希望願景，仍是差強人意。

或許可以換個角度來想，那些美學史的問題、海德格老子和當代藝術的關聯、如何從迦德瑪的角度去反省海氏理論並與道家做比較，如何透過莊子對老子的開展再去掌握藝術本質……這一切的一切，也只好留待下一階段的努力目標，藝術之美不正在於其餘蘊嗎？而這本比較藝術的理論，也理應留下一方的留白吧。

幾遭大度山風、數度東海去來，在此臨行的離別之際，心中充滿了懷念與感激，賴姿瑩小姐辛勤的打字、父親又如十年前一般二度幫我校對了論文稿、彭文本老師英文德文的核校、林顯庭老師的勉勵與幫助，還有無數位學弟妹們：智平、淑敏、子郁、逸之、文俊、健仁、慶光學長、秀齡學姊參與討論的批評指教，這一切的一切，都將銘記在我內心深處，永誌不忘。

附　錄

1. 視域融和：fusion of Horizon、appropriation、event、happening
2. 緣構發生、大道：Ereignis
3. 橫撐豎架、架座：Emframing、Ge-Stell
4. 解蔽、開顯：reveal
5. 眞理：Truth、Wahr、Wahrheit（具有 Wahren）之意
6. 四極、四重、四方：fourfold、fourthfold
7. 裂口：rift、fissure，der Riss
8. 踰越：transcendens
9. 深淵：abyss，der Abgrund
10. 泰任爲之、讓在：let be，die Gelassenheit
11. 親近：nearness
12. 相似：the Same，das Selbe
13. 遷移、渾然、忘我：estatic
14. 自生、自然：physis
15. 設立：set up institution，aufstellen、das Stiften
16. 基礎：grounding，grund
17. 贈予：bestowing，schenken
18. 開端：beginning，aufangen
19. 本質：essence，wesen
20. 本源：origin，ursprung

存有與時間——致 C.CW

黃昏路口　開顯出
黑洞森林　遺忘的存有
眞理的本質　是與非是
徬徨霓虹　畸雨台北
　　騎車的 Dasein
而您來自花果山　要描述現象：
虛無和純有
胡塞爾說
縱令希臘已遺忘　仍掛念憂懼
被縛綁的形上　二千五百年來
已打入括弧　存而不論
風駐足的夜　語言理解
　　言談緘默諦聽：
雁在林梢　牧場被封
　　反正陽光總在。
大學紅牆外。

（抖落風雪　孤獨的老人
　黑暗斗室内　隱蔽的事實性
　逾越世界並　揶揄歷史
　讓虛無去無化　尼采的水蒸氣

然後燒壺熱茶　泡杯洞頂烏龍）

東海古堡內　連骸骨都懶睡
（慌忙跳出墓碑　鑽進白蟻公車
遲到二十分鐘）
雨聲淅瀝　擤鼻涕聲
課室裏　無數及手、手前
在世存有者　等待靜聆
解脫屍衣　感冒的海德格
曠古冶遊

逃
時
出
發
空
向

骨廋如柴的手罵道：
「凡理性皆現實」
荒謬思辯的頭說：
凡現實皆理性」
哆嗦的凍楓，驚柯外加枯桐
長窗外，深藍暗怒：
「實存皆合理」
竊竊私語，同學問抽屜：
「凡合理皆實存」

聖誕紅和銀杏　年末總想
擦擦地板　盡興的迎新和
大俠長靴貓拐杖糖天使

或
餅干屋巫婆下金蛋金鵝：
而
公主不來　白馬不騎
總是不再
新鮮人

該點燈都六點了
腹鳴饑餓如雪花
馬鈴薯酸黃瓜
慧黠的老人家
講完實存墮落
便開始進行
好奇曖昧閒談。

（熱水已開　老人已睡仍
兀自夢囈雲遊象外
並喃喃自語
「無人能解笛卡兒」
「沒人瞭解我……。」
喪鐘敲時　他露出黑人的白齒道：
「現實是合理的」　總在黑格爾臨終前

「吃飯去」　「肚子餓死了」
老師一走　誰理海德格
歪倒課桌　殘餘現象學
高燒天空　荒唐彩霞
歧義的雲　到死亡存在
唉，達賽先生
讀書報告
爲何總是有而非無呢

參考書目

中文部分

I 歷代原典詮釋（按出版年份順序）

1. 《老子指歸》,（漢）嚴遵著，北京市，人民文學，1997,（民 86）。
2. 《老子》，王弼著，大鴻出版社。
3. 《老子義疏》，成玄英疏，臺北市，廣文，民 63（1974）。
4. 《老子解》，蘇軾著，嚴一萍選輯，板橋市，藝文印書館影印，民 54，明萬曆中繡水沈氏尚白齋刊本。
5. 《老子口義》,（宋）林希逸，日本延寶二年（清康熙 27 年，1674）刊本。
6. 《老子解》,（宋）葉夢得撰，台北市，新文，民 74。
7. 《老子道德經憨山解》，憨山大師，自由書店，民 45。
8. 《老子斠補》，劉師培撰，台北市，藝文印書館印行。
9. 《老子本義》,（清）魏源撰，台北市，世界書局印行，民 44（1955）。
10. 《老子章義》,（清）姚鼐撰，台北市，文書局印行，民 64（1975）。
11. 《老子翼》，焦竑撰，台北市，新文豐，民 76（1987）。
12. 《重訂老子正詁》，高亨，新文豐，民 80。
13. 《老子校詁》，馬敘倫著，香港，太平書局，民 54。
14. 《老子校釋》，朱謙之撰，台北市，明倫出版社印行，民 59（1970）。
15. 《老子甲本及卷後古佚書》,〈馬王堆漢墓帛書〉整理小組編著，上海市，文物出版社，民 63。
16. 《馬王堆帛書老子試探》，嚴靈峰著，河洛，民 65。
17. 《老子河上公注疏証》，鄭成海撰，臺北市，華正書局印行，民 67。
18. 《老子宋注叢殘》，嚴靈峰輯校，台北市，學生書局印行，民 68。

19. 《老子校詁》，蔣錫昌撰，台北市，東昇文化事業公司印行，民 69（1980）。
20. 《帛書老子》，高明，中華書局，北京。
21. 《老子想爾注校證》，饒宗頤撰，上海，上海古籍出版社，民 80。
22. 《老子河上公注之研究》，王清祥著，新文豐，民 83。
23. 《新譯老子想爾注》，顧寶田，張忠利注譯，臺北市，三民，民 86。
24. 《荊門郭店竹簡老子解詁》，劉信芳著，臺北市，藝文，民 88。
25. 《荊門郭店楚簡〈老子〉研究》，崔仁義著，北京市，科學出版社 1998（民 87）。
26. 《荊郭店楚墓竹簡〈老子〉校讀》，侯才著，大連市，大連出版社 1999）民 88）。
27. 《楚簡〈老子〉柬釋》，魏啓鵬著，臺北市，萬卷樓，民 88。
28. 《郭店楚簡〈老子〉校讀》，彭浩校編，武漢市，湖北人民出版社，2000（民 89）。
29. 《竹簡與帛書老子》，鄒安華主編，北京市，民族出版社，2000。
30. 《簡老子辨析楚簡與帛書〈老子〉的比較研究》，尹震環著，北京市，中華書局，2001。

II 莊子的詮釋（按年代順序）

1. 《南華眞經選》，郭象，藝文印書館，民 82。
2. 《校正莊子集釋》，郭象注，成玄英疏，世界書局，民 51。
3. 《莊子鬳齋口義》，宋・林希逸，北京，中華書局，1997 年。
4. 《莊子內篇憨山註》，釋德清，台北，健康書局，民 45。
5. 《莊子集釋》，郭慶藩，北京、中華書局，民 50。
6. 《校正莊子集釋》，郭慶藩，台北，世界書局，民 70。

II 今人對老莊原典詮釋部分（按出版年份順序）

1. 《中國藝術精神》，徐復觀，學生書局，台北，64。
2. 《莊子的藝術精神》，馮安琪，台中，不詳，民 52。
3. 《老莊研究》，嚴靈峰，台北中華書局，民 56。
4. 《老莊思想與西方哲學》，宋稚青，台北三民書局，57。
5. 《老莊哲學》，吳康，台北商務，民 58。
6. 《莊子與古希臘哲學中的道》，鄔昆如，臺北中華書局，民 61。
7. 《老莊札記》，陶鴻慶，不詳，民 64。
8. 《老莊的世界》，金谷治，不詳，民 64。

9. 《老莊思想分析》，杜善牧、宋稚青，不詳，民 66。
10. 《莊子及其文學》，黃錦鋐，台北東大書局，民 66。
11. 《老莊思想論集》，王煜，台北聯經，民 68。
12. 《莊子之文學》，蔡宗陽，台北文史哲，民 72。
13. 《莊子藝術精神析論》，顏崑陽，台北華正書局，民 74。
14. 《莊子宗教與神話》，杜而未，台北學生書局，民 74。
15. 《老子詮證》，李勉，台北東華書局，民 76。
16. 《莊子思想及其藝術精神》，鄭峰明，台北文史哲出版社，民 76。
17. 《回歸自然：老莊哲學》，森三樹三郎著，姚自勤譯，台北敦煌書局，民 78。
18. 《老子》，嚴靈峰，台北中正書局，民 76。
19. 《莊子：先秦文學的奇葩》，黃繩，中華書局，民 80。
20. 《老子哲學的全釋與重建》，袁保新，台北文津，民 80。
21. 《老子道》，王邦雄，台北三友書局，民 80。
22. 《莊子：古代中國的存再主義》，福永光司、陳冠學，台北三民書局，民 81。
23. 《莊子的美學與文學》，朱榮智，台北明文書局，民 81。
24. 《從老子到王國維：美的神遊》，雲告著，四川長沙出版社，民 81。
25. 《老莊哲學新論》，陳鼓應，台北五南出版社，民 82。
26. 《從超邁到隨俗：莊子與中國美學》，陶東風，北京，首都師範大學出版，1995。
27. 《老子思想體系探索》，魏元珪，台北新文豐，民 86。
28. 《郭店竹簡老子解析與研究》，丁原植，台北萬卷樓，民 87。
29. 《老子詩學宇宙》，許結、許永璋，合肥、黃山書社，不詳。

III 海氏思想相關的書籍

1. 《形而上學導論》，海德格爾著，熊偉，王慶節譯，仰哲出版社，台北市，民 82（1993）。
2. 《人，詩意地安居：海德格爾語要》，海德格爾著，郜元寶譯，遠東出版社，北京市，1996。
3. 《思考與存有：海德格哲學》，陳榮華著，輔仁大學出版社，初版，台北縣新莊市，民 81（1992）。
4. 《拯救地球和人類的未來：海德格爾的後期思想》，宋祖良著，中國社會科學出版社，北京市，1993（民 82）。

5. 《海德格思想與中國天道》，張祥龍著，北京，三聯書店。
6. 《尼采，海德格爾與德里達》，恩斯特・貝勒（Emst Behler）著，李朝暉譯，社會科學文獻，北京市，2001。
7. 《世界歷史意義的本質道說：從海德格爾的解讀看馬克思哲學的當代性》，王金林著，上海教育出版社，上海，2002。
8. 《Dialogue with Martin Heidegger 與海德格爾對話》，周民峰著，四川人民出版社，成都市，2002。

IV 近人美學思想專論

1. 《中國美學史》，李澤厚，劉綱紀主編，台北縣中和市，谷風，民 76（1987）。
2. 《中國美學史》，李澤厚，劉綱紀主編，北京市，中國社會科學出版社，1987（民 76）。
3. 《藝術自然與人文：中國美學的傳統與現代》，文潔華作，黎銘總經銷，臺北縣三重市，82。
4. 《中國美學史》，葉朗著，台北市，文津，民 84。
5. 《美的沉思：中國藝術思想芻論》，蔣勳著，臺北市，雄獅圖書，民 84。
6. 《中國美學史大綱》，葉朗著，上海市，上海人民出版社，1999（民 88）。
7. 《中國藝術意境論》，蒲震元著，北京市，北京大學出版社，1999。
8. 《中國繪畫藝術論》，彭修銀著，桂林市，廣西師範大學，2002。
9. 《中國繪畫史》，徐琛等著，文津出版社，民 85。
10. 《中國繪畫美學史稿》，編者，台北，木鐸，民 75。
11. 《中國文學批評史》，郭紹虞，商務出版社，民 58。
12. 《故宮藏書解題》，編纂者發行，國立故宮博物院，民 57。

V 期刊與論文集類

1. 〈藝術與美感經驗的超越向度〉，劉千美，哲學與文化，286 期，P261。
2. 〈論圖畫的存有—一種哲學詮釋學的觀點〉，蔡偉鼎，哲學與文化 285 期，147 頁。
3. 〈生命哲學的美學〉，羅光，哲學與文化 297 期，97 頁。
4. 〈論藝術的定義問題〉，梁光耀，哲學與文化 241 期，537 頁。
5. 〈中國人之美的主體〉，哲學與文化 147 期，23 頁。
6. 〈中國藝術的抽象觀念化〉，陳雲樓，哲學與文化 147 期，70 頁。
7. 〈中西藝術創作哲學之匯通〉，哲學與文化 144 期，57 頁。
8. 〈試論中華審美元典之總綱——《文心雕龍原道》辯證〉，哲學與文化 281 期，950 頁。

9.〈老子哲學的存有論〉，丁原植，哲學與文化 26 卷第四期，237 頁。
10.〈從出土〈老子〉文本看中國古典哲學的發展〉，丁原植，哲學與文化 26 卷第 4 期，317 頁。
11.〈老子及道家學說的文化價值重估〉，劉學智，哲學與文化 243 期，703 頁。
12.〈中國大陸的老子研究〉，崔大華，哲學與文化 282 期，184 頁。
13.〈老子論天與道〉，傅佩榮，哲學與文化 131 期，49 頁。
14.〈老子形而上的原始之道〉，張昭珮，哲學與文化 243 期，68 頁。
15.〈弱者之用——老子弱道哲學析論〉，李哲賢，哲學與文化 263 期，147 頁。
16.〈老子及道家的人生哲學〉，薛保綸，哲學與文化 252 期，401 頁。
17.〈老子天論研究〉，傅佩榮，哲學與文化 133 期，44 頁。
18.〈由老莊的道者內在性與超越性問題〉，李雲，哲學與文化 244 期，76 頁。
19.〈莊子靈台心與自然諧和論〉，吳汝鈞，哲學與文化 423 期，68 頁。
20.〈莊子的神話思維及其自我超越的文化心理與民俗信仰〉，哲學與文化 288 期，419 頁。
21.〈海德格與我〉，雅斯培著、黃蕾譯，哲學與文化 176 期，頁 54。
22.〈解海德格的何謂形上學〉，汪文聖，哲學與文化 246 期，頁 157。
23.〈海德格思想的轉折與後期思想的核心〉，莊慶信，哲學與文化 251 期，頁 304。
24.〈試析馬里旦的「美學之存有論」〉，尤煌傑，哲學與文化 286 期，頁 280。
25.〈當代藝術理論之源頭——海德格的藝術思想〉，陳瑞文，藝術觀點 89．1 頁 78～83。
26.〈海德格詩學理論的宗教基礎〉，程志敏，宗教哲學，88.12，頁 84～94。
27.〈從對比情境到存有論美學——以晚期海德格藝術觀點爲摩本〉，蔡瑞霖，揭諦，88.7。
28.〈從「莊子．知北遊」論篇「知」與「道」的辯證〉，魏元珪，東海哲學研究集刊，88.07，頁 21～44。
29.〈老子的人生境界暨對人世的透視〉，魏元珪，宗教哲學，民 85.01 頁 79～94。。
30.〈道家思想暨對文化的貢獻〉，魏元珪，中國文化月刊，民 84.11 頁 3～19。
31.〈老子思想的歷史文化根源〉，魏元珪，宗教哲學，民 84.10，頁 1～13。
32.〈老子的歷史智慧〉，魏元珪，中國文化月刊，民 84.09，頁 2～33。
33.〈老子論道德修養與生命體證〉，魏元珪，中國文化月刊，民 84.07，頁 2～23。
34.〈老莊哲學的自然觀與環保心靈〉，魏元珪，哲學雜誌，民 84.06，頁 2～

31，頁 36～55。

35.〈老子知識方法析論〉，魏元珪，東海哲學研究集刊，民 84.06，頁 25～47。

36.〈老子論美與生活的藝術〉，魏元珪，宗教哲學，民 84.04，頁 1～26。

37.〈道可道非常道，名可名非常名〉，魏元珪，中國文化月刊，民 84.03，頁 2～24。

38.〈老子知識論問題之探討〉，魏元珪，中國文化月刊，民 84.02，頁 7～38。

39.〈老子論道的辯證——有關老子「道」內涵之系列探索〉，魏元珪，中國文化月刊，民 83.5 至 8 月。

40.〈莊子論道〉，魏元珪，中國文化月刊，民 81.12，頁 9～31。

41.〈莊子論眞知：入無窮之門，以遊無窮之野——（在宥篇）〉，魏元珪，中國文化月刊，民 79.05，頁 4～33。

42.〈莊子逍遙遊篇的生命境界觀〉，魏元珪，中國文化月刊，民 75.09，頁 23～47。

43.〈生命．存有與思想〉，魏元珪，中國文化月刊，民 75.06，頁 70～92。

44.〈空靈精神在人文教育中的意義〉，魏元珪，中國文化月刊，民 71．04，頁 55～81。

45.〈莊子齊物思想之探討〉，魏元珪，中國文化月刊，民 71.04，頁 55～81。

46.〈儒道二家的宗教情懷〉，魏元珪，中國文化月刊，民 70.10，頁 87～96。

47.〈老子的環保美學〉，陳榮波，哲學雜誌，民 83.01，頁 98～103。

48.〈老子的語言思想探討〉，陳榮波，中國文化月刊，民 81.07，頁 25～36。

49.〈莊子的語言思想〉，陳榮波，東海哲學研究集刊，民 80.10，頁 107～115。

50.〈道家老子的管理理念〉，陳榮波，中國文化月刊，民 77.06，頁 56～67。

51.〈陶淵明詩與老莊思想〉，陳榮波，中國文化月刊，民 76.03，頁 31～46。

52.〈老子的社會哲學〉，陳榮波，中國文化月刊，民 76.02，頁 28～38。

53.〈老子的人生哲學及其應用之道〉，陳榮波，中國文化月刊，民 76.01，頁 4～8。

54.〈禪與詩〉，陳榮波，香港佛教，民 73.07，頁 13～17。

55.〈禪與老莊思想〉，陳榮波，藝壇，民 71.01 頁，4～9。

西文原典部分

I 海德格之著作〈德文部份〉：按字母順序排列

1. *Aus der Erfahrung des Denkens* : Martin Heidegger Pfullingen : /Neske,/ 1986,c1954.

2. *Beitrage zur Philosophie* : Martin Heidegger Frankfurt am Main: / Klostermann, / 1994, c1989. Gesamtausgabe. II Abteilung, Vorlesungen 1919 ～1944 / Martin Heidegger ;/Bd. 65
3. *Der Satz vom Grund* : Martin Heidegger Pfullingen :/Neske,/1986,c1957.
4. *Die Grundbegriffe der Metaphysik : Welt,Endlichkeit,Einsamkeit* Martin Heidegger;[hrsg. Von Friedrich-Wilhelm von Herrmann].
   Frankfurt am Main :/V. Klostermann,/1992,c1983.
5. Die Grundprobleme der Phanomenologie : Martin Heidegger [hrsg. Von Friedrich-Wilhelm von Herrmann]. Frankfurt am Main :/V. Klostermann, / 1989, c1975. Gesamtausgabe. II. Abteilung: Vorlesungen 1923～1944 / Martin Heidegger.
6. *Die Metaphysik des deutschen Idealismus :zur erneuten Auslegung von Schelling : philosophische Untersuchungen uber das Wesen der menschlichen Freiheit und die damit zusammenhangenden Gegenstande （1809）* Martin Heidegger [herausgegeben von Gunter Seubold]. Frankfurt am Main:/ Klostermann, / c1991 Gesamtausgabe. II. Abteilung, Vorlesungen 1919～1944 / Martin Heidegger ;/Bd. 49.
7. *Einfuhrung in die Metaphysik* Martin Heidegger Tubingen,/M. Niemeyer, /1987.
8. *Erlauterungen zu Holderlins Dichtung* Martin Heidegger Frankfurt am Main :/Klostermann,/c1981 Gesamtausgabe. I. Abteilung, Veroffentlichte Schriften 1919～1976 / ;/Bd.4.
9. *Gesamtausgabe* : Martin Heidegger Frankfurt am Main:/Klostermann,/<1976～c1998> veroffentlichte Schriften 1914～1970: /Fruhe Schrifen —— /Sein und Zeit —— /Veroffentlichte Schriften 1910～1976:
10. *Grundbegriffe* Martin Heidegger. Frankfurt am Main :/V. Klostermann,/ 1992,c1984.
11. *Grundfragen der Philosophie :ausgewahlte "Probleme" der "Logik"* Martin Heidegger ; [hrsg. Von Friedrich-Wilhelm von Herrmann].
12. *Grundprobleme der Phanomenologie （1919/20）* Martin Heidegger [hrsg. Von Hans-Helmuth Gander]. Frankfurt am Main :/V. Klostermann,/c1993. Gesamtausgabe. II. Abteilung : Vorlesungen 1919～1944 / Martin Heidegger ; /Bd.
13. Holzwege : Martin Heidegger Frankfurt a.M.,/V. Klostermann/[1980,c1950],/ 1889～1976.
14. *Kant und das Problem der Metaphysik* Martin Heidegger. Frankfurt am Main :/V. Klostermann,/c1991. Gesamtausgabe. I. Abt., Veroffentlichte Schriften, 1910～1976 / Martin Heidegger ;/Bd. 3
15. *Phanomenologische Interpretationen von Kants Kritik der Reinen Vernunft*

Martin Heidegger Frankfurt am Main :/Klostermann,/1987, c1997. Gesamtausgabe. II. Abteilung, Vorlesungen / Martin Heidegger ;/Bd. 25

16. *Die Frage nach der Wahrheit* Martin Heidegger Frankfurt am Main :/V. Klostermann,/c1976. His Gesamtausgabe ; Bd 21 : Abteilung 2, Vorlesungen 1923～1944.
17. Metaphysische Anfangsgruende der Logik im Ausgang von Leibniz Martin Heidegger. Frankfurt am Main :/V. Klostermann,/c1990. His Gesamtausgabe ; / Bd. 26 : Abteilung 2, Vorlesungen 1923～1944.
18. *Nietzsche* Martin Heidegger translated by David Farrell Krell San Francisco :/ Harper & Row,/c1979～c1987.
19. Nietzsches Metaphysik ; Einleitung in die Philosophie :Denken und Dichten Martin Heidegger Frankfurt am Main : / V. Klostermann, / c1990. Gensamtausgabe. II. Abteilung, Vorlesungen 1923～1944 /Martin.

II 海德格之著作〈海氏德文著作英譯部份〉

1. *Being and Time* M.Heidegger, trans. John Macquarrie and Edward Robinson, N.Y : Harper and Row 1962.
2. Heidegger : Basic Writing Heidegger, edited by David Farrell Krell, 台北：雙葉。
3. *On the Way to Language* Heidegger trans. by Deten. D Hertz and John Stambaugh, *N.Y : Haper and Row.*
4. *Poetry, Language, Thougth* Heidegger : ,trans by albert Hofstadter, *N.Y : Harper and Row.* 1975
5. *Platon, Sophistes* Martin Heidegger. Frankfurt am Main :/Klostermann,/c1992. Gesamtausgabe. II. Abteilung, Vorlesungen 1919～1944 / Martin Heidegger.
6. *Phenomenological interpretations of Aristotle :initiation into phenomenological research* Martin Heidegger translated by Richard Rojcewicz. Bloomington, *IN:/ Indiana University Press,*/c2001.
7. *Pathmarks* Martin Heidegger edited by William McNeill. Cambridge ;/ *Cambridge University Press,*/1998./New York.
8. *Parmenides* Martin Heidegger translated by Andre Schuwer and Richard Rojcewicz. Bloomington :/*Indiana University Press,*/c1992.

III 海德格思想的研究著作

1. Bernstein J.M : *Fate of Art:Aesthetic Alienation from kant to Derrida,* Pennsylvania State Uni. Press 1992.
2. Bernasconi Robert : *Question of Language in Heidegger's History of Being,* Indiana Uni. Press 1985.
3. Caputo John : *Mystical Element in Heidegger's thought,* Ohio Uni. 1978.
4. Edwards. Paul : *Heidegger On Death : A Critical Evaluation,* Hegel Institute

1979.

5. Gadamer. Hans Georg : *Heidegger Memorial Lectures,Duqresne Uni. Press* 1982.
6. Gadamer. Hans Georg : *Heidegger's Ways,* State Univ. of N.Y 1994.
7. Halliburton. David : *Poetic Thinking : An Approach To Heidegger* ,Uni. Of Chicago press 1981.
8. Haar. Michel: *Song of The Earth:Heidegger and the Grounds of History of Being, Indian Uni. Press 1993.*
9. Hodeg. Joanna : *Hedegger And Ethics,* N.Y.Routledge 1994.
10. Janicaud. Dominique : *Heidegger From Metaphysics to Thought,* State Univ. of N.Y 1995.
11. Kaufman、Watlter Arnold : *Existentialism From Dostovisky to Sartre* ,New American Library 1975.
12. kojevig Thomas : *Existentialism And Human Existence : An Accound of Five Major Philosopher,* Krieger 1991.
13. Kockmans Joseph : *On Heidegger And Language, Northwestern Uni. Press* 1972.
14. kolb. David : *Critique of Pure Modernity : Hegel、Heidegger And After* Philosopher, Univ. of Chicago press 1986.
15. Loscrbo.John : *Being And Technology: A Study In The Philosophy of Martin Heidegger, The Hague,* Boston.
16. Lacoue.Labarth、Philippe : *Heidegger, Art and Politics, Oxford* 1990.
17. Marx. Werner : *Hedegger And The Tradition, Northwestern Univ.Press* 1971.
18. Parkes. Grahan : *Heidegger And Asian Thought,Univ. of Hawaii Press* 1987.
19. Palmer Richard : *Hermeneutics:Interpretation Theory In Schleier-Machen, Dilthy,Heidegger, Northwestern Univ. Press* 1969.
20. *Philosopher of Art and Beauty : Selected Readings In Aesthetics From Plato To Heidegger, NY. Modern Library* 1964.
21. Richardson.William : *Heidegger:Through Phenomenologym To Thought,* The Hague,M. Nighof 1974.
22. Rorty Richard : *Essays on Heidegger And Others,* Cambridge Uni.Press 1991.
23. Rockmore. Tom : *Heidegger Aand French Philosophy : Humanism, Antihumanism and Being,* N.Y Routledge 1995.
24. Sallis John : *Echoes:After Heidegger,* Bloomington, Indiana Uni Press.
25. Sheehan. Thomas : *Heidegger, The Man And The Thinker,* Chicago 1981.
26. Spanos William : M*artin Heidegger And The Question Of Literature,* Indiana Univ. Press 1979.
27. Smith Gregory *Nitzsche, Heidegger And The Transition To Postmodenity* 1996.

28. Vattino.Gianni : *Adventure Of Difference : Philosophy After Nietzsche And Heidegger, Baltimore,* Polity press 1993.

29. Waterhouse. Roger : *Heidegger Critique: A Critical Examination Of The existential Phenomenology,* Harvester Press 1981.

30. White. David : *Heidegger And The Language Of Poetry,* Univ. of Nebraska Press 1978.

31. *Heidegger And Chinese philosophy* 海德格與中國哲學 Chan Wing-cheuk 陳榮灼著，台北：雙葉 1976。

IV 西文期刊

1. Carleton B. Christensen :〈*Getting Heidegger Off the West Coast*〉*Interdisciplinary Journal of Philosophy and the Social Sciences* 1998year - 41volume – 1issue ～65page.

2. Rush, Fred :〈*The A vailability of Heidegger's later Thought*〉 *Interdisciplinary Journal of Philosophy and the Social Sciences* 2001year – 44volume ～ 2issue – 201page.

3. Hoffman, Piotr :〈*Heidegger and the Problem of Idealism*〉*Interdisciplinary Journal of Philosophy and the Social Sciences* 2000year - 43volume 4issue - 403page.

4. Salem-Wiseman, JonaThan :〈*Heidegger's Dasein and the Liberal Conception of the Self*〉*SAGE Publications* 2003year – 31volume - 4issue - 533page.

5. Roberts, David :〈*Art and Myth: Adorno and Heidegger*〉*Thesis Eleven* 1999year – 0volume – 58issue – 19page.

6. Zuidervaart, Lambert :〈*Art, truth and vocation: validity and disclosure in Heidegger's anti-aesthetics*〉*Philosophy and Social Criticism* 2002year ～ 28volume - 2issue ～153page.

7. Sharr, Adam、unwin,Simon:〈*Heidegger's hut*〉*Architectural Research Quarterly* 2001year – 5volume – 1issue – 53page.

8. Crowell, Steven :〈Subjectivity:Locating the First-person in Being and Time〉*Interdisciplinary Journal of Philosophy and the Social Sciences* 2001year – 44volume – 4issue – 433page.

9. Thomson,Iain :〈*Ontotheology? Understanding Heidegger's Destruktion of Metaphysics*〉*International Journal of Philosophical Studies* 2000year – 8volume – 3issue – 297page.

10. Johnson, Mary E.:〈*Heidegger and meaning: implications for phenomenological research*〉*Nursing Philosophy* 2001year – 1volume – 2issue – 134page.

11. Donnelly,J.F. :〈*Schooling Heidegger: on being in teaching*〉*Teaching and Teacher Education* 1999year – 15volume – 8issue – 933page.

12. Bowie, Andrew : 〈Adorno,Heidegger and the Meaning of Music〉 *Thesis Eleven* 1999year – 0volume – 56issue – 1page.

13. Khong, Lynnette : 〈*Actants and enframing: Heidegger and Latour on technology*〉 *Studies in History and Philosophy of Science - Part A* 2003year – 34volume – 4issue – 693page.

14. Honneth, Axel : 〈*On the destructive power of the third: Gadamer and Heidegger's doctrine of intersubjectivity*〉 *Philosophy and Social Criticism* 2003year – 29volume – 1issue – 5page.

15. Irwin, Ruth : 〈*Heidegger and Nietzsche; the Question of Value and Nihilism in relation to Education*〉 *Studies in Philosophy and Education* 2003year – 22volume – 3/4issue – 227page.

16. Alweiss,Lilian : 〈*Heidegger and 'the concept of time'*〉 *History of the Human Sciences* 2002year – 15volume – 3issue – 117page.

17. Lantz, Jim : 〈*Heidegger's Brightness as a Responsibility of the Therapist in* Existential Family Therapy〉 *Contemporary Family Therapy* 1999year – 21volume – 1issue – 29page.